中国通信学会5G+行业应用培训指导用书

5G+智慧教育

组　编　中国产业发展研究院
主　编　程新洲　成　晨　刘红杰
副主编　张亚南　刘银龙　刘媛妮　郑雨婷
参　编　郝若晶　田　园　李　贝　魏东晓　戴锦友　王天翼　张　宾
　　　　张　燕　徐乐西　杨　斌　韩玉辉　王　鑫　王昭宁　宋春涛
　　　　马　超　邵　奇　肖　天　王栋梁
主　审　李红五

U0348561

机械工业出版社

当前，以数字化、网络化、智能化为引领的新一轮技术革命正由起到兴、浩荡前行，5G 作为本次技术革命的重要战略性基础设施，不仅是一次信息通信技术的升级换代，更是驱动千行百业转型升级的核心技术引擎。本书立足于 5G 与大数据、人工智能等技术的深度融合，阐述了如何运用 5G 网络作为教育行业数字化转型的底座和基石，以数据挖掘、人工智能、区块链、虚拟仿真等新一代数智技术赋能 "教学—学习—管理—评价" 等教育场景的各个环节，以理论剖析与实践案例相结合的方式，为读者描绘了智慧教育的技术蓝图和实现路径。

本书适合从事智慧教育体系构建的政府、企业、学校管理者，以及从事智慧校园设计、平台开发的技术人员使用，也可以作为高校通信、计算机、信息管理、教育学等相关专业的本科生、研究生的辅助教材，还适合对智慧教育感兴趣的读者阅读。

图书在版编目（CIP）数据

5G＋智慧教育／中国产业发展研究院组编；程新洲，
成晨，刘红杰主编. -- 北京：机械工业出版社，2025.
2. --（中国通信学会 5G＋行业应用培训指导用书）.
ISBN 978 - 7 - 111 - 77556 - 0

Ⅰ. G434
中国国家版本馆 CIP 数据核字第 2025VD0564 号

机械工业出版社（北京市百万庄大街 22 号　邮政编码 100037）
策划编辑：张雁茹　　　　责任编辑：张雁茹　赵晓峰
责任校对：樊钟英　张　薇　责任印制：郜　敏
中煤（北京）印务有限公司印刷
2025 年 4 月第 1 版第 1 次印刷
184mm×240mm · 13.75 印张 · 265 千字
标准书号：ISBN 978 - 7 - 111 - 77556 - 0
定价：69.00 元

电话服务　　　　　　　　网络服务
客服电话：010 - 88361066　　机 工 官 网：www.cmpbook.com
　　　　　010 - 88379833　　机 工 官 博：weibo.com/cmp1952
　　　　　010 - 68326294　　金 书 网：www.golden-book.com
封底无防伪标均为盗版　机工教育服务网：www.cmpedu.com

中国通信学会 5G＋行业应用培训指导用书
编审委员会

序 一

以 5G 为代表的新一代移动通信技术蓬勃发展，凭借高带宽、高可靠低时延、海量连接等特性，其应用范围远远超出了传统的通信和移动互联网领域，全面向各个行业和领域扩展，正在深刻改变着人们的生产生活方式，成为我国经济高质量发展的重要驱动力量。

5G 赋能产业数字化发展，是 5G 成功商用的关键。2020 年被业界认为是 5G 规模建设元年。我国 5G 发展表现强劲，5G 推进速度全球领先。5G 正给工业互联、智能制造、智慧交通、智慧城市、智慧政务、智慧物流、智慧医疗、智慧能源、智能电网、智慧矿山、智慧金融、智慧教育、智能机器人、智慧电影、智慧建筑等诸多行业带来融合创新的应用成果，原来受限于网络能力而体验不佳或无法实现的应用，在 5G 时代将加速成熟并大规模普及。

目前，各方正携手共同解决 5G 应用标准、生态、安全等方面的问题，抢抓经济社会数字化、网络化、智能化发展的重大机遇，促进应用创新落地，一同开启新的无限可能。

正是在此背景下，中国通信学会与中国产业发展研究院邀请众多资深学者和业内专家，共同推出"中国通信学会 5G + 行业应用培训指导用书"。本套丛书针对行业用户，深度剖析已落地的、部分已有成熟商业模式的 5G 行业应用案例，透彻解读技术如何落地具体业务场景；针对技术人才，用清晰易懂的语言，深入浅出地解读 5G 与云计算、大数据、人工智能、区块链、边缘计算、数据库等技术的紧密联系。最重要的是，本套丛书从实际场景出发，结合真实有深度的案例，提出了很多具体问题的解决方法，在理论研究和创新应用方面做了深入探讨。

这样角度新颖且成体系的 5G 丛书在国内还不多见。本套丛书的出版，无疑是为探索 5G 创新场景，培育 5G 高端人才，构建 5G 应用生态圈做出的一次积极而有益的尝试。相信本套丛书一定会使广大读者获益匪浅。

中国科学院院士

艾国祥

序 二

在新一轮全球科技革命和产业变革之际，我国发力启动以 5G 为核心的"新基建"以推动经济转型升级。2021 年 3 月公布的《中华人民共和国国民经济和社会发展第十四个五年规划和 2035 年远景目标纲要》（以下简称《纲要》）中，把创新放在了具体任务的第一位，明确要求，坚持创新在我国现代化建设全局中的核心地位。《纲要》单独将数字经济部分列为一篇，并明确要求推进网络强国建设，加快建设数字经济、数字社会、数字政府，以数字化转型整体驱动生产方式、生活方式和治理方式变革；同时在"十四五"时期经济社会发展主要指标中提出，到 2025 年，数字经济核心产业增加值占 GDP 比重提升至 10%。

5G 作为支撑经济社会数字化、网络化、智能化转型的关键新型基础设施，目前，在"新基建"政策驱动下，全国各省市区积极布局，各行业加速跟进，已进入规模化部署与应用创新落地阶段，渗透到政府管理、工业制造、能源、物流、交通运输、居民生活等众多领域，并逐步构建起全方位的信息生态，开启万物互联的数字化新时代，对建设网络强国、打造智慧社会、发展数字经济、实现我国经济高质量发展具有重要战略意义。

中国通信学会作为隶属于工业和信息化部的国家一级学会，是中国通信界学术交流的主渠道、科学普及的主力军，肩负着开展学术交流，推动自主创新，促进产、学、研、用结合，加速科技成果转化的重任。中国产业发展研究院作为专业研究产业发展的高端智库机构，在促进数字化转型、推动经济高质量发展领域具有丰富的实践经验。

此次由中国通信学会和中国产业发展研究院强强联合，组织各行业众多专家编写的"中国通信学会 5G＋行业应用培训指导用书"系列丛书，将以国家产业政策和产业发展需求为导向，"深入" 5G 之道普及原理知识，"浅出" 5G 案例指导实际工作，使读者通过本套丛书在 5G 理论和实践两方面都获得教益。

本系列丛书涉及数字化工厂、智能制造、智慧农业、智慧交通、智慧城市、智慧政务、智慧物流、智慧医疗、智慧能源、智能电网、智慧矿山、智慧金融、智慧教育、智能机器人、智慧电影、智慧建筑、5G 网络空间安全、人工智能、边缘计算、云计算等 5G 相关现代信息化技术，直观反映了 5G 在各地、各行业的实际应用，将推动 5G 应用引领示范和落地，促进 5G 产品孵化、创新示范、应用推广，构建 5G 创新应用繁荣生态。

中国通信学会秘书长

前　言

用数智技术让教育事业在"变"与"不变"中熠熠生辉

约五千年前，黄河孕育出了中华民族的人文始祖——炎帝和黄帝，从此，中华文脉，源远流长；华夏文明，生生不息。中国与古埃及、古巴比伦、古印度并称为四大文明古国，而唯有中华文明从未中断，展现出强大的融合力、内化力、延续力和凝聚力，其重要密码之一就是中华民族极其重视教育，守住了民族精神的根和爱国主义的魂，使五千年的璀璨文明薪火相传、博采众长、历久弥新。

从远古时代的启蒙教育，到夏商周的礼乐教育；从春秋战国的百家争鸣，到秦汉的郡县制；从魏晋南北朝的魏晋风度，到隋唐的科举制度；从宋元明清的文人社会，到近代的洋务运动；从民国时期的新文化运动，到新中国成立后的教育改革开放，直至今日的"教育、科技、人才"三位一体式发展格局的日臻完善……古有先贤"终身之计，莫如树人"（《管子·权修》）、"建国君民，教学为先"（《礼记·学记》）、"国将兴，必贵师而重傅；贵师而重傅，则法度存"（《荀子·大略》）的求索；近代有"中学为体，西学为用"（《劝学篇·设学》）、"变法之本，在育人才；人才之兴，在开学校；学校之立，在变科举"（《变法通议》）、"教育为立国之本"（陈嘉庚）等主张。新中国成立初期，毛泽东指出"恢复和发展人民教育是当前重要任务之一"；十一届三中全会以后，邓小平强调"教育是一个民族最根本的事业"，江泽民提出"必须把教育摆在优先发展的战略地位"和"实施科教兴国战略"，胡锦涛提出"坚定不移地实施科教兴国战略和人才强国战略"；党的十八大以来，习近平总书记把教育作为国之大计、党之大计，就坚持教育事业优先发展提出了一系列新思想、新观点、新论断。

在教育高质量发展的征程中，有"坚定理想信念，心怀国之大者"的厚植根与魂；有"造就师德高尚、业务精湛、结构合理、充满活力的高素质专业化教师队伍"的强健筋与骨；有"构建现代化的教育治理体系：破解体制机制障碍、激发办学活力、夯实教育法治基石"的牢固梁与柱；有"深入推进教育评价改革，考试招生制度不断优化、职业教育特色更加鲜明"的铺好路与桥……更有以 5G 为代表的新一代信息技术为"有教无类""因材施教"千年梦想的逐步实现注入势与能。

5G，是数字经济时代重要的战略性基础设施，也是新一轮科技革命和产业变革的驱动力量。其实，纵观人类文明的发展历程，从结绳记事到文以载道，从鸿雁传书到烽燧连天，从通信普惠到万物智联，历史长河中信息通信技术的进步与变革，始终在推动人类社会的发展变迁。时至今日，以 5G 为代表的新一代信息技术，已成为驱动经济发展和生产生活方式变革的内生动力，逐渐走入千行百业、千场万景和千家万户。

当 5G 与大数据、人工智能、区块链、数字孪生等数智技术深度融合，在教育行业中，又会发生怎样的化学反应？如果说教育信息化是信息技术推动教育发展的量变过程，那么教育数字化转型则会在多年量变积累基础上实现质变；如果说教育信息化以基础设施和资源平台建设大大提升获取知识的便捷程度，那么以教学和管理模式重塑为特征的教育数字化转型，则将回答如何实现学生全息画像和个性化学习、改进教学和评价等诸多新问题。教、学、管、评、考、就业开始进入精准模式，数据驱动、以学定教……数字化正在推动教育变革步步深入。

2023 年秋，由本书编写团队牵头主导的国际标准项目 ITU-T Y. smartschool："Requirements of IoT-based smart school management system（基于物联网的智慧学校管理系统的需求）"在国际电信联盟第二十研究组（简称 ITU-T SG20）全体会议上，得到了美国、俄罗斯、日本、韩国、瑞士、加拿大、英国、坦桑尼亚等国家的百余名代表的一致认可并成功立项，计划在 2025 年正式向全世界发布。这意味着在教育智能化变革科技前沿阵地的国际舞台上，增添了属于中国通信产业的浓墨重彩的一笔。

从"相加"到"相融"，从"信息化"到"数字化"，从"走出去"到"全球化"，一场深刻的数字革命正与新时代教育改革发展相融互促、合拍共鸣。本书正是在这样的时代背景与趋势下完成的，凝练了编者在 5G 及大数据、人工智能等数智技术赋能智慧教育领域的长期积累与探索实践经验。立足于人类文明发展史与科技进步之路视域下的新一轮技术革命和产业变革，本书阐述了 5G 作为数字经济时代的底座和基石，如何与大数据、智能算法等人工智能技术深度融合，为千行百业赋智、赋能、赋值。在此基础上，以教育行业"有教无类"和"因材施教"的千年梦想为切入点，探讨了如何将 5G 与新一代数智技术深度融合，重构"教学—学习—管理—评价"等教育场景下的多个环节，既有理论体系和技术知识，又有落地路径和实践案例。

本书适合从事智慧教育体系构建的政府、企业、学校管理者，以及从事智慧校园设计、平台开发的技术人员使用，也可以作为高校通信、计算机、信息管理、教育学等相关专业的本科生、研究生的辅助教材，还适合对智慧教育感兴趣的读者阅读。

鉴于编者水平有限，而且数智科技本身发展日新月异，新技术、新模式层出不穷，新业态、新产品不断涌现，本书在编写过程中难免出现不足及疏漏之处，敬请专家和读者批评指正。

编　者

目　录

第 1 章

人类正在加速走向智慧时代

西汉《淮南子》云："往古来今谓之宙，四方上下谓之宇。"通过宇宙微波背景辐射的观测发现宇宙已经膨胀了 138.2 亿年，最新的研究认为宇宙的直径可达到 920 亿光年，甚至更大。从百亿年前宇宙膨胀的开端，到 450 万年前人和猿分化的开始，再到约 6000 年前人类文明的发源，人类只是茫茫宇宙中的一粒尘埃。如果把大约 6000 年的人类文明史浓缩到一天的 24h 中，那么将是怎样一幅景象？

凌晨时分，苏美尔人、古埃及人、古代中国人先后发明了文字。

晚上 8:00，北宋毕昇发明了活字印刷术。

晚上 10:30，欧洲人发明了蒸汽机，人类进入了工业时代。

晚上 11:15，人类学会了电力，进入了电气时代。

晚上 11:43，人类发明了通用计算机。

晚上 11:54，人类发明了互联网。

晚上 11:57，人类进入移动互联网时代。

一天的最后 10s，AlphaGo 横空出世、ChatGPT 大火出圈，人工智能（Artificial Intelligence，AI）时代全面开启……

在漫漫历史长河中，技术发展在时间维度上的加速度令人惊叹。以围棋软件为例，围棋程序从初学者水平发展到业余五段左右用了 20～30 年，而此后的短短四五年，AlphaGo 横空出世，向世界宣告了 AI 已跨越业余水平与职业水平之间的鸿沟。而 AI 大模型的层出不穷，特别是 ChatGPT4 的横空出世，更是让我们或许正在经历着一场人类文明的颠覆性变革，人类正在以前所未有的加速度走向智慧时代。

1.1 信息通信技术的发展始终与人类文明进步相融相促

通信的实质就是实现信息的有效传输，可以理解为信息及其传输这两大要素。从文明之初的"结绳记事"，到文字发明后的"文以载道"，再到现代科学的"智能建模"，信息技术的不断丰富承载了人类认识世界的努力和取得的巨大进步；从"惜字如金"到"通信普惠"，从"见字如面"到"万物互联"，通信技术的跨越式发展为文明的传播、交融与升华开辟了新格局、激发了新活力。可以说，人类的文明史，就是一部信息通信发展史。

1.1.1 从结绳记事到文以载道：文明的诞生

在旧石器时代，文字并非必需品。那时人类处于迁徙的状态，哪里有食物就迁移到哪里，食物被采集完就迁移到下个地方，因此也称为采集社会。采集社会最大的特征就是人类没有多余的家当，没有贮藏食物的需求。哥贝克力石阵（见图1-1）的发现，证明人类开始定居。石柱表面还刻着一些动物浮雕，这可能是目前发现的最早的象形符号。

图1-1　哥贝克力石阵

象形符号不算真正的文字，目前人们所知的最早的文字刻在乌鲁克遗址一个庙宇的泥板上。泥板记录了谷物和牲畜的数量。定居使人类产生剩余的食物和阶层的分化，交易开始萌芽，交易所产生的数据已超出人类的记忆力，急需一种方法来帮助记忆。

于是，结绳记事出现。如图1-2所示，人们通过在绳子上打结记录事情，称作结绳记事。例如狩猎捕获到一只鹿，就打一个大结；捕获到三只兔子，就打三个小结。时间久了，

图1-2　结绳记事

人们开始不记得打结的意思，也许表示一只鹿，也许表示一只羊，这种模糊性使得结绳记事的可靠性受到了质疑。

后来人们开始寻找更有效的方式来记录信息。他们发现不同的动物有不同的脚印，把脚印的样子画出来，可以用来表示这种动物。不仅脚印，自然界的山川日月都有自己的样子，都可以照着样子画出来以表示它们。更为让人惊叹的是，结绳还能实现十进制计数。例如，一个半结叠放于两个半结之上再叠放于七个结之上是用于记录数字"127"。这种尝试为人们提供了一种更具表达力和精确性的记录方式，使得信息的传递和保存变得更加便捷和可靠。不过这种高精细和有效的技术，当时只被少数权贵掌握。

随着社会群体的不断扩大，分工更为明细，人类交流更为频繁。记录财产作为最大的诉求，结绳记事已不能满足，因此需要一种更方便交流和记录的载体。泥板和楔形文字（见图 1-3）被发明出来，一来泥板方便携带，二来楔形文字可以表达更为丰富的信息。

图 1-3　楔形文字

另一方面，由于贵族权杖的出现和宗教礼仪活动的日益频繁，人们便产生了要把某些事物记录下来的要求。在我国黄河流域的仰韶文化和大汶口文化、江南太湖流域的良渚文化等新石器文化中都出现了刻画在陶器上（也包括玉器和其他载体上）的指事性文字和象形性文字，时间大约距今五六千年。

在华夏文明里，一直有着仓颉造字的传说。仓颉是黄帝的左史官，传说由他发明了文字，被后世称为"文字始祖"。《说文解字》记载："仓颉之初作书，盖依类象形，故谓之文；其后形声相益，即谓之字。""黄帝之史仓颉，见鸟兽蹄迒之迹，知分理之可相别异也，初造书契，百工以乂，万品以察。"

在仓颉之前，人们使用的是象形文字，即通过画出物体的形状来表示其含义。仓颉在观察鸟兽的蹄迹时，意识到可以通过划分和组合不同的符号来表示不同的事物和概念。他开始创造一种新的书写系统，将象形文字与表音文字相结合，这就是最早的文字形式。随着历史长河的推进，文字的发展变得更加复杂和多样化。人们开始使用符号来表示抽象的概念、动作和思想。文字的出现使得人们能够更有效地记录和传播信息，促进了人类社会的进步和发展。一般科学界将文字的出现作为界定文明的重要标志。

值得一提的是，在纸被发明之前，文字的载体最早是兽骨，然后是竹简和绢帛，最后逐渐进化到纸。所以，文字的发明是出于记录信息的诉求，而文字载体的发明则是为了人类的频繁交流，文字载体的发明路径越来越轻便快捷，这也与通信技术的演进路径不谋而合。

1.1.2 从鸿雁传书到烽燧瞭望：通信的缘起

在我国，书信滥觞于商代。殷墟出土的第五百一十三片甲骨，就是一封由殷的边境传至京都的"边报"。考古学家吴汝浩和潘悠两位先生在考证后断言，这是"侯伯和大将军报告方国入侵的"。可见从殷商时代起，我国就开始以文字的形式来传递军事信息。汉代以前的书信，多为官方的政务公文传递，许同莘在《公牍学史》中写道："凡书于牍者，其事皆公事，其言皆公言。"意思是书信中没有个人情怀的吐诉，只是些"陈政务以进君主"的陈词滥调。

后来，鸿雁几乎成为我国古代对书信传递的标志性描述，《汉书·苏武传》中记载了鸿雁传书的典故。汉武帝时，苏武被匈奴拘留，并押在北海苦寒地带多年。汉朝派使者要求匈奴释放苏武，匈奴单于谎称苏武已死。这时有人暗地告诉汉朝使者事情的真相，并给他出主意让他对匈奴说，汉皇在上林苑射下一只大雁，这只雁足上系着苏武的帛书，证明他确实未死，只是受困。这样，匈奴单于再也无法谎称苏武已死，只得把他放回汉朝。从此，"鸿雁传书"的故事便流传成为千古佳话。

随着纸的逐渐普及，书写工具的日趋完备，书信的传递更加便捷，也更多地成为普通人之间进行信息传递和情感表达的载体：

朔雁传书绝，湘篁染泪多。

云中谁寄锦书来？雁字回时，月满西楼。

……

在古代通信中，人是信息的产生者，也是最终的接收和使用者，所以所有的通信方式都是围绕人来设计的，但同时也受限于人的生理特性。

随着社会的发展，信息传递逐渐从分散的、自发的转变为有组织的，从简单的以物示人转变为大规模的统一通信。国家出现后，政治军事活动、社会经济发展等都建立起相应的通信网。其中举火放烟、击鼓举旗以传递军情，是最早用于军事的"光（烽燧）、声（金鼓）、形（旌旗）"通信方式。

以烽燧为例，随着领土的不断扩张，掌权者要维持领土不丢失，需要一种更高效的通信手段，怎么让远方的守军收到指示，变得迫在眉睫。最早有我国的烽火台，当最临近敌人的烽火台守候部队发现敌情时，守兵会点燃狼烟。古人用"狼烟四起"来形容到处都在爆发战争，"烽火连三月，家书抵万金"也正是个人通信与军事通信两个意象的融合。虽然狼烟可以传输很远的距离，但因为只有有烟和无烟两种状态，所以最初传输的信息量非常少，只有"0"和"1"。电视剧《长安十二时辰》展示了长安城中每隔 300 步就有一个望楼，通过一套传递体系可以快速准确地通报情况。虽然传输距离很近，但信息量变大了。

还有 16 世纪法国的克洛德·沙普发明的信号塔，如图 1-4 所示，沙普信号塔主要是通过视觉，从一座信号塔向另一座视线范围内的信号塔发送信号。烽火台只能传达"有"和"无"两种信息，但是信号塔通过在横梁两端安装两个巨大悬臂，分别由缆索操纵，悬臂可以形成 7 个角度，相邻之间相差 45°，单次可以传输 98 种信息。1799 年拿破仑政变成功后，通过信号塔向全国各地发送了一条信息——"巴黎无事，良民皆安"。

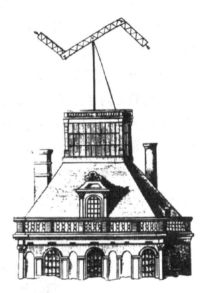

图 1-4　沙普信号塔

摆臂信号要配合编码本一起使用，通信员才能解读上个信号塔要传达什么信息。所以编码是整个信号塔系统的关键所在，电报和计算机也延续了这个核心思想。

从今天的角度来看，"烽火台通信""望楼通信"和"沙普信号塔"都是无线通信、可见光通信和数字通信。但这些通信体系都是给人设计的，可以通过资源互换达到性能的转换，如利用距离换取信息，如视距量——距离越远，人眼分辨率越低，传输的信息量就越小；反之距离越近，人眼分辨率越高，传输的信息量就越大。但是，由于人的生理极限（非常有限的视距），这样的通信方式在距离、信息量传输等方面非常有限，远远不能满足人们的通信需求。

光电加入通信以后，信息通道就不再是架构在人与人之间，而是架构在收发设备之间，通信范围和效率大幅度上升，电报、电话的使用才让人们突破了视距约束，而移动通信的出现更是让随时随地任何人之间的通信成为可能。

1.1.3　从通信普惠到万物智联：现代通信技术发展历程波澜壮阔

人们一般把光电加入通信视为现代通信的起点。从莫尔斯电码到 5G，从电报到有线通信和无线通信，现代通信技术的发展历程波澜壮阔。

1. 萌芽：现代通信的诞生

大约在公元前 600 年，古希腊哲学家泰勒斯偶然发现家中的琥珀棒与一只小猫接触时，小猫的毛发奇妙地被吸附到了琥珀棒上。虽然当时的人们（包括泰勒斯自己）并不了解这一现象是由于静电力引起的，但泰勒斯推测这可能与磁铁类似，并以"电"命名这种未知的神秘力量。现如今我们已经明白，这其实是静电现象的表现。

对于"电"的记载，可以追溯到更早的时期。早在公元前 2750 年，古埃及的书籍中就记录了一种叫作"发电鱼"的生物（其实是指电鳐）。古埃及人称电鳐为"尼罗河的雷使者"。然而，无论是古埃及人还是古希腊人，都不曾想到，几千年后的今天，这个"电"的发现将彻底改变人类的命运。

1600 年，英国女王伊丽莎白一世的御医威廉·吉尔伯特使用拉丁语中的"电"一词，来描述物质之间摩擦时所产生的力量。此外，他还著有一本传世名著《论磁》。在这本书中，他认为电的产生需要物质的摩擦，而磁铁则不需要，因此认为电和磁是两种不同的现象。这个观念持续了很长时间，人们长期以来将电和磁视为毫无关联的研究领域。

后来，越来越多的研究者开始对电进行深入探索，并取得了可观的进展。其中最为重大的发现之一，是由本杰明·富兰克林进行的"风筝实验"，如图 1 - 5 所示。富兰克林将一只系着钥匙的风筝运送至云层之中，当闪电击中钥匙时，电流沿着金属线传导至富兰克林的手中，这一感知令他震惊不已。

图 1-5 富兰克林"风筝实验"

1820 年，丹麦人汉斯·奥斯特偶然发现了电流对磁场的作用，从而重新建立了电与磁之间的紧密联系。1821 年，英国人迈克尔·法拉第创造性地发明了电动机，通过运用电流和磁场的相互作用实现机械运动。1831 年，法拉第进一步发现了电磁感应定律，并成功构建了世界上首台能持续产生电流的发电机。1837 年，美国的画家莫尔斯（Morse）运用电磁效应原理，创造性地发明了莫尔斯电码和有线电报（见图 1-6）。电报通过电路的打开和关闭来传输信息，电流不断流通和中断，一系列的打开和关闭被用来组织和传递信息。这一创新无疑为通信技术的进一步发展奠定了坚实的基础。

图 1-6　莫尔斯和他的电报机

类似于沙普信号塔，仅仅传递信号并不足以让通信员理解信息的含义。要使电报系统正常运行，必须结合相应的编码方法。因此，莫尔斯创建了"莫尔斯电码"（见图 1-7），给予了信号具体的含义和解读方式。这样一来，通信员们才能有效地解读和传递信息。

图 1-7　莫尔斯电码

有线电报的问世标志着一种具有革命性意义的信息传递方式的诞生。此方式不同于以往的书信、旗语、号角和烽火，它以一种"无形、无触、无听"的形式存在。通过使用莫尔斯电码表，人们得以将要传递的信息转化为电码，并通过操作电源的通断来间接改变磁场，进而通过磁针在纸上画点或画横来传递信息。

电报的发明使得人们能够以每秒 30 万 km 的速度将信息传输至遥远的地方。然而，久而久之，人们对电报的不满逐渐涌现。发送一份电报需要编写电报稿，然后将其译成电码，由通信员发送。接收方的通信员收到报文后，需要将电码译成文字，并交给收报人。这一过程烦琐而且双向信息交流的实时性受限，若想收到对方的回电，则需要等待较长时间。

人们对电报的不满促使科学家们展开新的探索。在1873年的某一天，亚历山大·格雷厄姆·贝尔在进行电报试验时偶然发现，一块铁片在磁铁前振动会发出微弱声音，并且他还发现这种声音能够通过导线传输至远方。这给了贝尔极大的启发：如果对着铁片说话，是否也可以引起铁片的振动？这便是贝尔最初有关电话的构想。1875年，贝尔与他的助手沃森利用电磁感应原理成功制造出了世界上第一台传递声音的设备——磁电电话机。1876年，贝尔申请了电话专利，成为电话的发明者。

而在大西洋的另一边，英国人詹姆斯·克拉克·麦克斯韦于1865年提出了麦克斯韦方程组，建立了经典电动力学理论，并预言了电磁波的存在。1888年，德国人海因里希·鲁道夫·赫兹通过实验证实了电磁波的存在。这一时刻标志着经典电磁理论的全面确立。而在1896年，意大利人伽利尔摩·马可尼（见图1-8）实现了人类历史上首次无线电通信，通信距离达到30m（次年达到3.22km）。这标志着在有线电话发明出现后的10年里，人类正式迈入了无线通信时代。

图1-8　伽利尔摩·马可尼

2. 蛰伏：有线通信与无线通信的探索前行，两条互不相交的轨道

在接下来相当长的时间里，有线通信和无线通信各自以自己的方式取得了进展，发展方向各有不同。

（1）有线通信的发展　在电话问世后，人们的声音得以通过电线传播，其基本原理是将声音信号转换为电信号，通过电线传输，最终再将电信号转换回声音信号。对于通信网络而言，主要的挑战在于如何布设和衔接这些电线。最初，人们采用人工交换机的方式进行衔接，如图1-9所示。

图 1-9　话务员和人工交换机

随着用户数量的增加，电话网络逐渐壮大。电话线路的数量从仅有几百条增加到几千条甚至几万条（见图 1-10）。在这种情况下，除了工作量难以负荷外，误操作率也显著增加，显然人工交换机无法满足日益增长的需求。

图 1-10　19 世纪末的电话线杆

1891 年，有一位名叫史端乔（见图 1-11）的经营殡仪馆的老板，亲自经历了使用人工交换机的困扰。他发现自己店里的电话生意总是被话务员无意中转接到另一家殡仪馆。后来他才得知，那家殡仪馆的老板正好是当地话务员的堂弟。为了解决这个问题，他发明了一种不需要人工干预的交换机。他在自己的车库里制造了世界上第一台步进制电话交换机。为了纪念他，这种交换机也被称为"史端乔交换机"（见图 1-12）。这种交换机采用机械式结构，带有工业革命时代的印记。

图1-11　史端乔

图1-12　史端乔交换机

　　虽然史端乔交换机实现了自动化替代人工操作，但它仍然存在着一些不足之处，其中包括滑动式接点导致可靠性差、易损坏、动作缓慢、结构复杂和体积庞大等问题。然而，在1919年，瑞典工程师贝塔兰德和帕尔姆格伦合作发明了一种名为"纵横制接线器"的全新选择器（见图1-13），并成功申请了专利。这种接线器用点触方式取代了过去的滑动式，有效减少了磨损，提升了使用寿命。

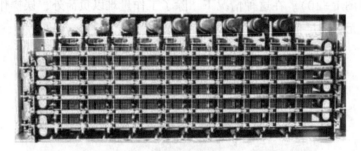

图1-13　纵横制接线器

　　基于"纵横制连接器"的创新，1926年，在瑞典松兹瓦尔市投入使用了世界上第一个大型纵横制自动电话交换机（见图1-14）。随后，在1938年，美国开通了第一套纵横制自动电话交换系统。紧接着，法国、日本等国也开始制造和使用这类系统。从那时起，人类正式步入了纵横制交换机的时代。到了20世纪50年代，纵横制交换系统已经成熟和完善。

图1-14　纵横制自动电话交换机

　　"步进制"和"纵横制"都属于机电式自动电话交换机的范畴，它们都利用了电磁机械动作来进行接线。然而，由于机械设备的限制，这种交换机效率较低，容量有限，故障率较高，难以满足人们不断增长的通信需求。因此，人们渴望出现一种全新的交换处理方式。1947 年 12 月，美国贝尔实验室的肖克莱、巴丁和布拉顿组成的研究小组成功发明了晶体管（见图 1 - 15）。晶体管的出现引发了一场革命，它标志着电子技术的应用，为人们带来了更高效、更可靠的交换处理方式。

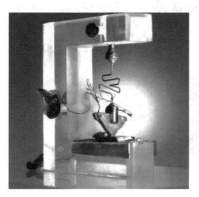

图 1 - 15　世界上第一个晶体管

　　晶体管的问世引发了微电子革命的浪潮，同时也为接下来集成电路的诞生奏响了序曲。随着半导体技术和电子技术的迅猛发展，人们开始思考如何将电子技术引入电话交换机中。然而，当时的电子元件性能还无法满足需求，因此出现了电子与传统机械相结合的交换机技术，被称为"半电子交换机"或"准电子交换机"。随着微电子技术和数字电路技术的进一步成熟，终于出现了"全电子交换机"。1965 年，美国贝尔实验室成功制造了世界上第一台商用的存储程式控制交换机，也就是我们所熟知的"程控交换机"，型号为 No. 1 ESS（Electronic Switching System）（见图 1 - 16）。

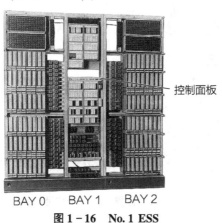

控制面板

BAY 0　　BAY 1　　BAY 2
图 1 - 16　No. 1 ESS

1970年，法国的拉尼翁开通了世界上第一个程控数字交换系统 E10（见图 1－17），这标志着人类数字交换新时代的开始。程控交换机实质上是由电子计算机控制的交换机。它通过预先编写的程序来控制交换机的连接操作，有明显的诸多优点，如操作速度快、功能丰富、效率高、语音清晰、质量可靠、容量巨大。

图 1－17　程控数字交换系统

在20世纪80年代之前，有线通信的发展可以说是遥遥领先于无线通信。

（2）无线通信的发展　在马可尼发明无线电报后的相当长一段时间里，无线通信一直处于单向通信（单工通信）的形式。这意味着发信方可以发送信息，而接收方只能接收信息，这是一种一对多的方式。任何人都能接收到发信方发送的无线电波，而只有那些掌握密码本的人才能解密无线电波的内容。如果是未加密的明文无线电波，那么任何人都能知晓报文的内容。广播就是一种采用这种方式的"一对多"通信模式。如图 1－18 所示，广播的出现在一定程度上代替了报纸，成为富人获取新闻的最快途径。

图 1－18　世界上第一个广播电台

战争对于通信技术的发展起到了催化作用。在第二次世界大战期间，摩托罗拉公司（成立于 1928 年）成功开发出了一款具有划时代意义的产品——SCR—300 军用便携无线电台（见图 1 - 19），实现了长达 12.9km 的远距离无线通信。SCR—300 采用了 FM 调频技术，具备一定的抗干扰能力和稳定的信号，但是质量相对较重（16kg），需要专门的通信兵背负，或者安装在汽车或飞机上。

图 1 - 19　SCR—300

贝尔实验室在 1946 年基于战地步话机的技术制造出了世界上第一部所谓的"移动通讯电话"。然而，尽管它被称为移动电话，但其体积非常庞大，研究人员只能将其放置在实验室的架子上，不久之后，它就被人遗忘了。随后的通信技术一直受到前述有线通信所遇到的局限，受制于电子元器件技术的瓶颈，一直没有取得重大突破。直到半导体技术逐渐成熟后，无线通信设备才得到了高速发展的基础。

苏联工程师列昂尼德·库普里扬诺维奇于 1957 年发明了 JIK - 1 型移动电话（见图 1 - 20），但该电话仍需要安装在汽车上方能使用。

图 1 - 20　列昂尼德·库普里扬诺维奇正在测试 JIK - 1 型移动电话

20 世纪 60 年代，摩托罗拉和 AT&T 等科技公司开始重新对移动电话的研发产生兴趣。20 世纪 70 年代，无线通信技术终于迎来了一次重大爆发。在 1973 年 4 月的某天，一个男子站在纽约的街头，拿出一个大小约如两块砖头的设备并开始用它说话，他激动地手舞足蹈，吸引了路人的目光。这个人就是手机的发明者——马丁·库帕，他是摩托罗拉公司的一位工程师（见图1-21）。

图1-21　马丁·库帕和他的手机

第一通移动电话是给马丁·库帕在贝尔实验室工作的一位竞争对手打的。当时对方也在致力于研发移动电话，但尚未获得成功。马丁·库帕事后回忆道："我给他打电话说：'嘿，乔，我正用一部便携式蜂窝电话跟你交流。'我听到他那头有点咬牙切齿的声音，尽管他还是表现得相当礼貌。"马丁·库帕发明的手机是世界上第一部真正意义上的手机，可以由个人携带，在移动中进行通话。

手机的诞生标志着人类踏入了全民通信时代的门槛，也意味着无线通信开始超越有线通信。这一创新为人类带来了全新的通信方式和体验。

3. 爆发：1G 到 4G 的代代更迭，从惜字如金到通信普惠

四代移动通信的演进如图 1-22 所示。

1983
贝尔实验室与摩托罗拉大规模商用第一代模拟语音通信技术Advanced Mobile Phone System（AMPS）为起点

1991
世界主流的第二代移动通信技术Global System for Mobile Communications（GSM）实现全数字化语音

2001
第三代Universal Mobile Telecommunications System（UMTS）通信技术支持语音与移动数据业务

2008
全球大规模商用的第四代移动通信技术Long Term Evolution（LTE）支持全IP（AI-Internet Protocol）化的高清语音与高速移动数据业务

图1-22　四代移动通信的演进

移动通信的开端，理所当然地被称为 1G 时代。主宰 1G 时代的，就是摩托罗拉。1G 时代的象征，就是像砖块一样的大哥大手机。1980 年后，大哥大逐渐走入了人们的生活，人们开始使用它进行远距离通信。1G 使用的是模拟通信技术，保密性差，容量低，通话质量也不行，信号不稳定。20 世纪 80 年代后期，随着大规模集成电路、微处理器与数字信号技术的日趋成熟，人们开始研究模拟通信向数字通信的转型。

第二代移动通信技术引入了数字信号，这是一次巨大的飞跃。2G 的出现让通信更加清晰稳定，同时还支持简单的短信服务。人们开始意识到，移动通信不仅仅是语音传输，还可以通过文字进行交流。

随着互联网的兴起，3G 应运而生。第三代移动通信技术以其高速的数据传输能力和丰富的多媒体服务，彻底改变了人们的生活。视频通话、移动互联网、在线游戏等应用成为现实，人们可以随时随地享受高质量的通信和娱乐服务。

4G 的到来再次颠覆了移动通信的格局。第四代移动通信技术以其更高的数据传输速度和更低的延迟，为高清视频流媒体、在线游戏和移动云计算等应用提供了更好的支持。人们可以在手机上观看高清视频，畅玩各类大型游戏，甚至在移动设备上进行复杂的计算任务。4G 的到来让人们感受到了移动通信的无限可能。

从 1G 到 4G，以用户的角度来说，1G 出现了移动通话，2G 普及了移动通话，2.5G 实现了移动上网，3G 实现了更快速的上网，4G 实现了比 3G 更快速的上网，并基本满足了人们所有的互联网需求。从运营商和移动通信网络本身的角度来说，从 1G 到 4G，就是模拟到数字，频分到时分到码分到综合，低频到高频，低速到高速，系统的容量不断提升，安全性和稳定性也不断提升，成本在不断下降。

4. 蝶变：5G 赋能千行百业，从人人通信到万物智联

如果说 1G 到 4G 的发展实现了"人人通信"，让通信从少数人的特权变成了所有人的福祉，那么 5G 的建设和规模化推广则是让曾经是"旧时王谢堂前燕"的数字化、智能化的物联网应用"飞入寻常百姓家"，让"万物智联"走进了千场万景和千行百业。

5G 以其更高的数据传输速度、更低的延迟和更大的网络容量，为物联网、智能城市和自动驾驶等领域的发展提供了强大的支持。

5G 之前所有的通信系统都是以人为中心来设计的，偶尔会兼顾物，但 5G 给出的三个并列的应用场景中就有专门针对海量物体连接的海量机器类通信（mMTC），也有针对面向物的超可靠低时延的超可靠低时延通信（URLLC）。互联网也将依托 5G 从消费互联网渗透到产业互联网。例如，设置自动上报数据的温度传感器，并将温度显示在信息终端上。这个过

程一旦设定好，即使没有人的参与，各种设备也会自动产生信息、传送信息、展示信息。这就是典型的面向物的通信。在这个过程中，物体被赋予了主动产生信息、主动通信、主动接收信息的功能，而人不一定是信息的最初发起者和最终消费者。

在当今互联互通的世界中，物联网的崛起正引领着人类社会步入一个全新的时代。物联网通过传感器、芯片等技术，实现了物体之间的相互通信和信息交换，构建起一个智能化的网络。这一技术的发展不仅将改变人们的生活方式，还将对人工智能、高新技术产业和大模型的发展产生深远影响：

1）物联网中的海量数据可以为人工智能算法提供丰富的训练样本，从而提高智能系统的学习和决策能力。智能助手、语音识别、图像处理等技术的应用，使得通信更加智能化、便捷化和个性化。人们可以通过语音指令与智能助手进行交互，实现智能家居的控制、智能车辆的导航等功能，极大地提升了生活的便利性和舒适度。

2）物联网的崛起推动了高新技术产业的发展。物联网需要各种先进的技术支持，如传感器技术、无线通信技术、云计算技术等。这些技术的不断创新和进步，为物联网的发展奠定了坚实的基础。同时，物联网的应用也促进了相关产业的繁荣，如智能家居、智能交通、智能医疗等领域。这些高新技术产业的发展不仅带动了经济增长，还为人们提供了更多的就业机会和创业机会。

3）物联网的发展还推动了大模型技术的兴起。大模型指具有庞大参数量和复杂结构的机器学习模型。物联网中的海量数据需要强大的计算能力和模型容量来处理和分析。大模型的应用可以帮助人们更好地理解和利用物联网中的数据，从而实现更精准的预测和决策。目前，大模型的能力主要体现在软件层面。然而，一旦大模型与智能硬件相结合，它的能力将从数字世界延伸到物理世界。根据大模型的发展趋势来看，多模态处理是不可避免的，而多模态大模型与物联网的结合，也将成为下一个热门领域。进一步来说，多模态技术与智能硬件的结合是未来的趋势。大模型将成为物联网的核心，而物联网设备则相当于大模型的感知端，使大模型能够具备视觉和听觉的能力。此外，大模型还有可能控制物联网设备，进一步发展出"口、手、脚"，从而具备行动能力，实现从感知到认知，从理解到执行的全方位发展。

当前，6G技术研发规模已峥嵘初显。2023年6月4日，工信部部长金壮龙在第31届中国国际信息通信展览会上宣布，我国将全面推进6G技术研发。我国通信行业全新篇章正式开启。6G技术研发全面起跑的意义，远不止传输速度更快，而是让面向"万物智联、数字孪生"的美好愿景，成为数字经济发展的新动力。6G的重要价值已经可以从5.5G中得以窥见。作为 5G 和 6G 之间的过渡阶段，5.5G 将在速率、时延、连接规模和能耗方面全面超越现有 5G，实现下行万兆和上行千兆的峰值速率、毫秒级时延和低成本千亿物联。

2023 年 6 月 12 日至 22 日，国际电信联盟无线电通信部门第五研究组 5D 工作组（ITU - R WP5D）第 44 次会议在瑞士日内瓦召开。本次会议如期完成了《IMT 面向 2030 及未来发展的框架和总体目标》建议书。建议书作为 6G 纲领性的文件，汇聚了全球 6G 愿景共识，描绘了 6G 目标与趋势，提出了 6G 的典型场景及能力指标体系。

建议书认为，随着信息和通信技术的发展，IMT - 2030（6G）有望支持丰富和沉浸式的体验，增强无处不在的覆盖，并实现新形式的合作。此外，与 IMT - 2020（5G）相比，IMT - 2030 被设想为支持扩大和新的使用场景，同时提供增强的和新的能力。

建议书提出，面向 2030 及未来的 6G 系统将推动实现包容性、泛在连接、可持续性、创新性、安全性、隐私性和弹性、标准化和互操作、互通性等目标，支撑构建包容性的信息社会，实现联合国可持续发展目标。6G 将实现人、机、物的连接，实现物理世界和虚拟世界的连接，同时，有望将感知和人工智能等能力融合到网络中，成为承载新用户、赋能新应用的新型数字基础设施。6G 用户和应用将呈现泛在智能、泛在计算、沉浸式多媒体和多感官通信、数字孪生和虚拟世界、智能工业应用、数字健康与福祉、泛在连接、传感和通信融合、可持续性等九大趋势。

在典型场景方面，6G 在 5G 三大场景基础上增强和扩展，包含沉浸式通信、超大规模连接、极高可靠低时延、人工智能与通信的融合、感知与通信的融合、泛在连接等六大场景。

已经可以预见，到实现商用时，6G 将成为沟通物理和数字世界的桥梁，实现"网络无所不达、智能无所不及"的更深远、更广泛的"万物智联"（见图 1 - 23）。

图 1 - 23　华为提出 6G 将跨越人联、物联，迈向万物智联

1.1.4 从经典 AI 到大模型时代：数字技术推动人类认知范式重构

如果说通信技术为现代生产生活构筑了底座和基石，那么数字技术则是驱动社会发展和技术革命的核心引擎。人们通过大数据和 AI 技术构筑了新的认知范式，人类认知不再必须经历从信息到知识再到智慧这样一个价值的提取和凝练过程，而是借助机器智能可以直接从数据产生智能、获取智慧，通过不断发掘数据价值，帮助人们认识和改造世界，推动实现知行合一。这个过程集中体现在数据的两次作用上：数据的第一次作用是认识世界，是从实践到数据，实现数据"从无到有"；数据的第二次作用是改造世界，是从数据到实践，实现数据"从有到兴"。数据和实践的相互作用，推动人类文明不断向前发展。

然而 AI 技术的发展历程并非一帆风顺，可谓是高潮迭起和低谷沉迷的交织。

1. AI 三起三落：在高潮迭起和低谷沉迷的交织中前行

1950 年，当时还是大四学生的马文·明斯基与他的同学邓恩·埃德蒙合作建造了世界上第一台神经网络计算机。同年，被公认为"计算机科学之父"的艾伦·图灵提出了通过图灵测试来评判机器是否具备智能的设想。自从 1956 年达特茅斯会议首次提出 AI 的概念后，AI 技术正式成为一门学科。

如图 1 - 24 所示，从 1956 年约翰·麦卡锡等人参与的达特茅斯会议开始，AI 经历了三次发展浪潮，其发展历程可谓曲折多变。其中几次高潮时期分别出现在 20 世纪 60 年代、80 年代前中期以及 90 年代至今，这期间借助计算机性能的快速提升，AI 在数学证明、逻辑推

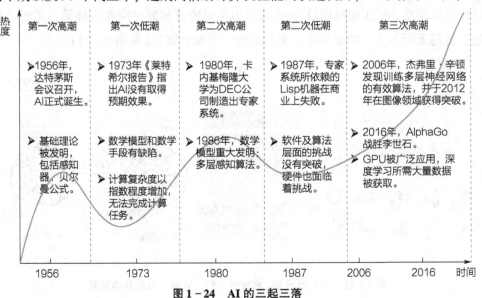

图 1 - 24　AI 的三起三落

理、数据处理等领域取得了引人注目的突破。然而，低谷时期往往由于计算能力和领域应用无法满足人们过高期望而引起，但经过一段时间的反思和积累，又会迎来新一轮技术的爆发。

（1）早期 AI：20 世纪 50 年代—60 年代　达特茅斯会议奠定了 AI 的基石，并见证了第一款感知神经网络软件和聊天软件的诞生，这使得人类首次沉浸在 AI 的狂欢浪潮中。在随后的 10 年里，AI 领域取得了显著的进展，研究者们主要专注于符号主义 AI，试图通过模仿人类思维方式来设计智能系统。然而，由于计算机性能和知识表示的限制，这一时期的 AI 研究并未取得突破性进展。人们很快意识到，这些理论和模型只能解决一些非常简单的问题，他们对问题的难度估计过于简单化，这导致 AI 的发展陷入低谷。

（2）第一个 AI 寒冬：20 世纪 70 年代　在 20 世纪 70 年代，AI 的发展遭遇了首次低谷，许多研究项目由于资金不足和技术困难而被迫停止。然而，在那个时候，研究者们开始改变方向，转向基于概率和统计的方法，尝试从数学和统计学的角度解决 AI 问题。这为后来的机器学习技术奠定了坚实的基础。

（3）机器学习的兴起：20 世纪 80 年代　进入 20 世纪 80 年代，机器学习成为 AI 研究的新方向。在这段时间里，人们开始关注神经网络和遗传算法等方法。特别值得一提的是，1986 年，鲁梅尔哈特和辛顿等人提出了一种名为"反向传播（BP）"的神经网络训练算法，这为后来深度学习的发展打下了坚实的基础。因此，AI 再次兴起，并为语音识别、语音翻译等模型的发展点燃了希望的火焰，也标志着第二次 AI 热潮的来临。同时，研究者们开始关注强化学习，即让机器通过与环境的互动来学习。这一时期的研究奠定了 AI 发展的重要基础。

（4）第二个 AI 寒冬：20 世纪 90 年代　进入 20 世纪 90 年代，AI 再次经历了一个低谷，这让许多人对 AI 的未来感到担忧。然而，这个时期也孕育了众多重要的技术和方法的诞生。举例来说，支持向量机（SVM）和随机森林等强大的机器学习算法开始崭露头角。此外，贝叶斯网络和隐马尔可夫模型等概率图模型也受到广泛的研究和应用。这些技术的发展为 AI 下一次的崛起做好了充分的准备。这一时期依然是 AI 发展历程中的一个重要里程碑。

（5）深度学习的突破：21 世纪初至今　随着计算能力的提升和大量数据的积累，深度学习在 21 世纪初崭露头角。2006 年，杰弗里·辛顿提出了"深度信念网络"，为深度学习的研究开启了新的篇章。2012 年，AlexNet 在 ImageNet 竞赛上的惊人表现使得深度学习在计算机视觉领域取得了突破性的进展。

2016 年 3 月，第一代 AlphaGo 以 4∶1 的比分击败了李世石，引起了广泛关注。接着在2016 年年底，AlphaGo 以"大师"账号在网络上与数十位顶尖棋手展开了 60∶0 的连胜，震惊了世界。当时排名世界第一的围棋冠军柯洁与 AlphaGo 对局，也不幸以 0∶3 败北。2017 年 10 月 18 日，谷歌公司的 DeepMind 团队发布了最强版本的 AlphaGo Zero，经过仅仅 3 天的自我训练，以 100∶0 的成绩战胜了击败李世石的 AlphaGo Lee 版本，并继续进行了 40 天的训练后战胜了 AlphaGo Master。AlphaGo 教授自己围棋的方式是从零开始，在没有人类数据输入的情况下，仅仅通过理解围棋规则迅速自学。这使得人们相信，一个全新的围棋新物种诞生了。

李开复在 2017 年的著作《人工智能》中指出，深度学习与大数据携手引领了第三次 AI 热潮。AI 大师、深度学习专家约书亚·本吉奥表示，"没有任何其他 AI 技术可以与深度学习相媲美。"AI 的目标不仅仅是为人类增加机械力，更是为人类增加认知能力和智力。深度学习是自 2006 年起引发的 AI 热潮的重要推动力量。在谷歌的大脑项目创立之后，国外的巨头以及国内的百度、腾讯、阿里巴巴、华为、小米、滴滴、今日头条等公司也建立了自己的大规模深度学习集群，并发挥了不可替代的作用。

2. 通用 AI 的星星之火：推动人类认知范式变革

在《韦氏大词典》中，智能被定义为"学习和解决问题的能力"（The capacity to learn and solve problems）。这种能力可以被碳基生物所具备，也可以被硅基机器所具备。它的本质是洞察事物本质（感知），透彻理解问题（认知），得到完美方案（行动）。感知、认知、行动这三种行为都是主动的，而且所面对的事物往往是新事物，问题也是新问题。而这些并不是深度学习所能实现的 AI。

如果说深度学习实现了单一领域、确定性问题的智能，那么大模型，特别是最近广受关注的 ChatGPT4 有望成为新范式的缔造者。大模型（LLM）狭义上指基于深度学习算法进行训练的自然语言处理（NLP）模型，主要应用于自然语言理解和生成等领域，广义上还包括机器视觉（CV）大模型、多模态大模型和科学计算大模型等。ChatGPT 的火爆吸引了全世界对大模型的关注，比尔·盖茨表示，ChatGPT 的诞生意义不亚于互联网的出现。如图 1-25 所示，ChatGPT 的用户仅用 2 个月的时间就达到了 1 亿，这是史无前例的，颇有星火燎原之势。

相对于传统深度学习，通用大模型以如下不可比拟的技术优势，实现了 AI 领域从量变到质变的跨越：

1）更强大的表征能力：大模型通常具有更多的参数和更深的网络结构，因此具备更强大的表征能力。它们能够学习到更丰富、更复杂的特征表示，从而提高了模型在各种任务上的性能。

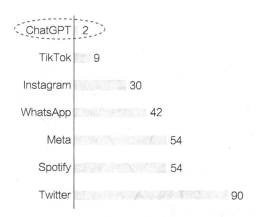

图 1 - 25　各应用达到 1 亿用户所需时间（单位：月）

2）更好的语义理解和生成能力：大模型通过大规模预训练数据的学习，具备更好的语义理解和生成能力。它们能够更好地理解输入文本的语义关系，生成更准确、连贯的回答，提供更自然流畅的对话体验。

3）上下文感知和长期依赖处理：大模型能够处理更长的上下文信息，具备更好的上下文感知能力。它们能够捕捉到长期依赖关系，从而在对话和序列任务中表现更出色。

4）多领域知识储备：大模型通过大规模数据集的预训练，可以获得更广泛的知识储备。它们能够涵盖多个领域的信息，提供更全面的知识支持。

5）迁移学习和自适应能力：大模型在预训练阶段学习了大量通用的知识，这使得它们具备较强的迁移学习和自适应能力。它们可以通过在特定任务上进行微调，适应不同领域和任务的需求。

6）实时更新和增量学习：大模型可以进行在线学习和增量训练，随着时间推移不断获取最新的信息和知识。这使得它们能够保持与时俱进，应对不断变化的数据和任务需求。

如图 1 - 26 所示，在赵鑫、周昆等所著的 *A Survey of Large Language Models* 一文中，给出了大语言模型（大小超过 100 亿）的发展历程，其时间轴主要是根据模型技术论文的发布日期建立。可见 ChatGPT 的诞生并非一蹴而就，而是在大量的技术、资源的加持下的"长期主义"的胜利。

在 ChatGPT4 诞生之前，"常识"一直被 AI 界认为是无法跨越的巨大鸿沟。ChatGPT4 的核心技术在于：通过海量的参数（接近于人类大脑神经元和突触的数量），使 AI 可以理解常识类的知识，可以像人类一样理解、推理、创造，实现"涌现"。因此，大模型的出现，将会引来新一轮的科技革命，带来颠覆性变革。奇绩创坛创始人兼 CEO 陆奇认为，它将引发社会性拐点——使"知识成本"从边际变成固定。

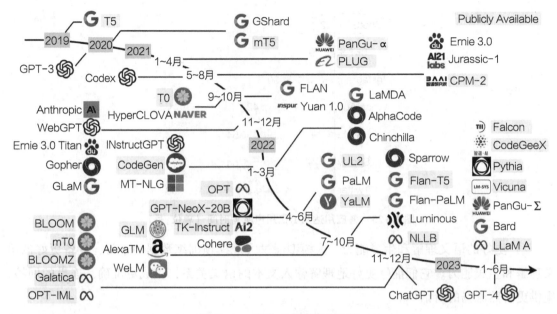

图1-26　近年大模型发展历程

　　早在1995—1996年，互联网的发展（谷歌的兴起）迎来一个拐点："获取信息"的边际成本开始变成固定成本。例如，1995年，一张地图3美元，获取信息很贵。今天的地图变成固定价格——谷歌平均一年付10亿美元做一张地图，但每个用户要获得地图的信息，基本上代价是0。也就是说，获取信息成本变为0的时候，它一定改变了所有产业。

　　2022—2023年，因为大模型的诞生，迎来了另一个拐点：模型（也就是知识）的成本从边际走向固定。今天信息已经无处不在了，接下来15～20年，模型就是知识，将无处不在。未来，知识和模型将唾手可得，它教你怎么去解答法律问题，怎么去做医学检验。人有三种模型：认知模型，使得人们能看、能听、能思考、能规划；任务模型，使得人们能爬楼梯、拿起东西、跌倒后能爬起；领域模型，使得人们可以从事医生、律师、精算师等知识型工作。

　　人们对社会所有贡献都是这三种模型的组合。大模型的到来，使得以上这些任务都可以通过模型解决了。尤其是在领域模型中，GPT-4有着优异的表现：在统一律师考试中，GPT-4可以超过90％的人类考生；在GRE数学考试中GPT-4可以考163分（满分170分），超过80％的考生；在GRE语文（阅读与填空）考试中GPT-4可以考169分（满分170分），超过99％的考生。

　　尽管GPT-4是纯粹的语言模型，但是它在各种领域和任务上表现出显著的能力，包括抽象、理解、视觉、编码、数学、医学、法律、对人类动机和情感的理解等。GPT-4的能力具有普遍性，它的许多能力跨越了广泛的领域，而且它在广泛的任务中的表现达到或超过了人类水平，因此可以说 GPT-4 是迈向通用人工智能（AGI）的重要一步。

由此可以得到，信息社会先后经历了计算机、互联网、移动互联网和云计算等重要阶段；ChatGPT 及一大批大模型的发展，标志着信息社会进入了大模型主导的新阶段。根据陆奇提出的"信息—模型—行动"系统分析范式框架，计算机、互联网、移动互联网和云计算这四个标志性技术都实现了信息获取的成本无限趋近 0。大模型热潮标志着新拐点即将到来，社会各界获取模型的总成本将逐渐趋近固定成本，预示着模型将无处不在，万物都将成为它的载体。

未来，自动化行动将成为新的拐点，人在物理空间内"行动"的代价转向固定，人将与数字化技术构建出一个全新的智能系统，实现信息、模型和行动的无缝衔接。这意味着人不再通过获取信息，利用人脑分析，自己去行动，而是智能系统自动获取低成本信息（数据），利用大模型，形成指令驱动各类系统（包括机器人）采取行动，从而对整个社会产生深远的影响和冲击，各类数字化系统也将基于大模型形成互联互通。

大模型时代也为数智时代带来三大革命性变化：

1）大模型推动弱人工智能向 AGI 跃升。2023 年 2 月，OpenAI 在 ChatGPT 成功的基础上，发布了 AGI 路线图，建议逐步向 AGI 普及的世界过渡，让大众、政策制定者和研究机构有时间了解 AGI 技术带来的改变。谷歌也指出未来数年 AGI 将会得到普及，各种应用领域中的智能系统将具备与人类认知能力相持平的智力水平，能够胜任多种复杂任务。

2）大模型推动生产力从算力向机器智力跃升。生产力的变革是推动人类社会进步的根本动力，从原始社会、农业社会、工业社会到信息社会，背后是人力、畜力、电力到算力的跃升。随着大模型的进一步发展，机器智力将成为新的主流生产力。机器智力是智能算力与人类知识的扩展、集成和融合，大模型是机器智力的载体。随着大模型的不断进化和普及，其将成为经济社会的主流生产工具，重塑经济社会的生产方式，全面降低生产成本，提升经济效益。

3）大模型推动数字社会向智能社会跃升。首先，AI 特别是 AGI 产业高度发展，带动智能算力相关基础设施投资，并基于大模型衍生出多种新业态和新市场，成为经济增长的核心引擎。以智算中心为例，一个单位的智算中心投资，可带动 AI 核心产业增长约 2.9~3.4倍、带动相关产业增长约 36~42 倍。GPT 等各种大模型是 AI 时代的"操作系统"，将重构、重写数字化应用。其次，有了 AGI 的加持，人类的能力和活动范围都将得到大幅提升，进一步从重复性的脑力劳动中解放出来。但是，需要注意到，大模型的普及也会给现有的教育、就业、舆论甚至全球的政治格局带来冲击，是需要政府和产业界共同研究的问题。

1.2 信息技术与数据要素相互作用，已成为经济发展的新引擎

1.2.1 通信运营商正在成为数智时代的底座和基石

习近平总书记多次强调，要充分发挥海量数据和丰富应用场景优势，促进数字经济与实体经济深度融合，赋能传统产业转型升级，催生新产业新业态新模式，壮大经济发展新引擎。数字经济发展速度之快、辐射范围之广、影响程度之深前所未有，正在成为重组全球要素资源、重塑全球经济结构、改变全球竞争格局的关键力量。在数字经济的背景下，新一代信息技术通过深层次演化、跳跃式升级、普遍化应用，正在和各行各业进行加速融合，人类社会正由传统工业经济时代向数智化时代转变。

随着数字经济席卷全球，数据成为数智时代创造价值的源泉，而运营商拥有强大的数据信息，其数据的真实性、有效性、及时性和可用性，使其在数智时代具备得天独厚的优势。运营商作为数字经济的天然主力军，凭借融合的云网能力、完善的渠道覆盖、可信的数据安全以及良好的客户关系，形成了与数字经济发展相适应的特色优势，正在成为数智时代的坚实底座和基石，运营商将进一步打通信息大动脉，带动经济社会迈入新时代。

面对数字经济发展的新"蓝海"，全球运营商纷纷探索新转型发展之路，以适应数字经济的快速发展。其中，国外运营商大多聚焦于企业自身的数字化转型的技术研究与路径探索。美国电信公司（AT&T）早在2011年就开始进行了一些基本网络能力和IT能力的开放，近几年AT&T一直在与主要的IT供应商合作，将其运营迁移到云端。2019年9月，AT&T与Tech Mahindra签订了合同，旨在整合AI、DevOps、数据分析和5G等领域的多项技术和平台，推动整个网络可持续性智能运营。德国电信在2016年宣布正式发布开放电信云，提供全套云服务，包括私有云、公有云以及软件解决方案，为欧洲企业提供各种基于客户需求规模、按需付费、安全的云服务，通过能力开放的方式为应用开发商、设备提供商、系统集成商等合作伙伴提供良好的物联网生态系统。西班牙电信国际集团（Telefonica）业务转型涉及企业运作的每个部分——从业务流程、支撑系统到运营网络本身，致力于打造灵活的平台式服务供应商，为客户随时随地提供满意的服务。公司着手网络虚拟化并开始取代部分运营支持系统（OSS），如业务激活和保障系统。日本最大的移动通信运营商NTT DOCOMO致力于构建更开放智能的无线接入网路。在AI开放化方面，NTT DOCOMO搭建了AI AGENT平台，上端可连接自身以及合作伙伴的业务，下端可连接自身和合作伙伴的终端，真正实现开放的业务和开放的态势。同时，利用AI使运营商进行数据融合及深度分析，创造更好的AI解决方案，实现更精准的资源分配以及更精准的需求预测。

国内运营商也在加强自身的数字化运营能力，并积极赋能千行百业的智慧变革。中国移动以成为"世界一流科技创新公司"为目标，加快推进"数智化转型"，以应对存量市场竞争和创新之困。中国电信持续深化"云改数转"战略，推动企业高质量发展。中国联通围绕新赛道、新战略、新定位，积极推动公司发展，探索电信运营商在数字经济时代的创新转型之路。

在此过程中，电信运营商逐渐成为全社会的数字化底座和基石。千行百业数字化、网络化、智能化转型的加速，引爆了多种智能产品和服务的新业态新模式，如图 1 – 27 所示。在医疗领域，无人机为偏远地区的医疗机构送去急需的物资；智能机器为医护人员分担繁重的工作；远程医疗系统的建立，让患者在家中就能接受专业的医疗服务。在教育领域，多种在线教育平台的建立，让学生在家中就能接受优质的教育资源；智能教育软件的出现，让教师能够更好地管理和指导学生的学习；虚拟现实技术的应用，让学生能够在虚拟的环境中，体验到真实的学习过程。在娱乐领域，虚拟现实技术的应用，让人们在家中就能体验到电影院的观影感受，"足不出门，日行千里，云游四海"也不再停留在科幻武侠小说中；智能音乐软件能够根据每个人的不同喜好，生成个性化的音乐列表。在服务领域，无人配送车、无人机传送、机器人送餐已成为可能；智能客服系统的建立，让人们在家中就能解决各种问题；智能购物推荐、试装、试镜、理发的出现，让人们在家中就能选购到适合自己的产品。

医疗	教育	办公	文旅	交通	娱乐	政务	工业制造
远程医疗	课程直播	在线会议	VR旅游	无人配送	云游戏	疫情监测	智慧矿山
在线诊疗	课程互动	在线办公	云旅行	车辆识别	在线影视	资源调度	智慧钢铁
医疗机器人	云备课	线上文档	景区智能管理	智能管控	在线直播	复工复产研判	智慧工厂
病毒追溯	云辅导	任务管理	景区人流预测	智慧物流	短视频	舆情洞察	装备制造
	AI问答					无人巡逻	智慧港口
						无人监控	汽车制造

图 1 – 27　生产生活方式虚拟化、数字化、智能化程度不断提升

1.2.2　数智技术为社会和经济发展注入新动能

1. 传统要素：价值升级

第一次工业革命爆发于 18 世纪 60 年代到 19 世纪中期，由于传统的手工业生产已经无法满足当时不断扩大的市场需求，因此，一场生产手段的变革呼之欲出。1733 年，机械师凯伊发明了"飞梭";1765 年,织工哈格里夫斯发明了"珍妮纺纱机";1785 年,瓦特制成改良型蒸汽机……随着这些机械在生产中投入使用,逐渐改变了传统的手工业生产方式,人类进入了"机械化时代",生产力得到突飞猛进的发展,但在这一阶段,科学与技术尚未真正结合,技术主要是建立在工匠的生产经验之上。

第二次工业革命爆发于 19 世纪下半叶到 20 世纪初,使用蒸汽和水力为动力的机械生产无法满足人类社会的发展需求,1866 年,德国西门子制成了发电机;到 19 世纪 70 年代,实际可用的发电机、电话问世;到 19 世纪 80 年代,以煤气、汽油为燃料的内燃机诞生;到 19 世纪 90 年代,意大利热马可尼无线电报试验成功……电气逐步取代蒸汽作为新动能,人类正式进入"电气化时代",第二次工业革命在增强社会生产力的同时,还改变了人们的生活方式,实现了科学与技术的紧密结合。

第三次工业革命爆发于 20 世纪后半期,随着科学理论的不断发展和进步,1945 年,美国研制第一枚原子弹;1946 年,美国发明第一台电子计算机;1954 年,苏联建成第一座原子能核电站;1957 年,苏联发射第一颗人造地球卫星;1961 年,苏联航天员加加林进入太空;70 年代,生物工程技术兴起;……,计算机、原子能、空间技术等的发明,使人类进入"信息化时代",这次由信息控制的技术革命,极大地推动了人类社会经济、政治、文化领域的变革,极大地改变了人类的生活方式和思维方式,科学与技术紧密结合,相互促进,开始向各个领域渗透,在经济增长中发挥的作用越来越大。

第四次工业革命爆发于 21 世纪初期,以互联网产业化、工业智能化、工业一体化为代表,将数字技术、生物技术、物理技术进行有机融合,触及经济社会的方方面面,是以人工智能、物联网、数字化身份、量子信息技术、生物技术、新能源等为主的全新技术革命。这场技术革命将重塑全球的生产、消费、交付等体系,新产业、新业态、新经济将应运而生,人类开始正式进入"网络化、数字化、智能化时代"。

回顾全球科技进步之路,经济的增长主要是由于劳动力的增加、资本投入的增加和技术的进步引起的,在第四次工业革命的进程中,信息技术与数据要素已成为驱动经济增长的内生变量,可实现对劳动、资本两大传统要素价值的放大、叠加、倍增作用(见图 1 - 28)。作为生产投入要素,劳动力的数量和质量都会严重影响经济的增长,有研究表明,教育投资对企业提高劳动生产率,增加产出的作用是逐渐增大的,在第四次工业革命过程中,以公平教育、终身教育等为主旨的智慧教育可以提高全民素质,从而促进经济增长。在资本投入上,随着新技术革命兴起的新产业、新业态、新模式增加了对新型信息基础设施投资需求的增加,从而对经济增长形成资本拉动作用。

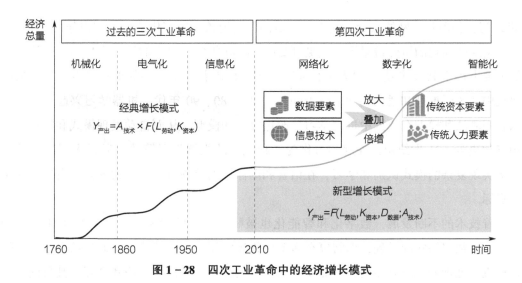

图 1-28　四次工业革命中的经济增长模式

任何一次工业革命，都会涉及技术、要素、经济结构的变化，与前三次工业革命不同的是，第四次工业革命爆发的核心特征是突破性数智技术的簇拥出现、数据和新能源等新型要素的产生、趋向模块化的经济系统。数智技术为扩大市场规模、降低交易成本提供技术基础，而市场规模的扩大和交易成本的降低有利于社会分工的发展，社会分工的发展又对技术进步起到积极作用，这种闭环效应有助于劳动生产率的迅速提升；同时市场规模的扩大和交易成本的下降，使全球产业加速进入模块化设计、生产、消费的模块化发展时期，知识的模块化大大增强了不同创新主体"并行"创新的效率，使企业组织和产业组织能够有效地利用模块化的创新与重组，使新技术革命呈现出加速裂变和颠覆的蓬勃发展态势。

2. 解码未来：数智时代

第四次工业革命爆发以来，新兴技术的加速发展，不断推进网络化、数字化、智能化的深度融合，并最终创造出万物皆数、万物互联、万物智能的新世界，可以说，第四次工业革命正在带领人类加速走向数智化时代。从概念上讲，数智化融合了"数字化"和"智能化"两重内涵，数字化是智能化的基础，智能化是数字化的高阶形态。

人类对数字化的研究最早可以追溯到 20 世纪 40 年代末和 50 年代初，伟大的数学家、计算机科学家、物理学家约翰·冯·诺依曼，在一篇名为《计算机和大脑》（*First Draft of a Report on the EDVAC*）的报告中，提出将信息分为离散的单元进行二进制数表示的概念，讨论了信息的处理和存储过程。而后，随着计算机技术、数字通信技术、数字存储技术的发展和应用，大量的信息可以通过数据的形式在计算机中进行存储和传输。20 世纪 80、90 年代，数字媒体的出现丰富了信息的表现形式，互联网的普及使信息的传输和共享更加高效。

21 世纪初，移动互联网的兴起，使人们可以随时随地访问数字化的内容和服务。

人类对智能化的研究最早可以追溯到 20 世纪 50 年代，伟大的计算机科学家、认知学家约翰·麦卡锡于 1956 年提出"人工智能"一词，标志着人工智能的正式诞生，早期的研究主要集中在逻辑推理和通用问题求解方面。20 世纪 80、90 年代，机器学习兴起，使计算机可以利用算法和模型在数据中进行学习并改进算法和模型，从而自动发现模式和规律，并做出预测和决策。21 世纪初，深度学习作为一种复杂的机器学习算法，通过多层次的神经网络结构实现复杂的模式识别和学习，在语音和图像识别等领域取得重大突破，更接近人工智能的目标。

随着技术的不断发展，数字化和智能化也被赋予了新的含义，其中"数字化"是指将信息转换为数字格式的过程，即将复杂多变的物理实体、过程等信息，通过数字技术，转换为计算机可处理的二进制序列，从而实现对信息的存储、处理、传输和交互，其目的是更好地管理和利用信息，提高信息的使用效率和价值。而"智能化"是指基于数字信息，利用人工智能、机器学习、大数据等技术，使系统、设备、产品等具备感知、分析、决策和执行的能力，从而达到自动化、智能化的过程，其目的是提高效率和生产力，提升用户体验感和满意度。"数智化"实质是以数据为要素，以算力为基础，以智能为核心，通过"数字化"＋"智能化"，实现对传统要素价值的升级。

数智化的发展离不开数智技术的支持，第五代移动通信技术凭借更高的速率、更低的时延和更大的容量，使数据传输更加快速稳定；伴随 5G 的普及，数据量急剧膨胀，大数据技术可以处理和分析海量数据，从中提取有价值的信息，用于决策和创新；人工智能技术通过模拟人类的认知、学习和推理能力，通过对有价值数据的高效分析，实现自动的智能服务和决策；云计算可以提供灵活、高效、可扩展的计算环境，支持大规模的数据处理和分布式计算；边缘计算在靠近物或数据源头的一侧就近提供最近端服务，可以有效缓解云端负荷，提升处理效率；物联网可以将任何物体与网络相连，从而实现物理世界的数字化、互联互通及智能控制。

3. 产业变革：创新突破

产业体系是人类经济活动的载体，是人类创造并容纳一切经济活动并不断演进的大系统。产业体系主要是指第一、第二与第三产业的构成，迄今为止，影响最广泛的是费希尔和克拉克的"三次产业分类"法。

1935 年，英国著名经济学家费希尔在《安全与进步的冲突》一书中首次提出"三次产业分类法"，他认为，纵观世界经济史，人类生产活动可以划分为以农业和畜牧业为主的初级阶段，以工业化大规模生产为主的第二阶段，以旅游、娱乐服务、教育为主的第三阶段，因此，他将处于初级阶段生产的产业称为第一产业，处于第二阶段生产的产业称为第二产业，处于第三阶段生产的产业称为第三产业。

费希尔虽然提出了三次产业分类法，但没有总结出规律。英国经济学家和统计学家克拉克在继承费希尔研究成果的基础上，在 1940 年《经济进步的条件》一书中，运用三次产业分类方法，研究了经济发展同产业结构变化之间的规律，从而拓展了产业结构理论的应用研究，使得三次产业分类法得到了普及。他将产品直接取自自然界的产业称为第一产业，将对取自自然界的物质进行再加工的产业称为第二产业，将在无形的非物质生产领域活动的产业称为第三产业。

三次产业分类法是世界上通用的产业结构分类，在国内外都得到普遍重视，但各国根据自身的特点又做了更细致的划分。产业体系是一个内涵和结构形态不断演进的概念，在新技术革命的推动下，三次产业划分体系被突破，诞生出以信息为加工对象，以数字技术为加工手段，以意识产品为成果的第四产业。第四产业又称为数字产业、知识产业或信息产业，它以介入全社会各领域为市场，对社会生产的影响是人类社会生产前期任何一种生产形态都无法比拟的。按照产业演进的历史，这里将第一、二、三产业统称为传统产业，将第四产业称为新兴产业。

传统产业长期以来在实现经济增长、稳定就业、促进技术发展等方面发挥重要作用。它们的产品和服务可以满足人类的基本需求，不管社会如何发展，人类的基本需求都是不可或缺的。传统产业的发展可以为劳动力市场提供大量的就业机会，有利于维持稳定的人口就业结构。传统产业在国际市场上具有很强的竞争力，可以提供丰富的出口机会，促进地方经济的增长和发展，提高国际竞争力。传统产业在生产的过程中不断进行生产效率和质量的提高，是技术进步和技术创新的重要推动力。传统产业一直以来都是社会经济发展的基础，具有不可替代的作用。2023 年 5 月 5 日召开的二十届中央财经委员会第一次会议中，明确指出不能把传统产业当成"低端产业"简单退出，但不容忽视的是，随着新兴技术的发展，传统产业面临市场饱和、产能过剩、竞争力低下等问题，因此要坚持推动传统产业转型升级，实现传统产业的高质量发展和升级换代。

新兴产业是以时代发展和科技革新为引领，在全球科技进步与产业结构调整的背景下形成的有前景、有纵深度、有较高增长率、以创新为驱动力的新兴经济部门，主要包括生物工程、新一代信息技术、新能源、节能环保等产业。2023 年 7 月 4 日，在中国—东盟新兴产业论坛会上，根据工业和信息化部相关负责人介绍，2022 年，新一代信息技术、高端装备、新能源汽车等战略性新兴产业增加值占国内生产总值比重超过13%，新兴技术的快速发展为经济带来强劲的增长动力，同时新兴产业是实现经济可持续增长的重要支柱，新兴产业的发展可以促进传统产业的转型升级，缓解传统产业的发展瓶颈，实现经济结构的优化升级。新兴产业的发展涌现出更多新业态，对高素质、高质量的创新型人才需求增加，在为国家带来更多创业就业机会的同时，可以提高国家的科技创新能力，推动科技进步和产业升级。新兴产业往往与绿色、环保相关联，有利于将经济转型为低碳环保型经济，促进可持续发展。

运营商提供的网络基础设施及服务持续迭代升级，是连接传统产业与新兴产业的纽带与桥梁，是赋能传统产业转型升级，催生新产业新业态新模式，促进数字经济与实体经济深度融合的中坚力量。在数智时代的簇拥下，运营商主动拥抱数字经济与技术变革，勇担数智时代的新使命，开启了数智化转型的新征程，在基础设施层，建立联接+计算的弹性组合，以更高速率、更大联接、内生智能等网络特征为代表的新联接，以及计算+AI、全对等互联、多样性计算融合的计算基础设施能力弹性组合，催生出云网协同、云边协同、云端协同等新能力，灵活满足各行各业用户需求；在运营层，通过数据+智能，智能加持下的数据流转加快，同时又以数增智，使运营商的平台、流程和作业都朝着智能化演进，构筑全业务全流程的智慧运营，带来体验和效率的倍增；在数字业务层，将运营商的优势业务通信和云安全、移动支付等信息服务结合，快速激发数字业务的创新，实现业务从聚焦个人、家庭向个人、家庭、政企、新兴市场全客群的扩展。

运营商在进行自身数智化转型的同时，结合大数据、人工智能、物联网、边缘计算等新兴技术为其他行业的转型升级注入了新动能。数智化技术正在加速渗透至各行各业，将催生出极具创新力的各类应用产品，激发出全新的商业模式，农业、医疗、教育、娱乐、水利、电力、矿业、IT等产业在新技术革命的影响下，都在积极进行技术创新和市场开拓。比如：重庆市垫江县毕桥村已经实现了农业物联网的实时监控，利用物联网技术和各种智能传感设备进行连接，随时传递水分、温度、虫害等信息，植保无人机在短短几分钟内就把雾化农药均匀覆盖在田里，据当地种植户介绍，在水稻的种植过程中，除了播种，插秧、施肥、灌溉等其他环节都可以实现自动化和智能化，有效减轻了农民的工作负担，且因人才的柔性引进、科学种植等实现了农民的增产、增收，有效推动了农业的现代化进程及农村经济的发展；在石油勘测领域，利用神经网络可以快速提取石油地质数据中潜在的特征和规律，为勘测人员提供直观有效的地质构造和油藏信息，降低石油勘测的时间和成本，同时神经网络通过学习和建模可以快速识别出储油层的类型和位置，增强勘测人员对储油层的识别和判断能力，提高钻井安全性和成功率，促进当地的经济发展；阿里巴巴推出"阿里云"云计算服务，在降低 IT 成本、提高 IT 效率的同时还提高了数据的安全性和可靠性，为企业的数字化转型奠定基础，阿里巴巴还推出一系列的数字化产品，包括淘宝、天猫、支付宝等，并不断加强个性化推荐和"千人千面"等面向消费者的大数据应用，以及智能客服服务，在提升用户体验的同时，实现精细化运营、精准化营销，阿里巴巴的创建及发展为我国广大民众提供了更多的就业机会，拉动了商品的零售额，吸引科技人才为科技创新贡献力量，推动了我国经济的向前发展。

第 2 章

智慧教育的千年梦想与漫漫求索

智慧时代的建设离不开智慧型人才的培养。教育作为人才培养的基础工程，教育的发展直接关系到国家的发展和民族的未来，教育兴则国家兴，教育强则国家强，智慧时代，需教育先行。事实上，从孔子"有教无类，因材施教"的教育梦想开始，人类对教育发展的探索就从未止步，钱学森先生提出的"大成智慧学"预见信息技术对智慧发展的作用，"智慧地球"战略牵引教育领域的智慧化水平，"教育信息化 2.0"为智慧教育的发展提供新环境，智慧教育在智慧时代发展的过程中，不断被赋予新的内涵。

在智慧时代，传统教育已经无法满足现代社会对创新思维和创新能力发展的需求，伴随信息通信技术从人人通信到万物智联的发展，数智技术促使传统要素价值升级，催生产业变革创新突破，面对数智技术带来的冲击，教育行业亟须进行改革创新。智慧管理需从"人工"走向"智能"，智慧教学需打造高质量新型教学模式，智慧学习需提供个性化泛在式学习服务，智慧评价需构建数据驱动的多元、智能评价体系。教育要面向未来，超前发展，未来的教育要培养具有共同使命感和团结协作意识的社会型人才，要确保人们终身接受教育的权利，要追求优质、公平、普惠，要培养独一无二的创新型人才，教育的未来将塑造人类的未来。

2.1 智慧教育溯源

2.1.1 缘起"有教无类，因材施教"的教育梦想

孔子，名丘，字仲尼，生于公元前 551 年，距今已有两千五百余年，是春秋时期鲁国人，是中国古代伟大的思想家、政治家、教育家，是儒家学派的创始人。孔子生逢乱世，以强烈的社会责任感试图揽狂澜于既倒，扶大厦之将倾，奈何只在鲁国执政三个月，后受奸佞所害，出游列国试图推行自己的政治主张，都无功而返，满腹才华无处可用。辗转半生，孔子深知自己生不逢时，以仁为核心、以礼为秩序、要求和谐、爱惜民力的政治理想和战乱时

期诸侯追求的霸道格格不入，于是，孔子停止了直接的政治活动开始大规模开展文化教育事业（见图 2 - 1）。

图 2 - 1　孔子授学图

孔子首次提出"有教无类"的教学理念，"有教无类"出自《论语·卫灵公》，指教育对待任何人都应一视同仁，教育不分高低贵贱，不能因为贫富、贵贱、智愚、善恶等原因就把一些人排除在教育对象之外，这是我国乃至世界教育史上对于人类教育事业公平原则最早的原创性表述。孔子兴办私学，广收门徒，其门下弟子三千，贤者七十余人，他招生不分贫富贵贱，不分年龄长幼，不分地域国别，有贵族出身的南宫敬叔、孟懿子，有商人出身的子贡，有强盗出身的颜逐聚，平民出身的则更多。孔子的学生之间的年龄差达 47 岁，有比孔子小 53 岁的公孙龙，也有比孔子小 6 岁的颜路。孔子的弟子有姓名记载的有 77 人，分别来自鲁、齐、晋、宋、陈、蔡、秦、楚、宋、吴等不同国家。

在教书育人的过程中，孔子还提出"因材施教"的教学方法，"因材施教"出自《论语·先进篇》，即要根据学生的资质施加教育，在教学中，要根据不同学生的实际情况（个性特点、认知水平、学习能力等）进行有针对性的教学。古往今来，"因材施教"一直是教学中一项重要的教学方法和教学原则。由于孔子弟子"无类"，聪明、愚钝、善言、木讷、鲁莽、谦逊的都有，孔子针对他们不同的资质施加教育。例如，对于同样的问题"先生，我要是听到正确的主张应该立刻去做吗？"，对不同学生的答案是不同的，对于性格谦逊、办事犹豫不决的冉有，孔子鼓励他办事果断，应该立刻去实行；对于逞强好胜、办事不周全的子路，孔子劝说他遇事三思而行，多听取别人的意见。

孔子不仅是"有教无类，因材施教"教育理念的提出者，也是践行者。孔子的教学原则在千百年的教育发展过程中发挥着重要的作用，随着社会的不断发展，有教无类的教育公平原则、因材施教的规模化实施也在不断突破传统教育的局限性，不断注入新时代的内涵，数智化时代的到来，让人们比以往任何时候都更加接近这个教育理念。

2.1.2 "大成智慧学"预见信息技术对智慧发展的作用

20 世纪中叶，随着世界上第一台电子计算机的问世，掀起了信息技术发展的热潮，人们逐渐开始意识到计算机同人类的大脑一样，是处理信息的系统，这无疑是科学研究和发展的一个里程碑。

我国著名科学家钱学森先生，在科学技术领域做出了开创性贡献，他的科研思维一直处于活跃状态。同时，他还是一位名副其实的系统学家，20 世纪 80 年代末，钱学森先生提出了开放复杂巨系统的概念、理论及其方法论。什么叫"开放复杂巨系统"？由于系统本身与系统周围的环境有物质、能量、信息等的交换，因而是"开放的"；系统包含成千上万甚至上亿万的子系统，所以是"巨系统"；巨系统内子系统的种类繁多，关系复杂，因此是"复杂的"。20 世纪 90 年代初，钱学森将处理开放复杂巨系统的方法提炼成"从定性到定量综合集成法"。紧接着，他又从几十年来世界学术讨论会的经验、C^3I 及作战模拟、情报信息技术、人工智能、灵境技术、"人—机结合"的智能系统等方面汲取成功经验，进一步提出"从定性到定量综合集成研讨厅体系"。通过研讨厅的工作，可以将各学科的科学理论、专家的经验和智慧等与计算机、人工智能结合起来，并把宏观与微观、科学与艺术、逻辑思维与形象思维结合起来，充分发挥人的主观能动性，"在定方针时居高远望，统揽全局，抓住关键；在制定行动计划时又注意到一切因素，重视细节"，并能有所创新。所以，钱学森把"从定性到定量综合集成法"又称为"大成智慧工程"（Meta Synthetic Engineering）。

钱学森提出科学技术体系后，又借鉴我国著名哲学家熊十力把智慧分为"性智"与"量智"的观点，并对其进行唯物主义的解释，将"大成智慧工程"提炼成一门学问，就是"大成智慧学"。钱学森从 1997 年开始倡导"大成智慧学"，"大成智慧学"是以马克思主义的辩证唯物论为指导，利用现代信息网络、人—机结合以人为主的方式，集古今中外有关经验、知识、智慧之大成，核心是科学技术与哲学的统一结合，是在知识爆炸、信息如潮的时代里，所需的新型思维方式和思维体系，简而言之"集大成，得智慧"。

教育乃国之根本，育国之栋梁，兴邦乃之安定也。钱学森对祖国的教育事业也非常关注，他提出了 21 世纪中国教育的设想——"大成智慧教育"，主张教育要面向现代化、面向世界、面向未来，综合培养学生的德、智、体、美、劳，具体分为三个层次：熟悉科学技术的体系，熟悉马克思主义哲学；理、工、文、艺结合，有智慧；熟悉信息网络，善于用电子计算机处理知识。通俗来讲，就是需要有科学的知识、经验等作为思维活跃和发展的沃土；需要有价值观、品德、意识等作为思维结构中的动力；在两者融会贯通的基础上，通过现代科学体系，人—机结合以人为主的方法，把哲学和科学技术统一结合起来，把逻辑思维和形象思维统一结合起来，才有可能集古今中外知识之大成，成就真正有创新意识和创新能力的智慧型人才。

2.1.3 "智慧地球"战略牵引教育领域的智慧化水平

IBM 是全球最大的信息技术和业务解决方案公司，曾多次领导产业革命，尤其在 IT 行业中表现突出。随着信息技术产业的快速变革，2008 年，IBM 首席执行官彭明盛在题为《智慧地球：下一代领导议程》的演讲报告中，正式提出"智慧地球"的新战略。按照 IBM 的定义，"智慧地球"包括三个维度（见图 2 - 2）：更透彻的感知，更全面的互联互通，更深入的智慧化。智慧地球具备物联化、互联化、智能化的特点。2009 年，在《智慧地球赢在中国》计划书中，IBM 为我国量身打造了六大智慧解决方案："智慧电力""智慧医疗""智慧城市""智慧交通""智慧供应链"和"智慧银行"。2010 年，IBM 正式提出了"智慧城市"愿景，助力世界各国的城市发展。

图 2 - 2　智慧地球的三个维度

2012 年，我国正式开展国家智慧城市试点工作，其中首批国家智慧城市试点共 90 个，截至 2020 年由住建部公布的智慧城市试点数量已经达到 290 个。智慧城市是综合运用物联网、云计算、大数据、空间地理信息集成等新一代信息技术，打造城市规、建、管、服智慧化的运行模式。在智慧城市的建设过程中，充分发挥新时代先进技术的潜力，来促进整个城市系统的互联互通，人类将以前所未有的自由度来构建、集成和连接存在于任何地方的各类资源，并以此推动整个产业和整个公共服务领域的变革。

教育作为城市重要的公共服务之一，对未来城市的发展起着决定性的作用，需要培育出更多智慧型创新型的人才加入到智慧城市的建设行列。在智慧地球、智慧城市等理念的影响下，智慧教育应运而生，很多国家都已将智慧教育作为未来教育的发展方向，即利用物联网、云计算、无线通信等新一代技术来打造物联化、互联化、智能化的教育生态体系，最终智慧地培育出智慧型的人才。此外，IBM 还提出了智慧教育的五大路标：学生的技术沉浸；个性化、多元化的学习路径；服务型经济的知识技能；系统、文化、资源的全球整合；为21 世纪经济发展起关键作用。这为智慧教育的发展带来很多启发。

2.1.4 "教育信息化2.0" 提供智慧教育发展新环境

教育信息化起源于电化教育，是电化教育在新形势下发展的新形态，在我国，电化教育一词最早出现在 20 世纪 30 年代，起初，人们认为电化教育是辅助教学的工具，是一种典型的媒体工具论，是指在教育教学过程中，运用投影、幻灯、录音、录像、广播、电影、电视、计算机等技术，传递教育信息，并对这一过程进行设计、研究和管理的一种教育形式。随着教育的发展，1985 年，南国农先生将电化教育定义为，"运用现代化教育媒体，并与传统教育媒体恰当结合，传递教育信息，以实现教育最优化"，电化教育的发展为教育信息化的发展奠定了坚实的基础。

1993 年，美国克林顿政府正式提出建设 "国家信息基础设施"，俗称 "信息高速公路" 计划，其核心是发展综合化信息服务体系和推进信息技术在社会各领域的广泛应用。在 "信息高速公路" 计划中特别把信息技术在教育中的应用作为 21 世纪教育改革的重要途径，教育信息化的概念也随之兴起。随着信息技术的发展以及对整个社会的影响，我国自 20 世纪 90 年代末开始，政府在各种文件中开始正式使用 "教育信息化" 这一概念，并高度重视教育信息化的工作，相继推出了一系列政策和措施，中小学 "校校通" 工程（见图 2－3）、"农远工程""一师一优课，一课一名师" 以及 "三通两平台" 的建设等，促进了信息技术的普及、信息技术和学科课程的深度融合以及优质教育教学资源的共建共享，大力提升了教育信息化在推进教育公平、提高教育质量中的效能。

2018 年 4 月 13 日，教育部印发了《教育信息化 2.0 行动计划》。教育信息化 2.0 是由以人工智能为核心的新一代信息技术来创新推动的，教育信息化的核心要义是 "创新引领，开启智能时代新征程"。教育信息化成为教育系统性变革的内生变量，支撑引领教育现代化发展，推动教育理念更新、模式变革、体系重构。同时 "智慧教育" 这一名词首次出现在国家层面的规划文件中，"智慧教育创新发展行动" 作为推动教育信息化 2.0 发展的 "八大行动" 之一被强势推出，要求以人工智能、大数据、物联网等新兴技术为基础，依托各类智能设备及网络，积极开展智慧教育创新研究和示范，推动新技术支持下教育的模式变革和生态重构。

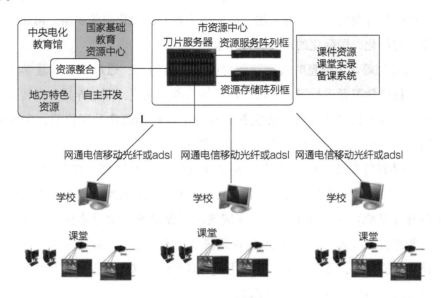

图 2 - 3 "校校通"工程模式

2023 年 2 月 13 日，我国教育部部长怀进鹏，在世界数字教育大会上关于数字变革与教育未来的演讲中指出，经过多年努力，我国教育信息化实现跨越式发展，集成上线国家智慧教育公共服务平台，释放数字技术对教育高质量发展的效益，助力基础教育，让优质均衡的理想照进现实；助力高等教育，让大学一流课程突破校园边界；助力职业教育，让更多人获得职业发展能力；助力就业创业，让人才供给和市场需求更加有效对接。我国构建智慧教育平台体系，聚合高质量、体系化、多类型的数字教育资源，为在校学生、社会公众提供不打烊、全天候、"超市式"服务，极大推动了教育资源数字化与配置公平化，满足了学习者的个性化、选择性需求，更为全民终身学习提供了强大广阔的数字支撑。

2.2 智慧教育内涵

2.2.1 何谓"智慧教育"

随着新一代信息技术的发展和教育思维的活跃，智慧教育成为教育信息化发展的新境界和教育现代化追求的重要目标，对于智慧教育的内涵解析，学术界呈现出"百花齐放，百家争鸣"的良好局面。

2011 年，尹恩德等从加快建设智慧教育，推动教育现代化发展的角度提出，智慧教育是指运用物联网、云计算为代表的一批新兴的信息技术，统筹规划、协调发展教育系统各项信息化工作，转变教育观念、内容与方法，以应用为核心，强化服务职能，构建网络化、数字化、个性化、智能化、国际化的现代教育体系。

2012 年，祝智庭等认为信息时代智慧教育的基本内涵是，通过构建智慧学习环境，运用智慧教学法，促进学习者进行智慧学习，从而提升成才期望，即培养具有高智能和创造力的人，利用适当的技术智慧地参与各种实践活动并不断地创造产品和价值，实现对学习环境、生活环境和工作环境灵巧机敏的适应、塑造和选择。

2014 年，黄荣怀等受益于钱学森的"大成智慧学"以及智慧一词从"数据"到"信息"、再到"知识"和"智慧"的过程，提出可以将智慧教育理解为一种智慧教育系统，定义为：智慧教育（系统）是一种由学校、区域或国家提供的高学习体验、高内容适配性和高教学效率的教育行为（系统），它能利用现代科学技术为学生、教师和家长等提供一系列差异化的支持和按需服务，能全面采集并利用参与者群体的状态数据和教育教学过程数据来促进公平、持续改进绩效并孕育教育的卓越。

同年，杨现民等从生态观的视角出发，认为智慧教育是依托物联网、云计算、无线通信等新一代信息技术所打造的物联化、智能化、感知化、泛在化的教育信息生态系统，是数字教育的高级发展阶段，旨在提升现有数字教育系统的智慧化水平，实现信息技术与教育主流业务的深度融合（智慧教学、智慧管理、智慧评价、智慧科研和智慧服务），促进教育利益相关者（学生、教师、家长、管理者、社会公众等）的智慧养成与可持续发展。

2015 年，陈琳等从信息时代的智慧教育出发，认为智慧教育是高度信息化支持发展的教育新形态，是适当而有效地利用现代信息技术实现智慧化教学、智慧化学习、智慧化评价、智慧化管理、智慧化服务以及增进学生高级思维能力和创新创造能力培养的教育，以实现教育由不完全适应社会发展向适应社会发展，再向引领社会发展的重大转变与跨越。

2021 年，刘革平等从学科角度出发，同时借鉴当前学者对智慧教育定义的教育要素、学习分析、技术促进教育、转型变革、自主学习五维视角，将智慧教育界定为：智慧教育是指以促进学习者的智慧养成为宗旨，发挥教师个体和团队的教学智慧，借助智能技术优化教学环境与过程，通过人机协同赋能个性化学习与评价，利用数据分析支撑教育管理与决策，从而实现教育系统跨界融合、模式重构、全面变革的教育新样态。

不管是从信息时代的智慧教育出发，还是从系统论、生态观、跨学科比较视域的角度出发，都对智慧教育的内涵做了很好的界定，综合来说智慧教育是适当而有效地利用现代信息技术，统筹规划、协调发展教育系统各项信息化工作，实现信息技术与教育主流业务的深度融合（智慧教学、智慧管理、智慧评价、智慧科研和智慧服务），培养出具有高智慧和创造力的人。

2.2.2 智慧教育的教育特征和技术特征

智慧教育是信息技术和教育共同发展的结果，与传统教育相比，呈现出不同的教育特征和技术特征（见图 2-4）。

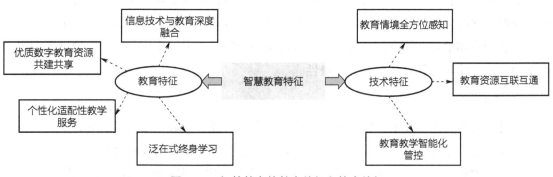

图 2-4 智慧教育的教育特征和技术特征

1. 教育特征

随着时代的发展变革，结合现代教育理论，智慧教育将呈现出信息技术与教育深度融合、优质数字资源共建共享、个性化适配性教学服务、泛在式终身学习的教育特征。

（1）信息技术与教育深度融合　信息技术与教育的深度融合，不仅仅是将信息技术作为辅助教与学的手段，而是将信息技术全方位、立体化地融入教育教学的全过程。充分利用信息技术来改善教学环境、丰富教育资源、辅助教学过程、促进学习实践、改进学习评价。将传统以教师为中心的课堂教学模式，向教师为主导、学生为主体的课堂教学模式转变，将传统以实现知识传授为主的教学方式，向以素质培养为主的教学方式转变。

（2）优质数字教育资源共建共享　教育走向开放是一种必然趋势，优质数字教育资源共建共享机制的建立健全，将充分激发教师开发优质教学资源的积极性和创造性，在制作数字教育资源的过程中，可以提高教师的教育信息化水平，使优质教育资源更便捷地融入教育教学中，提高教育质量。优质数字教育资源可以打破时空界限，迅速传遍世界的每个角落，学习者可以随意获取适合自己的教育资源，有利于推动教育均衡发展，促进教育公平。

（3）个性化适配性教学服务　《国家中长期教育改革和发展规划纲要（2010—2020

年)》中提出了"注重因材施教。关注学生不同特点和个性差异，发展每一个学生的优势潜能"的发展目标，同时个性化学习也是智慧教育的发展目标。随着信息技术与教育教学的有机融合，使监测并获取学生的个性化数据成为可能，为广泛实施差异化教学、个性化学习提供了必要条件，具体表现在根据学生的个性化数据制定出符合学生个性特征的学习方法和学习路径，根据学生的个性化需求推送强针对性的学习资源以及相关配套服务。

（4）泛在式终身学习　智慧教育环境下学习将向泛在式终身学习迈进，智慧教育环境应是一个无缝连接、无缝切换的连续学习空间，学习活动可以发生在教室、图书馆、家庭、户外等各种场所，学习将无时无刻、无处不在随着需求自然或主动地发生。在智慧教育环境下，开放的学习空间、丰富的学习资源、灵活的学习方式、智能的学习服务、适配的学习伙伴等有利于培养学习者的自主学习能力，帮助学习者进行知识的连接及整合，协助学习者掌握学习技巧，使学习具有泛在性、终身性。

2. 技术特征

智慧教育在传感器技术、物联网、互联网、人工智能、大数据等技术的加持下，呈现出教育情境全方位感知、教育资源互联互通、教育教学智能化管控的技术特征。

（1）教育情境全方位感知　教育情境全方位感知，主要表现在对教育教学的物理环境、虚拟环境信息进行精准感知，实现虚实结合的智能教学环境；对教师和学习者的特征、行为信息进行全时空、多维度的融合分析，实现对教师和学习者的差异化、个性化服务；对教学资源的表现方式、内在联系信息进行全面表征，实现对教学资源的深度聚合和动态按需推送。

（2）教育资源互联互通　智慧教育依托互联网、云计算等技术，实现对数字教育资源的融会贯通、优势互补、共建共享，使教育资源具有丰富性、多样性、全面性的特点。通过对教学资源的因果关系、顺承关系、条件关系和上下位关系进行关系抽取，构建知识图谱，为学习资源的智能检索和按需推送服务提供技术保障。

（3）教育教学智能化管控　物联网通过射频识别（RFID）、二维码（QRCode）、红外感应、全球定位等技术，将各种教育装备与互联网连接起来，进行智能化识别、定位、跟踪、监控和管理，在人工智能、大数据分析、可视化技术的支持下，对教育教学管理进行统一规范、数据共享，实现智能化的业务管理、动态监测、决策分析，使教育教学管理更加规范化、精细化，使管理工作更加协同高效。

2.2.3　智慧教育的目的及意义

智慧教育是高度信息化支持下教育发展的新形态，是教育信息化发展的新境界，智慧教育合理而有效地利用新一代信息技术，来推动教育教学的改革和发展，实现教育方式方法的智慧化，其目的在于培养具备新时代技能、拥有创新意识和能力的现代智慧型人才。

1. 提高全体国民素质

教育是民族振兴、社会进步的基石，是提高国民素质、促进人的全面发展的根本途径。智慧教育利用云计算、物联网、人工智能等技术实现了教育的泛在化、数字教育资源的开放共享，使任何学习者可以在任何时间、任何地点，借助任何终端设备随意获取学习资源及服务，使教育面向全体国民，同时保障了每一个国民接受教育的平等性，有利于促进教育的均衡发展，有利于提高全体国民素质。

2. 引领教育改革发展

随着新一代信息技术的快速发展及其在教育领域的渗透应用，教育的生态环境和运作模式也在逐步发生改变。智慧教育将引领教育改革发展，主要表现在：创建智慧教育环境的无缝连通、达到教育业务的智慧化和效率提升、实现教育资源的自主有序推送、革新教育教学的理论法则，最终形成智能化、差异化、个性化、泛在化的教育。

3. 培养智慧型创新人才

教育乃国之大计，教育的本质是培养人。新时代的智慧教育通过关键技术与教育理念的深度融合提升教育的智慧，打造新型教育生态体系，培养面向现代化、面向世界、面向未来的具有实践创新能力、社会协作能力、复杂问题解决能力的智慧型创新人才。数智化技术和信息化手段为人才的培养提供了支撑，灵活多样的教学模式和课程设置，能更好地满足学生的个性化需求，激发学生的创新潜能；虚拟问题情境创设，能更好地培养学生的自主探索能力和解决问题的能力；协作共享的学习氛围，可以促进思想的碰撞和交流，拓宽个人的视野。

2.3 智慧教育变迁

2019 年 2 月，中共中央、国务院印发的《中国教育现代化 2035》中，"加快信息化时代教育变革"被列入推进教育现代化的十大战略任务，明确推进智能教育应用的部署。

2.3.1 智慧管理：从"人工"到"智能"

教育管理是教学系统中不可缺少的一部分，随着新一代信息技术的飞速发展，教育管理也在从"人工"走向"智能"，助推智慧教育的向前发展。教育的智慧管理主要表现在制定管理标准体系、推进数据开放共享、促进数据深度挖掘、实施可视化管控、提升智能化管理几个方面（见图2-5），旨在利用新一代信息技术全面提升教育决策科学化、管理精准化、服务个性化水平，构建高教育质量智慧管理体系。

图2-5　教育智慧管理的变革

1）制定管理标准体系，促进教育信息互联互通，推动智慧教育管理工作向标准化、规范化的方向发展。制定信息系统统一开发运行的标准规范，推动教育管理信息系统的深度整合和集约管理，建设通用业务服务平台，探索"政府引导、社会参与、用户选用"的应用服务供给机制，促进应用服务创新发展，解决现在教育管理部门各自为政，重复建设教育资源的问题。

2）推进数据开放共享，实现数据的标准化采集和集中存储，加强数据共享的管理机制，实现数据动态汇聚、异构融合、实时监测，避免"数据孤岛"的出现，通过跨地域、跨层级、跨部门的数据共享，支撑招生计划、就近入学、学生资助、安全防控等教育决策的制定，提高决策科学性。

3）促进数据深度挖掘，实现管理数据和教学数据的融合分析，通过深度挖掘发现核心关键信息及隐藏的关联规律，推动教育决策由经验驱动向数据驱动转变，使教育管理者能够全面、精准地掌握相关数据，做出科学的决策，智慧调度教育资源、调整教育机构布局、分配教育经费、提供个性化教育服务等，推动教育事业持续、健康、和谐地发展。

4）实施可视化管控，将智能分析后的数据进行可视化呈现，构建一点看全、实时展现、敏捷调度的可视化操作平台。教育管理者可以通过筛选、过滤、关联、配置等多种智能化交互手段操作界面，将数据的各属性以多维度的形式表示、以多样的形式呈现，使教育管理者可以更深入地观察数据、理解数据，更快速准确地做出决策。

5）提升智能化管理，践行线上全自动办公，精简管理流程，优化或废除公文审批、财务报销等线下处理环节，杜绝人工数据录入、导出、整理以及报表制作，实现教育的可持续发展；主张不仅对数据进行简单分析汇聚，还需进行智能分析与诊断，根据智能诊断结果主动为管理者推送合适的应用服务，实现管理工作的智能高效。

2.3.2 智慧教学：打造高质量新型教学模式

随着新一代信息技术融入教育领域，教育领域正式走向智能时代，教学活动需要顺应时代的变化进行改变，以培养智慧型创新人才为宗旨，将教学目的由"传授知识"向"创生知识"转变，课堂模式由以"教师为中心"向"教师主导，学生主体"转变，教学方式由"人—物"向"人—机—物"有机结合转变（见图 2-6）。

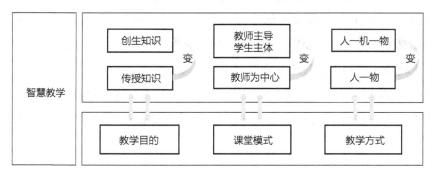

图 2-6 智慧教学变革

1. 教学目的由"传授知识"向"创生知识"转变

传统教学以知识传授为目的，在考核方式的制约下，教学只求学习者能通过考试，不用理解知识的内涵及应用价值，忽略学习者的个性发展，非常不利于新时代创新人才的培养。而创生知识不仅是知识的传递，还主张学习者在协同的知识构建过程中，关联已有知识和情境，构建生成新的知识，突破群体的原有认知水平，拓展群体的知识边界。知识的构建在群体的协同中发生，有利于形成学习共同体，培养学习者沟通与协作能力；知识的生成来源于真实的情境和过往的经验，有利于培养学习者利用知识解决问题的能力，实现知识的应用价值；知识的创造是对原有认知水平的拓展和突破，有利于培养学习者的创新思维和革新能力。

2. 课堂模式由以"教师为中心"向"教师主导，学生主体"转变

传统的教学以教师的"教"为主，忽略了学生的主体地位，学生成为知识的被动接受者，不能对知识进行灵活运用，使"教"与"学"严重失衡。而"教师主导，学生主体"

的模式要求教师在教学过程中发挥主导作用，教学的目标、内容和形式主要由教师确定，在教学的过程中，教师需主动设置教学情境引导学生进行自主探究学习，从问题分析、寻求办法到问题解决都由学生自主完成，真正将课堂交给学生，充分发挥学生的主动性、积极性和创造性，实现"教"与"学"的和谐统一，有利于培养学生的主观能动性和创造性思维。

3. 教学方式由"人—物"向"人—机—物"有机结合转变

随着信息技术和社会的发展，教学的对象已经变为"数字土著"，学习者的特征也发生了明显的变化，他们习惯多源头获取信息、多任务平行处理、多样式资源获取、多形式互动参与，这就要求教学模式也跟上时代的步伐进行转型。教学活动需要利用新一代信息技术将教学资源在多种教学媒体上以图片、音频、视频、动画等多种形式呈现，使学生能随时随地随意地主动学习，将学校教育和学生自主学习进行融合。培养教师的信息技术素养，使教师能够利用新技术拓展教学方式，实现虚实融合的互动性教学，并且通过数据分析与挖掘技术洞察学习者特征，实现个性化教学。最终将信息技术合适地应用到教学中，实现"人—机—物"的有机融合，来适应学习者特征的变化以及国家对人才需求的升级。

2.3.3　智慧学习：提供个性化泛在式学习服务

智慧学习是学习者在智慧环境中及时获取个性化定制的学习资源和服务，灵活高效地开展自主学习或协作学习的过程，以培养学生的高级思维能力和创新创造能力为目的进行的学习活动。智慧学习具备个性学习、自主学习、沉浸学习、协作学习、泛在学习的特点（见图 2-7），能够帮助学习者不断挖掘自己的潜能，培养高级思维能力和创新创造能力，成为新时代知识和智慧的创造者。

图 2-7　智慧学习变革

1. 个性学习

智慧学习具备个性学习的特点，以反映学生个性差异为基础，以促进学生个性发展为目标。个性化学习依赖于智慧学习系统，智慧学习系统通过动态跟踪和管理分析学习者的学习需求和学习路径，可以精准刻画出学习者的特征和学习风格。智慧学习系统可以根据学生的个性化数据主动推送适配的学习资源和服务、推荐个性化学习路径、匹配合适的学习群组，并动态更新和改进学生的学习策略，教师也可以根据学习者的个性化数据为其提供差异化教学，全面促进学生的个性化发展，为创新人才培养助力。

2. 自主学习

智慧学习具备自主学习的特点，以学习者作为学习的主体，通过独立地分析、探索、实践、质疑、创造等方法来实现学习。自主学习是建立在强烈的学习动机基础上的"愿学、乐学"，通过调动学习者的兴趣，使学习者积极主动地参与学习；是建立在良好的学习策略基础上的"会学、善学"，学习者要掌握学习的方法和技巧，高效地完成学习；是建立在顽强的意志力基础上的"坚持学"，使学习者不断进行自我激励、自我控制以及自我调节，养成学习的习惯。

3. 沉浸学习

智慧学习具备沉浸学习的特点，学习者在学习的过程中专注当前学习目标，呈现出注意力高度集中的状态。通过虚拟现实等技术创造虚拟学习空间，学习者在虚拟学习空间中可以通过高度参与互动、群体协作、自主探究等方式进行多感官的沉浸式学习，可以锻炼思维逻辑，培养学习者的思考能力。

4. 协作学习

智慧学习具备协作学习的特点，学习者以群组的形式为了完成共同的学习目标而进行互助性学习。在协作学习过程中，利用群组的认知和经验，通过共享、论证、协商、创作、反思和情感交流来实现协同知识建构的基础，打破理论学习与实践操作的鸿沟。协作学习有利于构建学习共同体，挖掘并超越群组的智慧，使群体智慧水平得到提高，还有利于培养学习者的沟通和协作能力。

5. 泛在学习

智慧学习具备泛在学习的特点，是一种任何人可以在任何时间、任何地点通过各种设备，随意获取所需资源的学习方式。在泛在学习的环境中，学习是自我导向的过程，是主动而自然地发生的，是具备 4A（Anyone, Anytime, Anywhere, Anydevice）特性的无缝学习和持续学习，学习者可以将碎片化的时间进行整合，实现正式学习和非正式学习的融合，有利于促进个体知识和能力的发展。

2.3.4 智慧评价：构建数据驱动的多元、智能评价体系

在大数据、云计算等技术推动教育深刻改革的今天，教育评价作为教育改革发展的"指挥棒"，建立与智能时代相契合的教育智慧评价是必然趋势，教育智慧评价由信息技术赋能，依托各类教育数据的汇聚和挖掘，打造由"经验主义"向"数据驱动"转变的科学评价体系、由"唯分数论"向"综合素质"转变的多元评价体系、由"人工评价"向"人机协同"转变的智能评价体系（见图2-8）。

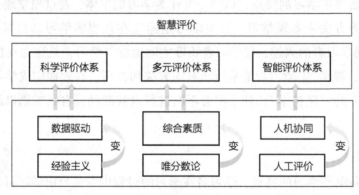

图2-8 智慧评价变革

1. 由"经验主义"向"数据驱动"转变的科学评价体系

传统的教育评价是基于经验的评价，在技术不发达的年代具备一定的借鉴意义，但主观色彩浓厚，不具备科学性。大数据、云计算、物联网、移动通信等新一代信息技术的发展，为教育评价从"经验主义"向"数据驱动"的转变提供了技术支撑，可以实现定期、持续地对教育数据（教育管理、教学过程、学习过程等）进行采集，以及对数据进行深度挖掘和分析，以得出更加科学、准确的评价结果。

区块链技术作为大数据技术的典型应用，凭借其去中心化、共识机制、可追溯性、数据不可篡改等特性，可以建立精准的教师教学发展档案、学习者学习成长档案等。以精准教学档案为数据支撑，实现教育科学评价体系的建立，促进教育评价更客观可靠。

2. 由"唯分数论"向"综合素质"转变的多元评价体系

传统的教育评价和教育过程融合度不高，分数成为评价学生、教师和学校的唯一标准，"唯分数论"的教育评价过于片面，使教育出现功利主义和短期行为，使教育者和学习者都

被分数所累，非常不利于教师和学生的素质发展，且和教育理念、教育宗旨相悖。

在现代信息技术加持下的智慧教育评价需要从"唯分数论"向"综合素质"转变，智慧评价通过将不同管理系统、学习系统、教学系统以及不同设备采集的数据进行汇聚，形成多维评价空间，使教育评价不仅包含知识、技能、能力，还包含学科素养、学习风格、过程方法、注意力水平、情感态度等多个方面，使教育评价更全面、更面向过程，实现多维评价和动态评价，有利于提高教育者和学习者综合素质的提升。

3. 由 "人工评价" 向 "人机协同" 转变的智能评价体系

传统的教育评价由人工统计生成，即使是后期利用多媒体技术工具来辅助评价结果的生成，仍具有效率低下、评价维度单一、量化评价为主、不够直观等问题。教育评价与现代信息技术的深度融合，可以变革评价手段，大幅提升教育评价的质量和效率。

教育智慧评价要求秉持人机协同的理念，以采集到的各种教育数据资源为基础，利用机器的智能和人类的智慧实现高效地智慧化评价，使定性和定量评价相结合，评价的目的从人才的选拔向人才的培养转变。评价是反馈调节机制，教育智慧评价在生成精准化评价报告的同时，会利用人工智能等技术针对存在的问题给予个性化的反馈，及时适时地对教学活动、学习活动进行干预和指导。人机结合的评价手段，更有助于实现教育教学的高质量发展。

2.4 教育的未来，塑造人类的未来

联合国教科文组织于 2019 年 9 月 25 日启动 "教育的未来" 倡议，同时该组织汇聚了政治、经济、教育、艺术、科学、商业等各界著名学者，成立教育的未来国际委员会，合力编写具有里程碑意义的教育全球报告，并于 2021 年 11 月 10 日发布《共同重新构想我们的未来：一种新的教育社会契约》，来重新思考知识和学习如何在日益复杂、不确定和不稳定的世界里塑造人类的未来。

报告强调，教育将人类与世界联系起来，为人类带来新的可能性，增强了人类对话和行动的能力，但要塑造真正和平、公正和可持续的未来，教育本身亟须转型。面对经济发展不平衡、气候变化、生物多样性丧失、资源透支以及以数字技术为代表的颠覆性技术，教育可以视为一种社会契约，具有公共目的，要确保人们终身接受优质教育的权利，强化教育作为公共行动和共同利益的形式，通过知识与创新塑造面向所有人的可持续和和平的未来，维护社会、经济和环境正义。

教育与整个社会、产业紧密相关，世界正处于历史的拐点，正经历着工业文明和信息文明向智能时代的剧变，而教育在相当程度上还处于农业文明和工业文明时代，刚刚向信息文

明迈进。由于社会的发展走在前面，所以教育在向信息文明迈进的同时，不得不面对智能时代新兴技术带来的冲击和影响，这对于教育行业来说是挑战也是机遇。

教育的梦想是丰满的，而现实是骨感的。我国传统教育体制有利于实现大规模学科专业知识的系统传授、有利于教师和学生之间的思想碰撞及情感交流、有利于教师发挥教学的主导作用对学生进行循循善诱，这种教育体制在农业文明和工业文明的时代背景下具有重要的意义。然而这种传统的教育体制无法实现孔子提倡的"有教无类""因材施教"，教育公平受制于地域内学校和教师的差距，因材施教不能实现大规模实施；无法实现钱学森先生提出的"大成智慧教育"，传统教学方法以板书讲授为主，费时、费力、信息量小，学生无法在规定年限内同时全面学习理、工、文、艺；无法实现新时代对学生创新能力的需求，传统的"灌输式、填鸭式"教育模式，在一定程度上扼杀了学生的个性发展，限制了学生的想象力和创造力，不利于培养独一无二的创新型人才。

现阶段，教育与技术正在积极地融合，但出现了两极化的倾向。一种是多媒体信息技术作为辅助教学的工具，技术和教育并未进行深度融合，更有甚者为了使用技术而使用技术，使技术变为教学的负累；另一种是将高水平的技术作为探索研究的偶然体验，并未真正应用于教育。这种两极化的倾向不能说毫无意义，但需要做的是将智能时代的技术与教育进行深度、有序地融合，生长出彼此交融的新生态，教育需要借助科技的力量在继承优秀教育传统的同时，在教学法、学习法、教育治理、教育评价、教育愿景及教育时空等方面做出变革。

在"大众创新、万众创新"的时代，教育作为创新人才培养的重要领域，更加不能故步自封，新时代的教育需要5G、大数据、人工智能、区块链、虚拟仿真、数字孪生、元宇宙等新兴技术的赋能，以实现智能时代的智慧教育。

未来的智慧教育要培养具有共同使命感和团结协作意识的社会型人才，个人的能力往往是有限的，团队协作有利于更好更快地解决问题，教学法应围绕团结、协作等原则加以组织，线下将学习者划分为群组，线上利用智能技术为学习者匹配学习伙伴，使学习者为了共同的目标进行互助性学习，增强学习者之间的互相信任、互相配合、互相理解、互相学习，人类文明的发展必将是不同领域知识的人才协作共创、共同努力成就的。

未来的智慧教育要确保终身接受教育的权利，现在人们正处于知识爆炸、信息如潮的时代，知识呈现指数级的增长趋势，保持终身学习，可以更新知识库、更好地适应时代、与时俱进，如果人的一生都在学习，那他的一生都在进步，从一定程度上可以缓解老龄化带来的社会问题。应整合各种自然、人工和虚拟的学习环境，打造终身化的教育场景，类似现在的慕课平台、短视频教学、网络教育，都可以说是对终身学习模式的尝试。

　　未来的智慧教育要追求优质、公平、普惠。习近平总书记指出，教育公平是社会公平的重要基础，要不断促进教育发展成果更多更公平惠及全体人民，以教育公平促进社会公平正义。加强教育信息化建设，搭建优质教育资源共建共享，缩小城乡之间、学校之间的资源差距，努力让每位学生享有更加公平优质的教育。

　　未来的智慧教育要培养独一无二的创新型人才，孔子主张因材施教，人尽其才，要想培养真正的人才，必须尊重每个人独特的个性、独特的思维方式、独特的生理结构，应该利用智能技术推广规模化的因材施教培养模式；并以问题为导向，围绕真实的问题，将不同领域的知识串联在一起，培养综合性的思维方式，注重跨文化跨学科的学习，培养学生的系统性思维，使学生不仅是文明的继承者，更是新文明的创造者。

第3章

5G时代推动教育行业智慧变革的核心要素

在北京一所中学的一间教室里，音乐教师弹起了古筝；2000km外，四川凉山深处的另一所中学的音乐教师和着动人的旋律唱起了歌。这一双师课堂，通过线上线下混合式教学让教学实现了线上线下无缝切换，已成为很多所科技应用场景试点校的日常——而这只是5G时代教育行业智慧变革的冰山一角。

4G改变生活，5G改变社会。2023年是5G商用牌照落地第四年。四年间，我国5G网络快速部署，新应用、新场景、新业态持续涌现，正在从"建得好"向"用得好"加速升级。基于大带宽、低时延、高速率的传输特性，5G融合应用已在教育、工业、医疗、交通等多个行业领域发挥赋能效应，覆盖国民经济60余个大类，应用案例数超过5万个。5G不仅带来更高速、优质的网络体验，也为数字时代修好桥、铺好路。

如果说5G是数字时代的底座和基石，那么AI就是数字时代的核心引擎，而数据、算法、算力共同构成了AI的三大要素。三要素相融互促，是AI技术创造价值和不断取得突破的必备条件。

数据对于AI，就如食材对于美味菜肴。数据是AI进行训练的基本原料，仿佛人类如果要获取一定的技能，必须经过不断地训练才能获得，而且有"熟能生巧、巧能生仙"之说。算法对于人工智能，就是厨师（烹饪的方法）与美味菜肴的关系。算法是实现人工智能的根本途径，是挖掘数据智能的有效方法。算力也就是计算能力，算力对于人工智能，如同厨房的煤气/电力/柴火对于美味佳肴一样。有了大数据和算法之后，需要不断进行训练从而获得智慧，而算力为人工智能提供了基本的计算能力的支撑。

因此，人们也将数据称为AI时代新的生产资料，将算法称为AI时代新的生产关系，将算力称为AI时代新的生产力。

3.1　5G方兴未艾，为千行百业智慧变革构筑基石和底座

移动通信一般是以10年一代的规律进行演进，从20世纪70年代开始，移动通信系统

经历了从第一代（1G）到第五代（5G）的飞跃，尤其实现了从 3G 突破、4G 同步、5G 引领的跨越。随着市场和业务需求的升级，移动通信从 1G 到 5G 持续演化，已经渗透到现代社会的各个行业，深刻影响着人类的工作、生活以及各行各业的发展趋势。

第一代移动通信系统的发展始于 20 世纪 70 年代，仅支持模拟语音业务，主要采用美国类比式移动电话系统（Advanced Mobile Phone System，AMPS）以及北欧移动电话（Nordic Mobile Telephone，NMT）制式。进入 20 世纪 90 年代，短信（Short Message Service，SMS）业务风靡一时，这得益于第二代移动通信系统的发展，2G 主要采用全球移动通信系统（Global System for Mobile Communications，GSM）以及美国数字化 AMPS（digitalAMPS，d－AMPS）制式，开始支持数字语音和短消息等低速率数据业务，实现了从模拟系统到数字系统的演进。进入 2000 年，为满足不断增长的移动数据接入需求，全球移动通信进入了 3G 时代。第三代移动通信系统则将业务范围扩展到图像传输、视频流传输以及互联网浏览等移动互联网业务，其主要的技术标准包括时分同步码分多址（Time Division－Synchronous Code Division Multiple Access，TD－SCDMA），宽带码分多址（Wideband CDMA，WCDMA）以及 CDMA2000。纵然 3G 时代的用户体验速率相对较低，但从此，以流媒体为代表的移动数据业务进入了人们的视线，移动互联网经过 3G 时代的培育已经进入了爆发期。人们对信息的巨大需求为 4G 移动通信系统的发展提供了充足的动力。

以正交频分复用（Orthogonal Frequency Division Multiplexing，OFDM）、多输入多输出（Multiple－Input Multiple－Output，MIMO）等为核心技术的长期演进（Long Term Evolution，LTE）网络，2004 年在第三代合作伙伴计划（3GPP）开始研究，2008 年底形成了第一个版本的技术规范 R8。2009 年 12 月，全世界第一张 LTE 网络商用由 TeliaSonera 在挪威奥斯陆和瑞典斯德哥尔摩建成，真正为终端用户带来了每秒百兆比特的数据业务传输速率，极大程度地满足了宽带移动通信业务应用需求。4G 系统支持高速数据业务和语音业务，可以说从 3G 到 4G 意味着从支持互联网浏览的低速数据速率向支持移动视频的高速数据速率演进。LTE 网络在全球范围的大规模部署以及 LTE 终端的日趋成熟，极大促进了移动互联网和物联网的快速发展，涌现出多种多样的新型业务和琳琅满目的终端，持续刺激并培养人们数据消费的习惯。之后 LTE 进一步演进为 LTE 增强版本（LTE－Advanced，LTE－A），在热点覆盖和小区边缘 QoS 保障上均有更好的表现，逐渐成为 4G 的主流技术，并在之后成为向 5G 技术演化的基础。

为了更好地应对由于未来移动互联网和物联网的高速发展带来的移动数据流量高速增长、海量设备连接以及各种各样差异化新型业务应用不断涌现的局面，需要更加高速、更加高效、更加智能的新一代无线移动通信网络来支撑这些庞大的业务量和连接数。因此，在全世界4G移动通信网络的部署方兴未艾之时，5G移动通信技术研发已拉开帷幕，成为学术界和信息产业界的热门课题之一，掀起了全球移动通信领域新一轮的技术竞争。

经过40多年的蓬勃发展，从1G到2G，实现了模拟通信到数字通信的过渡，降低了应用成本，使移动通信走进千家万户。从2G到3G、4G，实现了语音业务到数据业务的转变、窄带通信到宽带通信的跃升，促进了移动互联网的全面普及和繁荣发展。5G具备超高带宽、超低时延、超大规模连接数密度的移动接入能力，其性能远远优于4G，服务对象从人与人通信拓展到人与物、物与物通信，不仅是量的提升，更是质的飞跃，在支撑经济高质量发展中必将发挥更加重要的作用。

3.1.1　5G的三大场景

2019年6月6日，工业和信息化部宣布正式向中国移动、中国电信、中国联通和中国广电发布第五代移动通信技术（即"5G"）商用牌照，中国正式进入5G商用元年。实际上，相比最初预定的时间表，此次5G牌照提前半年发放，此次获得5G牌照的运营商，除了移动、联通、电信三大运营商外，广电也加入其中，让5G的竞争更加激烈。

5G性能的目标是提高数据速率，减少延迟，节省能源，降低成本，提高系统容量和大规模设备连接。其峰值理论传输速度可达每秒数十GB，比4G网络的传输速度快数百倍。相比4G网络，5G网络具有极高的速率、极大的容量以及极低的延迟，1Gbit/s以上的下载速度会成为常态。举例来说，一部1GB超高画质电影可在3s之内下载完成；人们的生活、工作，甚至是娱乐都可以完全交给云技术来处理，一个4K视频，在10Gbit/s的5G网络下能够轻轻松松做到即时播放；大型游戏也会因为高速率、低时延变得更流畅，可以实现足不出户在家模拟滑雪等场景。随着5G技术的诞生，用智能终端分享3D电影、游戏以及超高画质（UHD）节目的时代已经到来。

5G网络不会独立存在，它是多种技术的结合，包括2G、3G、LTE、LTE－A、WiFi、M2M等。换句话说，5G的设计初衷是去支持多种不同的应用，比如物联网、联网可穿戴设备、增强现实和沉浸式游戏。同时5G技术的商用，使得此前受通信基础设施限制的行业和领域将得到快速发展，通信、在线医疗、远程教育、物联网、自动驾驶、VR/AR等产业的想象空间进一步释放。

随着全球新一轮科技革命和产业变革深入推进，5G正推动人们迈向通信新时代，成为支撑经济社会数字化、网络化、智能化转型的关键新型基础设施。伴随5G时代的到来，实

城市、智能家居、无人机、增强现实、虚拟现实、物联网等，5G 将给人们的生活带来更多的便利和乐趣。

3.1.2　5G 的全球格局

纵观全球，欧洲各国、中国、美国、日本和韩国等都已经把 5G 上升为国家战略，在全球的共同努力和推动下，5G 系统的基本特征已初步形成。5G 将满足未来超千倍的移动数据增长需求，为用户提供光纤般接入速率、"零"时延的使用体验、千亿设备的连接能力，以及超高流量密码、超高连接数密度和超高移动性等多场景的一致服务，促使业务及用户感知的智能优化，为网络带来百倍的能效提升。目前，许多国际组织、国家组织和企业都在积极进行 5G 方面的研究工作，如欧洲的 METIS 研究项目、日本的 ARIB、韩国的 5G 论坛、中国的 IMT-2020（5G）推进组等。

欧盟是 SC 技术研发的引导者，早在 2012 年就全面启动了名为"METIS"的 5G 研发计划。METIS 项目分为八个组，分别对 5G 的应用场景、空口技术、多天线技术、网络架构、频谱分析、仿真及测试平台等方面进行深入研究。

美国的大学在 5G 研究上发力也较早，在 2012 年 7 月，纽约大学理工学院成立了一个由政府和企业组成的联盟，向 5G 蜂窝网络时代迈进。斯坦福大学则在 5G 的关键技术研究方面走在世界前列。美国高通公司，作为 3G、4G 核心技术的拥有者，在 5G 研究方面的布局也非常早，特别是在非授权频谱访问、D2D 通信（终端设备直接通信）、WiFi 和 3GPP 融合上拥有相当强的技术储备。美国联邦通信委员会（Federal Communications Commission，FCC）认为 5G 将是美国优先发展的产业之一。

2012 年，韩国成立 5G 论坛（5G Forum），从而开启了全国范围内的 5G 技术研发工作及国际合作。5G Forum 主要负责制定国家 5G 战略规划、中长期的技术研究规划，研究 5G 概念及需求，培育新型工业基础，推动国内外移动服务生态系统建设，并促进移动通信生态系统的建立。

2013 年，日本电波产业协会（Association of Radio Industries and Businesses，ARIB）成立"2020 and Beyond Ad Hoc"5G 工作组，由 NTT DoCoMo 牵头，主要开展对未来移动通信系统概念、无线接入技术网络基本架构等方面的研究。

为推动 5G 研发，我国工业和信息化部、国家发展和改革委员会和科学技术部在 2013 年 2 月联合成立了 IMT-2020（5G）推进组，集中国内"产学研用"优势单位，联合开展 5G 策略、需求、技术、频谱、标准、知识产权研究及国际合作，并取得了阶段性研究进展。先后发布《5G 愿景与需求》《5G 概念》《5G 无线技术架构》《5G 网络技术架构》白皮书，其中的主要观点已在全球取得高度共识。

自 2019 年商用以来，全球 5G 迅速发展。2024 全球数字经济大会主论坛上发布的《2024 全球数字经济白皮书》指出，截至 2024 年 3 月，全球已有 112 个国家和地区的 301 家网络运营商提供 5G 商用服务，5G 网络已覆盖全球 44.8% 的人口，是历史上增长速度最快的移动技术。

3.1.3　5G 贯穿于产业链全场景

移动通信技术每十年一次演进升级、代际跃迁，每一次技术进步，都极大地促进产业链全场景发展。5G 应用场景从移动互联网拓展到工业互联网、车联网、物联网等更多领域，能够支撑更大范围、更深层次的数字化转型。同时，5G 与实体经济各行业各领域深度融合，促进各类要素、资源的优化配置和产业链、价值链的融会贯通，使生产制造更加精益、供需匹配更加精准、产业分工更加深化，赋能传统产业优化升级。并且，随着信息通信技术的发展，网络加快向 IP 化、智能化、虚拟化和融合化演进，云计算、大数据、电商、物联网、直播等多种业务形式应运而生，覆盖经济社会各个方面。

随着数字化转型的加速进行，以合作创新来提升价值创造能力具有重要意义。电信运营商拥有强大的网络和技术平台资源、广泛的用户群体和完善的服务体系，可以为行业企业数字化转型提供全方位的技术支持和服务保障。而行业企业则具备丰富的行业知识、专业技能以及多样化的行业生态资源。双方的合作创新，可以通过促进资源互补和优势共享，扩大生态系统的价值空间，推动技术业务创新，引入更多的交易对象提高交易效率，为更多的利益相关者创造价值，从而推动整个行业发展。

电信运营商基于 5G 的大带宽和低延迟等特性，积极开发各类新型应用，如提升用户视听体验的 5G FWA、4K/8K 高清视频、云游戏等新应用，增强用户交互体验的 5G 新通话等应用，利用新型终端开发的沉浸式体验的 AR 观演等各类应用，以及为文娱、办公隔离提供灵活算力和存储资源的云手机等应用。同时，5G 的上行能力也开始赋能更多新场景，例如在新兴产业风口的直播行业，5G 直播卡为主播提供随时随地的走播、带货，成为 5G 创新场景的标志性服务。

行业应用市场是 5G 应用拓展的新蓝海市场。近四年来，电信运营商、通信设备厂商、行业企业等产业链不同主体开展联合创新，积极挖掘行业企业的 5G 应用需求和场景。其中，我国的 5G 行业应用发展较为迅速。据"绽放杯"5G 应用征集大赛相关统计数据，5G

应用主体从首届的不足 200 家增长至第六届的 1.6 万余家，参赛项目从首届的 300 余个增长到第六届的 4.5 万个，应用案例数累计达 9.4 万个，5G 在矿山、医疗、能源等垂直行业的融合应用已经实现了规模化复制。在行业应用市场上，探索商业模式创新的主体主要为电信运营商，但随着行业应用发展的不断推进，5G 商业模式创新的主导力量正从电信运营商向多方共同参与、多元化主导的方向发展。

随着 5G 行业应用不断向"广度"和"深度"迈进，行业企业对 5G 应用的关注度和认可度正日益提升。根据我国的"绽放杯"5G 应用征集大赛公布的数据，由行业企业牵头参赛的项目比例已从第一届的不到 1% 增长至第五届的近 10%，这标志着行业企业正逐渐成长为 5G 应用和商业模式创新的生力军。一方面，行业企业的加入极大地丰富和扩大了产品服务的创新范围，很多新产品服务具有了明显的行业属性，对垂直行业产生了较为显著的影响。例如，西门子、施耐德、GE 等工业巨头纷纷推出 5G 工业终端产品，出现了 5G 阀岛、5G PLC 等工业核心设备，更好地实现 5G 与 PROFINET 等工业通信协议的适配，对工业 5G 格局将产生深远影响。另一方面，行业企业的加入，带来新的产业资源能力和更多的交易对象、利益相关方，基于对业务流程和交易结构的重构，有望形成新的价值增值，进而为产业链创新带来新的可能。

3.1.4 5G 成为经济增长新引擎

科技立则民族立，科技强则国家强。习近平总书记强调，发展数字经济是把握新一轮科技革命和产业变革新机遇的战略选择。数字经济健康发展有利于推动构建新发展格局，有利于推动建设现代化经济体系，有利于推动构筑国家竞争新优势。数字经济已经成为继农业经济、工业经济之后又一个主要的经济形态，在全球经济曲折多变的大环境下，数字经济已经成为引领增长的重要引擎。数字经济的发展离不开电信行业打造的数字底座。资料显示，2021—2025 年，我国数字经济占 GDP 的比重将从 39.8% 提升到 50% 以上，其中信息服务市场规模将从 12.5 万亿元增长到 22.8 万亿元。中国联通原董事长刘烈宏指出，数字化、网络化、智能化的"化学反应"将为电信行业开启一个未知远大于已知的广阔发展新空间。

我国数字经济规模稳居全球第二，基于消费互联网数字经济蓬勃发展，基于产业互联网数字经济增长强劲，进一步做强做优做大我国数字经济，将在六个方面着力：夯实基础，适度超前部署建设新型基础设施；激活潜力，充分挖掘数据要素价值；推动转型，促进实体经济高质量发展；稳链抢链，大力推动数字产业创新发展；强化保障，提高防范和抵御风险能力；优化环境，积极参与数字经济国际合作。当前，我国经济正由高速增长阶段转向高质量发展阶段，正处在转变发展方式、优化经济结构、转换增长动力的攻关期，亟须发挥网络信息技术覆盖面广、渗透性强、带动作用明显的作用，推动经济发展质量变革、效率变革、动力变革。

5G 作为"数字化革命的关键使能器"，极大地改变了人们的生活，逐步促进行业数字化转型升级。可以预见，未来的数智社会，物理世界将与数字世界深度融合，移动互联网升级为全真全感互联网，通过大数据、原生智能、全息感知等新技术，在教育、医疗、交通等领域促进普惠社会。通过 3D 视频、全息视频、感官互联等新应用，满足人们不断提高的娱乐和交流需求，实现高品质的智慧服务（见图 3-3）。

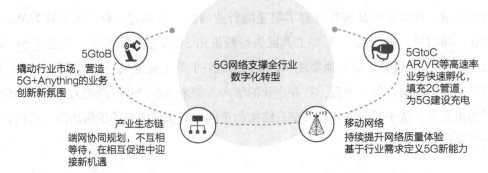

图 3-3 行业、公众、网络、生态协同助力 5G 产业发展

与 4G 相比，5G 的高速率、高可靠、大连接、低功耗等性能，对元器件、芯片、终端、系统设备等都提出了更高要求，将直接带动相关技术产业的进步升级。而且，我国具有全球规模最大的移动通信市场，5G 商用将形成万亿元级的产业规模，有利于推动核心技术攻关突破和带动上下游企业发展壮大，促进我国产业迈向全球价值链中高端。其次，5G 商用将创造更多适应消费升级的有效供给，催生全息视频、浸入式游戏等新模式新业态，让智能家居、智慧医疗等新型信息产品和服务走进千家万户，推动信息消费扩大升级。中国信息通信研究院测算，2020—2025 年，我国 5G 商用带动的信息消费规模将超过 8 万亿元，直接带动经济总产出达 10.6 万亿元。

5G 对国民经济带动效应显著，通过加强传统数字化产品和新型数字化服务供给，不断丰富数字化产品与服务的供给体系，带动信息消费增长。充分发挥自身平台与技术优势，在农业生产、工业生产、服务业经营等领域广泛赋能，推动三次产业数字化转型进程。5G 产业链各行业的市场主体规模和营收能力均实现质的飞跃，资本市场投融资活力十足，重点业务内生动力强劲，对国民经济和社会产生了越来越重要的影响。

3.2 数据：AI 时代新的生产资料，为教育智能转型提供基础燃料

3.2.1 5G 的快速发展使通信大数据价值不断提升

通信运营商是天然的大数据聚集地，拥有百万级的基站资源、亿级出账用户数、PB 级日均数据生成及采集量。运营商大数据有着社会性、移动性和定位功能特点，可以获取用户身份信息（Who）、时间信息（When）、位置信息（Where）、终端信息（Which）、行为信息（What）和感知体验（Experience），形成每个用户的动态标签库，从行为轨迹、业务偏好、时空分布、社交属性等维度刻画人们的日常。

另一方面，基于运营商数据的深度包解析技术（DPI 技术），可以解析用户的互联网业务行为，包括访问某个 APP 的具体行为，浏览、分享的微博、新闻，搜索的关键词等，最终基于机器学习、AI 技术建模，完成用户行为分析和意图预测。

如果说过去的百年里，人们感慨着从"惜字如金"到通信普惠、从"见字如面"到"万物互联"的蜕变，那么今天，人们的每一段出行、每一次点击、每一声问候、每一次在线购物，都将汇入运营商大数据的金矿。通信运营商帮人们连接到这个世界，又默默掌握着每一个人和世界的每一次连接。

伯纳德·马尔在《数据战略》提到：所有的业务都和数据相关，数据必将成为取得竞争优势的关键。运营商拥有多张移动网络，具备遍布全国的丰富站址资源，在覆盖范围，覆盖时间和用户规模上遥遥领先于其他行业。梅特卡夫定律提到，一个网络的价值与节点数量的平方成正比，如图 3-4 所示。而运营商以其海量的用户及网络资源，将创造出不可比拟的价值。

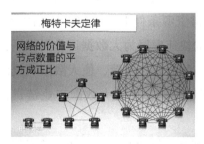 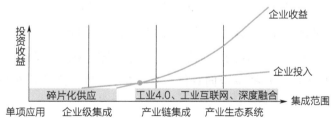

图 3-4 梅特卡夫定律

运营商以号码为唯一的 ID 来整合各类数据，数据的完整性是一般企业难以企及的，而且还有终端 ID 作为移动通信网天生的业务属性而存在。运营商作为数据管道，由于数据来

源于生产网络而无人为因素干扰,具备全面性、多维性、中立性、完整性的特点,通过对不同维度数据的交叉融合,可以创造更丰富的价值。

同时,通过打通各行业的数据孤岛,将各个领域的大数据连接汇聚起来,形成全社会的大数据集散交易平台。与产业链上下游合作伙伴互惠共赢,成为产业链的整合者和缔造者。找到大数据与各行各业的契合点并形成合力,为传统行业,提供 IT 服务,助力其盘活数据资产,将大数据打造成运营商转型发展的利器(见图 3－5)。通信大数据绝不是运营商的独角戏,产业链将普遍受益。

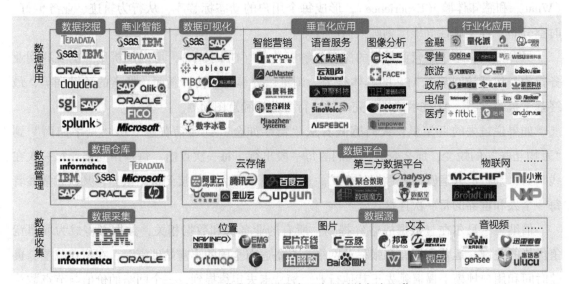

图 3－5　运营商大数据贯穿于产业链的每个环节

5G 作为新一代信息通信基础设施的核心,具备高速率、低时延、大连接的突出特征,其中用户体验速率最高可达 1Gbit/s,相比 4G 网络提高了近 10 倍,空口时延最低至 1ms,是 4G 的 1/10,用户连接能力达到 100 万/km²,在同等频谱资源条件下是 4G 的 50 倍以上,5G 网络性能的跃升,将开启万物互联互通的新时代。5G 的快速发展为大数据运作提供了技术支持,基于 5G 网络推进的生产基础设施和社会基础设施的数智化改造,使大数据从概念走向实际,从抽象走向具体,5G 将对大数据产业产生深远影响,推动大数据产业链迅速发展。

1)数据规模急剧增长,数据维度更加丰富。5G 的高速率、低时延、大连接,使单位面积内的联网设备成倍增加,单位时间内产生的数据量急剧增长。相比于 4G 时代的人人互联,5G 的落地应用全面激发了物联网领域的发展,而物联网正是大数据的主要来源渠道。由物联网带动的人与物、物与物的全新连接形式,催生出智能穿戴设备、无人机、智能机器人等智能终端的发展，极大地丰富了数据的采集渠道；在数据规模爆发式增长的背景下，谷歌、微软、阿里、腾讯、华为等互联网巨头都纷纷建立起自己的数据中心，为大数据的存储、处理和分发提供基础设施；传统行业也在和以 5G 为代表的新兴技术进行深度融合，积极谋求数智化转型，远程医疗、智慧城市、智能家居、智能制造等行业的发展使数据维度更加丰富。

2）大数据技术不断发展。5G 网络可以支持大规模数据的实时采集和传输，摄像头、传感器等终端设备可以快速上传大量结构化和非结构化的数据，促使大数据的采集和传输更加实时高效；数据体量的爆发式增长以及数据采集渠道和数据维度的丰富，对大数据的存储与处理技术提出了更高的要求，云计算通过网络云形成了一个计算能力极强的系统，具备分布式、负载均衡、虚拟化等特点，增强了数据的存储和处理能力，边缘计算技术将大量的数据存储与处理的功能下沉到更靠近物或数据源头的一侧，从而缓解云计算的压力，降低网络和云计算成本，提升响应速度；5G 和大数据的发展促使机器学习、神经网络等大数据分析和挖掘技术的发展，帮助人们从大规模数据中快速发现隐藏的模式和规律，从而提供更准确的预测和决策支持；为了应对复杂、多样、海量大数据的采集和处理，大数据平台需要大幅提升低价值密度数据的高效存储、网络非结构化数据的快速解析等能力，混搭式大数据平台、流式处理技术等都进一步提高了大数据平台的处理能力。

3）大数据应用场景不断创新。在华为发布的《5G 时代十大应用场景白皮书》中，AR/VR 的实时计算机图像渲染和建模、车联网的远程驾驶、智慧城市的 AI 视频监控、联网无人机的专业巡检等垂直行业都与大数据和人工智能相关。人工智能算法的实现需要借助庞大的数据量，人工智能技术的应用对数据的传输与存储要求非常严格，大数据规模急剧增长，数据维度更加丰富，以及大数据技术的不断发展，促进了大数据与人工智能的融合发展及应用落地。5G 的发展补齐了制约大数据与人工智能发展的短板，在 5G 环境下，大数据与人工智能的落地应用可以提供更快的响应速度、更丰富的内容、更智能的应用模式及更直观的用户体验。

3.2.2　5G 融合大数据技术架构及分析体系

1. 通信运营商大数据技术架构

电信运营商所掌握的数据具备基础性、多样性、全面性等特征，不仅掌握着网络运行数据，同时掌握着海量的运营数据，这些数据涵盖了移动网络从终端到接入网、从传输网到核心网、从业务平台到移动互联网各个网络及环节，基于多样化的采集方式，能获得海量的运行数据及业务数据，基于大数据分析方法和手段，结合移动互联、物联网等发展方向及应用走向，能够针对网络、用户、业务、终端进行深层次的数据挖掘和应用。

总体上说，电信运营商的数据资源主要包括网络运行数据和业务运营数据两大类，即运营支撑系统（Operation Support System，OSS）域数据及业务支撑系统（Business Support System，BSS）域数据，这两类数据源于网络运行和业务运营，在两类数据之下则是纷繁复杂、形态多样的海量数据集合，并且对于不同的业务网络（移动网、固网宽带等），具体数据内容会有很大差异。

移动通信系统主要由终端、无线接入子系统、核心网子系统、业务平台及外部网络几大部分组成，同时运营商建有自己的电信业务运营支撑系统（含 BSS 及 OSS）进行网络及运营支撑。

庞杂的移动网络数据源，可以针对不同的内容、功能、渠道划分为网络运行数据和业务运营数据两大类，其中网络运行数据包括基础资源及配置数据、信令追踪数据、业务识别数据、性能统计数据、监控及预警数据；业务运营数据包括用户资料数据、用户业务行为、用户辅助数据，如图 3-6 所示。

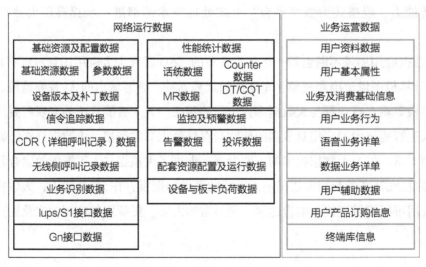

图 3-6 电信运营商数据总体构成图

例如，中国联通已形成了从底层 IT 到上层应用的完备的大数据能力体系，该体系从技术、分析、架构、运营形成了端到端的落地，并在此基础上推动网络智能运营。运营商数据主要产生于网络运行及业务运营，包括 B、M、O、D、E 及创新业务等各域（见图 3-7）。

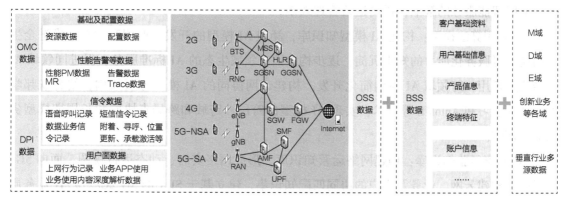

图 3-7　通信数据跨域融通

2. 数据深度融合与开放共享

随着数字经济的发展，数据的深度融合与开放共享在整个数智化转型的过程中具有至关重要的作用，有助于促进公共数据的公开透明、激发社会创新活力、实现产业结构升级和社会经济发展。然而由于数据格式、标准等不统一，数据隐私、安全难保障等问题，数据的深度融合和开放共享还面临着诸多挑战，可以从打造自主可控可信可用的数据能力、提供体系化智能化的通用服务能力、构建数据合理化评估系统三个方面入手解决问题。

（1）打造自主可控可信可用的数据能力　基于云网基础底座持续获取数据生产要素，通过跨域数据融通丰富数据内涵，通过数据能力开放为上层智能应用赋能，提升数据的原子化能力，发挥数据要素的边际溢出效应。

1）跨域数据融通：云网融合新型架构逐步实现了对云网业务的统一编排和智能调度，通过新一代云化数据采集方案，逐步实现自动化、智能化的网络数据采集；通过对网络数据进行清洗、解析、加密、标签化，确保网络数据可信可用；通过网络数据与 B 域、M 域、D 域等多源异构数据融合，提升云网一体化数据的多场景应用能力；通过制定安全管理策略，构建数据全生命周期的安全管控框架，规避数据流转风险。

2）数据能力开放：通过建立基于场景的数据整合关系和公共数据模型，实现数据接口场景化、标准化、自动化，形成数据到信息的转化；通过对外提供意图化的接口，简化上层对网络专业知识的能力要求，从而构建对应的分层数据治理架构，满足不同处理时效、不同处理规模和不同处理精度的数据要求，形成通用及可扩展的业务建模方法及数据挖掘算法组件，构建可开放的底层数据能力。

（2）提供体系化智能化的通用服务能力　基于底层数据开放，构建算法模型、知识库、工具组件、系统平台等通用能力，打造可识别、可预测、可溯源、可视化的应用驱动层，实现与上层智能服务的解耦，提高运营管理效率。

1）通用算法模型：构建 AI 模型知识库，涵盖 AI 模型的开发、调测和发布，推进全生命周期的可服务化能力的知识沉淀，逐步构建面向领域生态的 AI 标准服务，促进同领域 AI 模型快速复用，跨领域 AI 模型简化开发。构建云网协同的 AI 模型分层架构，结合联邦学习、迁移学习和 AutoML 等技术，实现 AI 模型的跨层、跨域和跨局点协同和长周期模型劣化的自调整。

2）专家经验知识库：构建网络运营知识库，形成网络实时、动态运行视图，面向 5G、物联网，构建云网、业务及用户的协同匹配知识集，建立基于 SLA 的 5G 2C/2B/2H 业务质量及客户感知评价体系与提升解决方案等，形成智能化决策体系及能力。

3）网络智测、智维、智优系统工具：开发智能化、自动化的网络运行状态监测系统，对网络运行数据进行灵活过滤、匹配、分类、溯源，对网络故障快速诊断，配合相应的通信业务模型和网络拓扑结构实现故障的精准定位和根本原因分析，并通过历史数据不断自学习实现故障预测，提升处理效率和准确性。基于知识图谱进行深度特征挖掘和学习，构建智能优化引擎，模拟专家思维驱动网络主动实时做出决策，进行主动式优化和调整，使网络处于最佳工作状态。

（3）构建数据合理化评估系统　目前大数据分依然存在"烟囱式""孤岛式"问题，各个数据使用方缺少统一数据共享机制顶层设计，没有形成数据模型合理化评估体系，由此带来数据存储资源、计算资源、专题效能的额外开销。因此，可通过研发系统原型，实现跨平台、跨租户的数据使用埋点设计及研发，系统将具备数据使用热度分析能力、可以节约计算及存储资源、提升数据应用效能。

以 XDR 数据为基础，包括数据基础表（数据缓冲层/STG 层）、数据中间表（数据汇聚层/DW 层）、数据标签（数据集市层/ DM 层），各层级都支持表单共享以及数据指标/数据标签的输出。各个层级以冷数据/热数据的方式存储。

为了使数据好用易用、可评可控，元数据的建设也至关重要。需要把分散在不同系统、不同工具、不同人员中的元数据信息进行统一管理，实现数据从业务层至技术层的全面贯通。具体至系统层面，要完成系统的采集平台、ODM – DB、ETL、数据仓库、OLAP、应用和呈现整个过程的元数据管理，从而使得技术人员和业务人员可以统一地对性能管理系统中的元数据进行维护、监督、探查和实现元数据的调用。

针对跨平台、跨租户、跨主题的场景，进行埋点的合理设计与研发，与数据使用方对接，通过埋点手段收集数据分析过程信息。

　　埋点方式包括代码埋点、日志埋点、消息埋点三种方式，分别是通过 SD 集成的方式进行输出、通过日志形式进行输出、通过消息方式进行输出。埋点收集信息包括任务开始时间、任务结束时间、任务执行结果、任务输入行数、任务输出行数、任务输入字段、任务输入源模型、任务输出源型等。

　　通过埋点手段收集数据分析过程数据，主要包括元数据溯源分析、数据映射分析、元数据依赖影响分析、实体差异分析。

　　1）元数据溯源分析：从专题或主题角度，从上至下，理清数据表单使用关系。从某一实体出发，往回追溯其处理过程，直到数据源接口采集层。

　　2）数据映射分析：对数据溯源分析中的局部生成关系的定义、维度、算法进一步理清关系。以拓扑图的形式对数据处理过程元数据进行分层次的图形化展现，并通过不同层次的图形展现粒度控制。

　　3）元数据依赖影响分析：基于上述两点内容，得到各层元数据对其他层元数据的改动影响。从某一实体出发，寻找依赖该实体的处理过程实体或其他实体。如果需要可以采用递归方式寻找所有的依赖过程实体或其他实体。

　　4）实体差异分析：对不同专题或主题的数据溯源关系差异性进行对比。对元数据的不同实体进行检查，用图形和表格的形式展现它们之间的差异，包括名字、属性及数据溯源和对系统其他部分影响的差异等。

3. IT 能力底座助力大数据价值释放

　　信息技术的发展催生了大数据架构的不断升级迭代和创新，目前主流的大数据架构包括传统大数据架构、流式架构、Lambda 架构、Kappa 架构、Unified 架构，组成大数据架构的技术组件不同，导致它们的功能不同，使用的业务场景各异。

　　1）传统大数据架构，如图 3 - 8 所示，主要在传统数据分析业务之上提升了对大量数据的存储能力和处理性能，以批处理为主。该架构缺乏实时支撑，业务灵活度不足，多适用于BI 场景。

图 3 - 8　传统大数据架构

2）流式架构，如图3-9所示，数据全程以流的形式处理，以消息的形式直接推送给消费者，以窗口的形式进行存储。该架构没有 ETL 过程，实时性非常高，但不利于支撑离线分析，适用于预警、监控等对数据有时效性要求的场景。

图 3-9　流式架构

3）Lambda 架构，如图3-10所示，主要包括实时流和离线流两个数据通道，实时流通过流处理实时处理和查询数据，离线流通过批处理进行查询、预计算和存储。该架构数据分析场景涵盖全面，但存在大量冗余，适用于实时和离线需求都存在的场景。

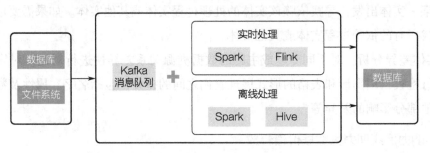

图 3-10　Lambda 架构

4）Kappa 架构，如图3-11所示，依然以流处理为主，将实时和离线处理进行部分合并，以消息队列代替数据通道，并将数据存储于数据湖用于离线分析。该架构非常简洁，但难度较高，同样适用于实时和离线需求都存在的场景。

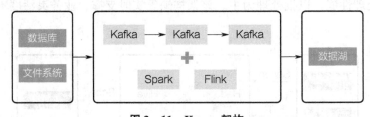

图 3-11　Kappa 架构

5）Unified 架构，如图3-12所示，将机器学习和数据融为一体，数据在经过数据通道进入数据湖后，可以进行模型训练，并在流式层进行应用。该架构非常好地实现了数据分析和机器学习的结合，复杂度和实施难度较高，适用于有大量数据分析同时又有大量的机器学习需求或规划的场景。

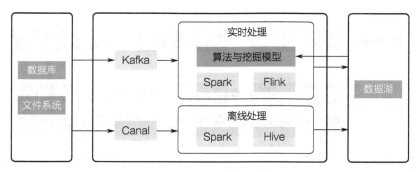

图 3 - 12　Unified 架构

上述大数据技术架构中涉及的大数据技术组件主要包括 Hadoop、Hive、Sqoop、Kafka、Spark Streaming、Flink。

Hadoop 是 Apache 基金会研发的分布式架构，主要用于解决海量数据的存储和分析计算，高可靠、高扩展、高容错，主要由分布式文件系统 HDFS、资源管理器 Yarn 和运算引擎 MapReduce 组成。

Hive 是基于 Hadoop 的数据仓库工具，可以将结构化的数据文件映射为一张表，并提供类 SQL 查询功能。

Sqoop 是海量数据传输工具，可以在 Hadoop（Hive）与传统的数据库间进行数据的双向传递。

Kafka 是开源的高吞吐量分布式事件流平台，可以进行消息的发布订阅，可用于高性能数据管道、流分析、数据集成和关键任务应用。

Spark Streaming 是类似于 Hadoop 的 MapReduce 的通用计算引擎，通过将输入流拆分成多个批次实现流处理，主要在内存进行运算，速度快。

Flink 是开源的分布式流数据处理引擎，以数据并行和流水线方式执行任意流数据程序，能够达到微秒级延迟。

基于以上技术要素，可以搭建多源异构大数据分析体系，主要分为数据存储、数据解析、数据分析、数据展现四层（见图 3 - 13）。

1）数据存储层：以中国联通为例，运营商已经积累了 PB 级的 23 类用户侧及网络侧数据，包括关系型数据、NoSQL 数据。同时，其他行业还具有大量的异构数据。数据存储层需要根据目前所掌握的各类数据，以及各类数据的采集方式，并基于各类数据特点制定一套规范化的数据管理存储体系，实现对以往分散数据的归集与规范化管理，存储能力需达到PB级。

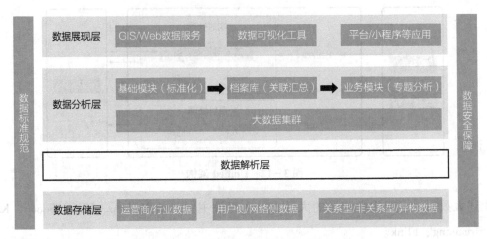

图 3 - 13　多源异构的大数据分析体系架构

2）数据解析层：针对运营商及其他行业所存储的大量的关系型数据、NoSQL 数据、异构数据，为了后续进行准确、高效的数据分析，数据解析层需要根据各个数据源的不同，研究数据的解析与入库方法，实现高效且精准的数据解析。

3）数据分析层：搭建 Impala 集群、Vertica 集群，构建用户、业务、网络、终端等多个基础分析模块；在基础分析模块之上，再进行数据关联分析，构建用户档案库和小区（区域）档案库等；进而构建用户、位置、业务、圈子等模块的数据中间层。数据分析层借助大数据技术架构，同时处理实时数据和历史数据，实现分布式计算和自动化编排，显著提升性能及功能。

4）数据展现层：在数据分析层之上，搭建 GIS 服务器、Web 服务器等，进而实现数据分析层的用户、位置、业务、圈子等数据的实时查询及地理化呈现，并最终支持平台、小程序等各类应用。

大数据的价值核心在于业务价值，基于多源异构的大数据分析体系，可以落地实现相应的大数据能力平台，从而提供具有业务价值的数据。跨行业的多源异构大数据平台的能力架构如图 3 - 14 所示。

其中大数据基础能力包括海量存储服务、并行计算服务、实时流服务；大数据底层存储能力包括 MPP 数据库、图计算数据库、对象存储库；大数据中间层存储能力包括结构化数据库、非结构化数据库、数据导出；资源共享能力包括资源目录、共享交换、需求管理；

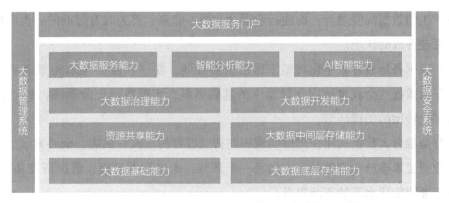

图 3 - 14　跨行业的多源异构大数据平台的能力架构

大数据治理能力包括元数据、数据标准、数据模型、数据质量、数据安全；大数据开发能力包括可视化开发、资源管理、工作流、调度管理；大数据服务能力包括服务发布、服务订阅、网关管理、运营统计；智能分析能力包括标签工厂、群体感知、趋势感知、智能查询；AI 智能能力包括特征工程、机器学习、深度学习、知识图谱。

上述大数据能力平台，可以助力运营商大数据从数据质量、数据共享、建设效率、业务协作、业务创新五个方面实现预期，具体表现在：利用数据仓库将独立分散的数据进行清洗、关联、整合，从中长期助力于数据质量的改善和数据实用性的提高；在保证数据隐私和安全的前提下开放数据的使用，发挥数据作为行业资产的业务价值；针对多源异构数据处理的复杂状况，不仅助力于业务链条上各个环节的效率提升，而且助力于 IT 生产上应用系统的快速建设和性能提升；实现行业内部以及行业间的数据整合，建立各类业务的全局视图，从而促进业务人员进行交叉分析和业务协作；业务人员可以基于明细且可行的数据进行分析挖掘，从而提升服务、产品等业务的创新能力。

3.2.3　打造融合大数据底座，为智慧教育培育生机勃勃的沃土

随着新一轮科技革命和产业变革深入发展，数据逐渐成为继土地、劳动力、资本、技术之后新的重要生产要素，在数字化、网络化、智能化的进程中发挥着基础性作用。当前，数据已经快速融入生产、分配、流通、消费和社会服务管理等各环节，深刻改变着生产方式、生活方式和社会治理方式。近年来，中国政府将大数据作为信息化发展的新阶段，大力实施网络强国战略和国家大数据战略，组建国家数据局，不断完善数字基础设施，建立健全数据基础制度体系。

通信大数据在时空覆盖、用户规模等方面有着得天独厚的优势，将其与教育活动的各个

环节中所产生的数据深度融合，构建行业融合大数据底座，将为教育行业的各类应用提供共生共荣、百花齐放的沃土。

当前，我国各地教育数字化转型工作已全面开展，在"广度"上取得显著进展，如何充分运用好大数据这个教育数字化转型中的基础燃料，实现数据充分赋能，是"纵深"推进教育数字化转型的关键环节。

通过打造融合大数据底座，可以实现面向智慧教育的全流程赋能、全要素赋能、全场景赋能，使数据要素渗透在智慧教育中的每一个环节，通过数据治理、数据研发和数据应用，推动教育行业智能化水平的不断提升。

1）数据治理：解决数据自身的质量、交换、安全、隐私等关键问题，从而发挥数据的基础支撑价值。

2）数据研发：通过多元数据分析和深度数据挖掘，产生针对具体业务和问题的教育数据产品和服务。

3）数据应用：实现数据要素在教育业务场景中的示范应用和普及推广，通过合理规范、持续有效的数据应用，逐步提升教育系统的运行效能，推动各项教育事业的高质量发展。

但是，在智慧教育的融合大数据底座构建过程中，还面临着一系列的现实难题需要解决。

一方面，贯穿全生命周期的数据治理机制尚未健全。虽然全生命周期数据治理的理念逐步深入实践领域，但数据质量难以保障、数据多层多级交换难度大、数据安全与隐私泄露风险大、治理主体权责不清晰等问题依旧存在。特别是对于教育行业这个专业性较强的领域，一般的数据治理人员难以对教育大数据开展专业化、高效化的治理。

另一方面，用户隐私数据的使用边界还需明确。智慧教育平台在构建用户画像过程中，为实现更加精准的用户画像，容易出现过度数据采集、敏感数据展示等现象，侵犯师生隐私。特别是教育数据涉及未成年人个人信息，尤为敏感。通过建立全生命周期数据安全治理体系，完善数据安全分类分级制度，细化数据权限管理机制，提升使用人员数据安全意识，重点打击泄露师生个人信息行为，并充分运用联邦学习、区块链等相关技术，在充分释放数据价值的同时，确保用户隐私的保护，在发展中保安全，在安全中促发展。

对教育而言，数据是重要的新型教育要素。2022年初以来，我国教育部全面实施国家教育数字化战略行动，充分发挥数字技术的放大、叠加、倍增和溢出效应，上线国家智慧教育公共服务平台，建成世界上最大的教育教学资源库，成为教育系统最重要的公共服务产品，获得了 2022 年度联合国教科文组织教育信息化领域的最高奖项"哈马德国王奖"。与此同时，我国教育部充分挖掘国家教育数字化战略行动实施过程中产生的数据宝藏，发展更加公平更高质量的教育。

3.3　算法：AI 时代新的生产关系，为教育智能转型打造强引擎

3.3.1　用经典机器学习技术，实现从学习到决策的蜕变

机器学习作为一门多领域交叉学科，被称为人工智能的核心，是使计算机具有智能的根本途径。"神乎其神"的机器学习到底是什么呢？正如机器学习的经典定义——"利用经验来改善计算机系统自身的性能"，它致力于研究如何通过建立计算机算法模型从大量历史数据及经验中学习并达成相应性能目标。简单来说，机器学习研究的就是学习算法，有了学习算法，把历史数据提供给它，它就能基于这些"经验"学习并形成模型，在面对新的情况时模型会提供相应的判断，实现计算机帮助人类从海量数据中学习并挖掘有价值的信息，达成自主决策的目标。

1. 机器学习的峰回路转

最早的机器学习算法可以追溯到 17 世纪，贝叶斯、拉普拉斯关于最小二乘法的推导和马尔可夫链，这些构成了机器学习广泛使用的工具和基础。计算机结构理论的先驱、人工智能之父图灵在 1950 年发表的论文《计算机器与智能》中提出了具有开创意义的"图灵测试"，用来判断一台计算机是否达到具备人工智能的标准。而机器学习作为人工智能的分支，从 20 世纪 50 年代开始，也经历了几次标志性的事件，比如程序与人类棋手对弈战胜人类棋手大师，更加接近通过图灵测试。机器学习在不同时期的研究途径和目标并不相同，可以划分为四个阶段。

第一阶段是 20 世纪 50 年代中叶到 60 年代中叶，这个时期主要研究"有无知识的学习"。这类方法主要是研究系统的执行能力。这个时期，主要通过对机器的环境及其相应性能参数的改变来检测系统所反馈的数据，就好比给系统一个程序，通过改变它们的自由空间作用，系统将会受到程序的影响而改变自身的组织，最后这个系统将会选择一个最优的环境生存。20 世纪 50 年代初已有机器学习的相关研究，例如 A. Samuel 设计的著名的跳棋程序。20 世纪 50 年代中后期基于神经网络的"连接主义"（Connectionism）学习开始出现，代表性工作有 F. Rosenblatt 发明的感知机（Perceptron）、B. Widrow 发明的线性适应元（Adaline）等。

第二阶段从 20 世纪 60 年代中叶到 70 年代中叶，这个时期主要研究将各个领域的知识植入到系统里，目的是通过机器模拟人类学习的过程，同时还采用了图结构及其逻辑结构方面的知识进行系统描述。在这一研究阶段，主要是用各种符号来表示机器语言，研究人员在进行实验时意识到学习是一个长期的过程，从这种系统环境中无法学到更加深入的知识，因此研究人员将各专家学者的知识加入到系统里，经过实践证明这种方法取得了一定的成效。在这一阶段基于逻辑表示的"符号主义"（Symbolism）学习技术蓬勃发展，代表性工作有 P. Winston 提出的"结构学习系统"、R. S. Michalski 等人提出的"基于逻辑的归纳学习系统"、E. B. Hunt 等人提出的"概念学习系统"等；以决策理论为基础的学习技术以及强化学习技术等也得到发展，代表性工作有 N. J. Nilson 提出的"学习机器"等，后来"红极一时"的统计学习理论的一些奠基性结果也是在这个时期取得的。

第三阶段从 20 世纪 70 年代中叶到 80 年代中叶，称为复兴时期。在此期间，人们从学习单个概念扩展到学习多个概念，探索不同的学习策略和学习方法，已开始把学习系统与各种应用结合起来，并取得很大的成功。同时，专家系统在知识获取方面的需求也极大地刺激了机器学习的研究和发展。在出现第一个专家学习系统之后，示例归纳学习系统成为研究的主流，自动知识获取成为机器学习应用的研究目标。1980 年，在美国的卡内基梅隆大学（CMU）召开了第一届机器学习国际研讨会，标志着机器学习研究已在全世界兴起。此后，机器学习开始得到了大量的应用。1984 年，Simon 等 20 多位人工智能专家共同撰文编写的 *Machine Learning* 文集第二卷出版，国际性杂志 *Machine Learning* 创刊，更加显示出机器学习突飞猛进的发展趋势。这一阶段代表性的工作有 Mostow 的指导式学习、Lenat 的数学概念发现程序、Langley 的 BACON 程序及其改进程序。

第四阶段是从 20 世纪 80 年代中叶至今，是机器学习的最新阶段。这个时期的机器学习具有如下特点：机器学习已成为新的学科，它综合应用了心理学、生物学、神经生理学、数学、自动化和计算机科学等形成了机器学习理论基础；融合了各种学习方法，且形式多样的集成学习系统研究正在兴起；机器学习与人工智能各种基础问题的统一性观点正在形成；各种学习方法的应用范围不断扩大，部分应用研究成果已转化为产品，与机器学习有关的学术活动空前活跃。

2. 机器学习之监督学习：输入到输出的"事事有回应"

机器学习算法学习的"经验"来源于数据，数据是机器学习的原料。通常把数据的集合称为数据集（Dataset），数据集中的每条记录称为样本（Sample）。同时存在一定数量的特征（Feature），在特征上的表现和取值称为特征值，每个样本都可以用一个特征值的向量来表示。比如，进入超市，可以看到一个关于苹果的数据集 D，在这个数据集中有 n 个样本，即 $D=\{x_1, x_2, \cdots, x_n\}$，每一个苹果就是一个样本 x_i。每个样本有果型、果皮颜色和果皮斑点三种特征，每个特征有其相对应的取值，比如果皮颜色有"鲜红""金黄"和"深红"三种特征值。每个苹果样本都可以用 $\{$果型 = 正圆，果皮颜色 = 鲜红，果皮斑点 = 麻点$\}$、$\{$果型 = 锥形，果皮颜色 = 金黄，果皮斑点 = 条纹$\}$ 等这样的特征向量来表示，如表示为 $x_i=\{$正圆，鲜红，麻点$\}$。

监督学习在机器学习中占据重要的地位，概括来说监督学习就是建立一个将已知输入准确映射到输出的模型，以实现为未知输入预测相应输出。所以对于监督学习，用来训练模型的已知数据集，也就是训练集，每个样本 x_i 都要有相应的标识 y_i。比如，对于上述苹果数据集 D，有苹果品种的标记 y，包括红富士、嘎啦、花牛和黄元帅等取值，每个苹果 x_i 都有相应品种的标识 y_i，如 $y_i=\{$红富士$\}$。监督学习根据上述训练集数据训练出来的算法模型 f，对于每个未知的新输入样本 x_j，都可以得到一个预测值 y_j，即 $f(x_j)=y_j$，达成输出对输入的"事事有回应"。

（1）决策树：挂着决策规则的白盒分叉树

1）基本思路。决策树作为监督学习的一种经典算法，最明显的特点就是白盒，决策的规则和过程都可以追溯明了。决策树的根本思路就是数据根据特征和特征值划分规则不断被划分到子分类里，直到到达最小的子分类停止划分，这些最终的子分类也就对应着数据的标识，而这个按照算法递归划分数据的过程就可以可视化为"分叉树"。树的每个中间节点对应着一个特征，每个节点的分叉对应着一个特征值判决规则，每个最末端"叶子"节点对应着一个决策结果，且不再进行划分。而决策过程就像在一个树形地图上寻找"答案"的人，他的起点是一个分叉路口，需要按照分叉的规则进行选择，并走向相应的分支，接着就遇到下一个分叉路口，就这样按照分叉规则和选择的分支不断走下去，直到走到某个再没有分叉的叶节点，得到地图指示的答案。

回到熟悉的苹果数据集 D，现在用决策树算法进行苹果品种的判断，并成功构造了一棵简单的苹果品种决策树。如图 3-15 所示，首先从果型上判断是锥形还是正圆形，如果是锥形走向相应分支接着判断果皮颜色，金黄色果皮则指向黄元帅的分类结果，深红色果皮则指向花牛的分类结果；如果是正圆形走向相应分支接着判断果皮斑点，如果是条纹则走向红富士的分类结果，如果是麻点则走向嘎啦的分类结果。

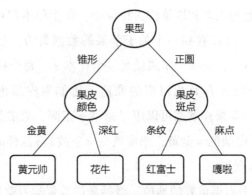

图 3-15　一棵简单的苹果品种决策树示例

2）决策树的构建。

①"怎么分叉"：寻找最优划分特征。观察上述苹果品种决策树，注意到参与划分规则的有三个特征，第一个划分规则是果型特征的判断，那么为什么不从果皮颜色或者果皮斑点开始划分呢？这就涉及划分特征的选择问题。对于决策树算法来说每一次"分叉"都需要找到最优的划分特征，而"最优"指的是最能将不同种类的数据样本区分开来的划分特征及规则，也就是基于找到的最优划分特征及规则进行分叉后，希望得到的每个子分类里样本尽量属于同一类别。这样找最优划分特征及规则的问题就转化成计算及衡量"同质"问题。通常用不纯度的测量值去判断"同质"程度，熵和基尼指数是两种最普遍的不纯度测量方法。

K 表示划分类别的个数，P_i 表示属于类别 i 的样本占比。熵 E 和基尼指数 GI 的定义如下：

$$E = - \sum_{i=1}^{K} P_i \log_2(P_i)$$

$$GI = 1 - \sum_{i=1}^{K} P_i^2$$

从上述公式中，可以看到当每个划分子分类里的样本越同质，不纯度测量值越低。所以决策树算法在训练过程中做的就是递归地对于每个特征和划分规则计算不纯度，选择最小不纯度的特征作为最优的"分叉"规则。

②"分几叉"：停止条件与剪枝。了解了怎么"分叉"之后，还需要知道什么时候停止分叉。按照逻辑自然而然地理解当走到某个节点的样本全属于同一个类别，就当然不需要再进行划分了。但是决策树模型如果实现绝对精准的划分训练集样本，就会导致分支过多，存在"过拟合"的风险。"过拟合"就是模型将训练集样本学得"太好"了，以至于把训练集自身的一些特点，也就是通常说的噪声或干扰，当作所有数据都具有的一般性质了，这时模型在新数据上的表现反而不好了。因此，可通过人为设置一些停止条件，如限制节点的最

小样本数或者设置最大分叉数等来避免分支过多。另一种普遍的做法是通过设置验证集来实现剪枝，来降低过拟合的风险。

说到剪枝，先阐明一下数据集的几个概念。之前提到了训练集就是提供给机器学习算法用来当作经验去学习的数据。而测试集就是用来评估模型准确度等泛化能力的，测试集的数据作为模型没学习过的新数据输入到模型里，可以检测模型的输出结果的准确度。这里还涉及验证集，验证集的数据和测试集的作用类似，都是用来检测模型表现的，不同的是测试集是用于测试训练好的模型的，而验证集是模型在训练过程中用来自身检验的数据集，所以验证集大多都是在模型训练过程中用来调整参数的。需要注意的是这三个数据集都是独立的，不能交叉重合。

结合剪枝来理解，决策树算法根据训练集数据进行学习和分支，并且可以随时计算模型在训练集上的准确度。而验证集的数据样本对于模型来说是没学习过的新数据，将验证集的数据样本作为输入，可以计算得到此时模型在验证集上的准确度。决策树模型分叉数与错误率的趋势如图 3-16 所示，刚开始随着模型开始训练和分叉数量的增多，决策树模型在训练集和验证集上的错误率都是逐步下降的，但当模型不断学习而分叉达到一定数量时，模型已经过度拟合训练集自身的噪声，虽然在训练集上的错误率还在不断下降，但在验证集上的错误率反而越来越高，此时就出现了过拟合现象。这时就需要对决策树模型进行剪枝，主动去掉之后过多的分支，停止在验证集上表现最好的决策树模型。

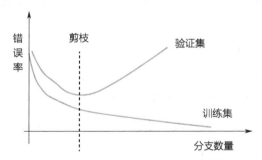

图 3-16　决策树模型分叉数与错误率的趋势示例图

③ "是啥叉"：叶节点的标识。知道了怎么分叉以及什么时候停止分叉，最后还需要了解的就是怎么决定每个叶节点的标识结果。这个决定准则也看起来十分"草率"地符合"大多数"的理论，简单来说就是看这个叶节点大多数样本都是什么标识。即判断这个叶节点的每个样本类别的占比，选择占比最大的类别作为这个叶节点的标识类别。

解决了以上三个问题后，就基本上能够用训练集数据学习出一个决策树模型了。当有新的数据需要用决策树模型输出标识时，将新的数据作为模型的输入，它就可以按照模型训练好的分叉规则和分支一步一步走向对应的决策叶节点，找到自己所属的标识类别。

3）分类树和回归树。机器学习算法根据解决任务的不同，可以分为分类和回归两大类。分类和回归的区别在于输出变量的类型。如果输出的变量是离散的，称为分类，如上述苹果品种的分类问题需要输出的就是苹果品种的离散型变量。如果需要输出的是连续变量，称为回归。同样是苹果的数据集，如果这时需要模型输出的不再是预测品种，而是预测售价，由于价格是连续型变量，此时就成为一个回归问题。

决策树算法可以分为分类树和回归树两大类。顾名思义，分类树对应分类任务，模型输出是不同的分类类别，回归树解决回归问题，对应模型需要输出是连续型的预测值。回归树和分类树的逻辑大体是相同的，不同的是，在计算不纯度时，需要用数值型的不纯度指标去测量，如残差平方和等；还有在判断叶节点的决策时不再适用于"大多数"理论，但可以用当前叶节点的所有样本的均值来作为输出决策预测值。

（2）k 近邻：邻居间的近朱者赤

1）基本思路。k 近邻算法的基本思路非常简单直接：根据最近的"邻居"们的标记决定自己的标记。听上去有点"从众"的意思，而且 k 近邻算法甚至"懒"到不需要经过学习和训练的过程。作为监督学习的一种算法，首先要有一些标记好的训练集数据。当有新数据，即待测点，需要用 k 近邻算法进行决策时，先计算待测点和所有训练集样本之间的距离，找到距离待测点最近的 k 个样本数据，用这 k 个样本数据的标记去决定待测点的标记。

一个简单的 k 近邻分类模型示意图如图 3 – 17 所示，三角形和圆形是训练集标记为两类的数据样本点，方形是待测点。如果设置 $k=3$，距离待测点最近的 3 个训练集样本点中有两个三角形和一个圆形，根据"大多数"规则，待测点应标记为三角形。若 $k=5$，距离待测点最近的 5 个邻居的"大多数"变成了圆形，所以此时待测点应被标记为圆形。

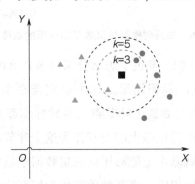

图 3 – 17　k 近邻分类模型的示意图

2）关键问题。

① 距离的计算。找到距离最近的邻居，首先要解决的问题就是怎样去计算距离。计算距离的公式和算法有很多，比如欧氏距离、曼哈顿距离、切比雪夫距离和马氏距离等。其中最常用的就是欧氏距离，数据样本之间的欧氏距离是基于两个数据样本各个特征之间的距离计算求得。比如训练集数据样本 x_i 和待测点 x_j 之间的欧氏距离 $D_E(x_i, x_j)$：

$$D_E(x_i, x_j) = \sqrt{(x_{i_1} - x_{j_1})^2 + (x_{i_2} - x_{j_2})^2 + \cdots + (x_{i_d} - x_{j_d})^2}$$

式中，x_{i_1} 对应样本 x_i 的第一个特征值；x_{j_1} 对应待测点 x_j 的第一个特征值；以此类推。

需要注意的是对于距离计算，特征值的取值规模很重要。如果单个特征的取值具有较大的分布，那么在计算距离时这单个特征就会对计算值产生较大影响，从而掩盖了其他特征值对距离的影响。所以在计算距离时对特征值进行标准化就尤为重要了，以下公式提供了一种标准化的方法，$X_{standard}$ 为标准化后的数据。各特征值经过标准化后都处于同一个数量级别上，这样在计算距离时就可以"公平竞争"了。

$$X_{standard} = \frac{X - \mu}{\sigma}$$

式中，X 为特征值原始数据；μ 为原始数据的均值；σ 为原始数据的标准差。

② k 值的选择。从图 3-17 中，已经发现不同的 k 值会对待测点的标记产生直接影响。k 值的选择也是 k 近邻算法关键的一步，它决定着由来自训练集的多少个邻居去影响待测点的决策类别。如果 k 值太小，会导致训练集的噪声对决策结果产生过大影响，造成过拟合现象的发生；如果 k 值太大，又无法完全捕捉局部的趋势，也会导致模型效果欠佳。

那如何选出最优的 k 值呢？其中一个直接的方法就是选出一些 k 值的候选值，用之前提到的验证集去分别检验这些候选 k 值训练出的模型的准确率，最后理所当然选择最高准确率对应的 k 值就好。

③ 决策的制定。解决完以上两个问题，现在就可以找到距离待测点最近的 k 个邻居了。接下来只需要知道如何根据这 k 个最近邻去判决待测点标记就好了。和决策树算法一样，k 近邻算法同样也可以解决分类和回归两类问题。对于分类任务，通常选择邻居的大多数，即把待测点分类到 k 个最近邻中占比最高的类别中。对于回归问题，可以选择邻居的均值，即输出待测点的预测值为 k 个最近邻标记值的均值。

（3）朴素贝叶斯：概率说了算

1）基本思路。朴素贝叶斯算法是一种常用的基于概率统计的分类算法。算法逻辑其实也很简单直接，一句话概括为属于哪个类别的概率大，就划分到哪个类别下，也就是所谓的"概率说了算"。先了解算法的基本思路，设 $x = \{a_1, a_1, \cdots, a_d\}$ 为一个待分类项，每个 a_i 为 x 的一个特征属性，有 $y = \{y_1, y_1, \cdots, y_k\}$ 一个类别集合。对于给定的待分类项 x，求解在此项出现的条件下各个类别 y 出现的概率，即 $P(y_1 \mid x)$，$P(y_2 \mid x)$，$\cdots$，$P(y_k \mid x)$。分类的判决逻辑也很直接，哪个类别下的条件概率最大，就把此待分类项归属于哪个类别，即 $P(y_j \mid x) = \max\{P(y_1 \mid x), P(y_2 \mid x), \cdots, P(y_k \mid x)\}$，$x \in y_j$。

2）关键过程。既然是基于概率统计，就免不了涉及数学概念和统计公式，但为了更方便理解，会尽量避免牵扯过多数学概念，以最简单直接的方式让大家在整体算法逻辑上对朴素贝叶斯有大体认识。现在通过上述算法基本思路的介绍，不难看出算法的关键在于计算待分类项属于各个类别 y 的条件概率 $P(y_i \mid x)$，即 $P(y_1 \mid x)$，$P(y_2 \mid x)$，$\cdots$，$P(y_k \mid x)$。

首先介绍两个数学概念，之后 $P(y_i \mid x)$ 的计算和转化过程也都基本上根据这两个公式可以解释。第一个需要了解的概念是条件概率，条件概率是指事件 A 在事件 B 发生的条件下发生的概率，可以表示为 $P(A \mid B)$，读作"A 在 B 发生的条件下发生的概率"，结合贝叶斯公式可得 $P(A \mid B) = \dfrac{P(AB)}{P(B)} = \dfrac{P(B \mid A) \times P(A)}{P(B)}$。第二个涉及的公式是全概率公式，若事件 A_1，A_2，$\cdots$，A_n 构成一个完备事件组且都有正概率，则对任意一个事件 B，有如下公式成立：$P(B) = \sum\limits_{i=1}^{n} P(B \mid A_i) \times P(A_i)$。

对于上述数学概念有了基本了解后，开始求解待分类项属于各个类别 y 的条件概率 $P(y_i \mid x)$。首先根据贝叶斯公式对 $P(y_i \mid x)$ 进行转化，可得 $P(y_i \mid x) = \dfrac{P(x \mid y_i) \times P(y_i)}{P(x)}$，现在求解的难点在于分子上 $P(x \mid y_i)$ 是所有属性上的联合概率，很难直接从训练集上统计估计。所以现在的任务是继续对公式进行进一步转化，直到可以由训练集数据直接统计得到为止。接下来的转化就涉及朴素贝叶斯的一个重要假设，也就是朴素贝叶斯为何"朴素"的原因，它假设待分类项的各个属性相互独立，也就是每个属性独立地对分类结果发生影响。所以根据这个假设，可以转化得到 $P(y_i \mid x) = \dfrac{P(x \mid y_i) \times P(y_i)}{P(x)} = \dfrac{P(a_1 \mid y_i) \times P(a_2 \mid y_i) \cdots P(a_d \mid y_i) \times P(y_i)}{P(x)}$。对于分母 $P(x)$，由之前介绍的全概率公式可以转化得到，即 $P(x) = \sum\limits_{i=1}^{k} P(x \mid y_i) \times P(y_i)$，惊喜地发现转化得到的结果和上一步 $P(y_i \mid x)$ 的分子转化前完全类似，只不过是由它在各个类别上的计算值累加得到。所以根据之前的转化基础理所当然地可以得到 $P(y_i \mid x) = \dfrac{P(a_1 \mid y_i) \times P(a_2 \mid y_i) \cdots P(a_d \mid y_i) \times P(y_i)}{\sum\limits_{i=1}^{k} P(x \mid y_i) \times P(y_i)} =$

$\dfrac{P(a_1 \mid y_i) \times P(a_2 \mid y_i) \cdots P(a_d \mid y_i) \times P(y_i)}{\sum\limits_{i=1}^{k} P(a_1 \mid y_i) \times P(a_2 \mid y_i) \cdots P(a_d \mid y_i) \times P(y_i)}$。

公式转化到这步可以松一口气了，现在待分类项出现各个类别 y 出现的条件概率 P $(y_i \mid x)$ 就可以完全由训练集数据进行训练和计算得到了。为什么这么说呢，根据 $P(y_i \mid x)$ $= \dfrac{P(a_1 \mid y_i) \times P(a_2 \mid y_i) \cdots P(a_d \mid y_i) \times P(y_i)}{\sum\limits_{i=1}^{k} P(a_1 \mid y_i) \times P(a_2 \mid y_i) \cdots P(a_d \mid y_i) \times P(y_i)}$ 的最终转化结果，看似复杂的公式，其实

只涉及 $P(y_i)$ 和 $P(a_j \mid y_i)$ 两类值的计算。其中 $P(y_i)$ 是类别 y_i 的占比，表示为 $P(y_i) = \dfrac{N_{yi}}{N}$，$N_{yi}$ 是在训练集标记为 y_i 的数据样本个数，N 是训练集样本总数。$P(a_j \mid y_i)$ 是指在类别 y_i 中，特征值 a_j 出现的概率，即 $P(a_j \mid y_i) = \dfrac{N_{aj} \mid y_i}{N_{yi}}$，$N_{aj} \mid y_i$ 是在训练集标记为 y_i 的数据样本中，a_j 出现的次数。

就这样对于任何待测项，都可以通过训练集数据训练和计算得到它属于各个类别 y 出现的条件概率 $P(y_i \mid x)$，即 $P(y_1 \mid x)$，$P(y_2 \mid x)$，$\cdots$，$P(y_k \mid x)$。最后只需要将待测项标记为条件概率最大的类别，就可以完成朴素贝叶斯算法分类标记，即 $P(y_j \mid x) = \max\{P(y_1 \mid x)$，$P(y_2 \mid x)$，$\cdots$，$P(y_k \mid x)\}$，$x \in y_j$。

需要补充的是，若 a_j 是连续型变量，在求解特征值 a_j 在类别 y_i 中出现的概率 $P(a_j \mid y_i)$ 时，无法通过直接统计概率的方式得到，因为对于连续型变量，训练集数据中无法准确地找到其每个具体取值并计算概率。这时可以假设 $P(a_j \mid y_i)$ 服从某种概率分布，然后使用训练集数据估计分布的参数就可以求解，比如高斯分布就通常被用来表示连续变量的类条件概率分布。

(4) 支持向量机：竭尽所能找到最大的差距　支持向量机 (Support Vector Machine, SVM) 是一种快速可靠的线性分类器，通过用几何方法来区分数据集中的不同类别，基本思路是求解能够正确划分训练数据集并且几何间隔最大的分离超平面。超平面如图 3-18 所示，可以看出能够将图中两类数据正确分界的平面有很多个，但是只有中间那个加粗的界面是使得属于不同类别的数据样本间隔最大的，这就是支持向量机算法中寻找的超平面。

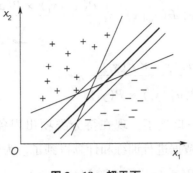

图 3 - 18　超平面

距离超平面最近的数据样本被称为支持向量，对应如图 3 - 19 所示的用圆形圈出来的三个数据样本点，不同类别的支持向量到超平面的距离之和被称为间隔 γ，支持向量机的准则是使不同类别的数据样本被尽可能大的间隔分开，也就是找到具有最大间隔的划分超平面。

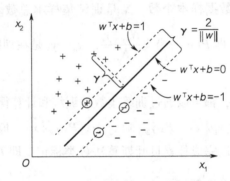

图 3 - 19　最大间隔的划分超平面

通过对目标函数添加拉格朗日乘子的方法得到其对偶问题，通过求解对偶问题而得到原始问题的解，也就是通过引入拉格朗日对偶函数，使求解 w 和 b 的过程转化为对 γ 的求解，求解过程中可使用序列最小优化（Sequential Minimal Optimization，SMO）是或梯度下降等方法。

然而在现实中并不是所有问题都能在原始空间中找到一个超平面能正确划分样本，这类问题也就是线性不可分的。这时，核函数就用来将在原始空间中线性不可分的问题映射到高维空间中，实现超平面分割。由于核函数的良好性能，可以解决维度上升造成的极大计算量问题，核函数方法使得两个低维向量无须向高维空间做映射，只需在原维度空间做简单运算，所得结果就等于其映射到高维空间后的内积。常用的核函数有线性核、高斯核和多项式核等。

以上的介绍中，默认假设对给定的样本数据集都能找到一个超平面使所有的样本都被正确分类，这也被称为"硬间隔"。但在很多现实任务中，如果严格分类会造成一部分向量与决策面很近，甚至根本无法分界。为了容忍个别异常数据，提升模型鲁棒性，就引入了"软间隔"的概念。"软间隔"的优化目标是在找到最大化间隔的同时，使分界错误的异常数据最少化，所以在目标函数中加入了损失函数对分类损失进行量化。

（5）集成学习：能用众智，则无畏于圣人矣

1）基本思路。集成学习可简单概括为通过构建多个个体学习器（弱学习器），并用一定策略将它们结合起来，从而创建一个集成模型（强学习器），以获得更好性能。这里个体学习器通常由一个上述介绍的现有的学习算法从训练数据产生，基本思路是先单独对每个模型进行训练，然后以某种方式结合这些模型的预测结果，最终得到一个优于任何单个模型的更具可靠性的预测结果。所以与其称集成学习是一种机器学习算法，它更像是一种模型优化手段，一种"集百家之所长"，能在各种机器学习算法基础上有效提高性能的方法。

举个简单的例子来直观地感受下集成学习的"魅力"。假设现在有 5 个完成训练的个体学习器，经验证，每个模型的准确率都是 70%。那么显而易见用其中任何一个分类器得到的准确率都是 70%。但如果这 5 个学习器完全独立，集成所有分类器的预测结果联合判断，也就是用投票法选择这 5 个分类器的预测结果的大多数作为最终结果，经过简单的概率统计，不难计算出这时的准确率可以达到 83.7%，明显高于能从每个单独分类器得到的准确率。

2）经典算法。

①Bagging 算法：三个臭皮匠顶个诸葛亮。Bagging 算法也称袋装法，可以简单理解为把样本训练集合拆分成多个子集，每个子集训练各自的弱学习器，多个弱学习器就好比多个"臭皮匠"的力量，结合起来就达成一个"诸葛亮"的智慧，也就形成了一个强学习器的组合最优结果。

Bagging 算法的基本思路是在容量为 N 的训练集 D 中采用自助抽样法，随机有放回地选择出 n 个样本作为训练子集 d，对每个选出来的训练子集进行训练，得到对应的弱学习模型，以上步骤重复 m 次，得到 m 个训练子集和 m 个弱学习模型，最后再根据一定的组合策略得到最终的强学习模型。

一般的组合策略有：平均法，投票法。平均法通常是对回归问题的预测，对于 m 个弱学习器的输出进行算术平均或加权平均得到最终的预测输出。投票法则主要针对分类问题的预测，一般按照少数服从多数的方式，选择 m 个弱学习器输出的分类结果中的大多数作为最终分类。Bagging 算法的流程如图 3 - 20 所示。

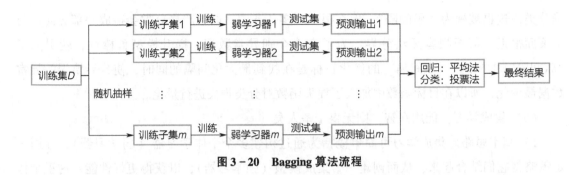

图3-20 Bagging 算法流程

② 随机森林（Random Forest）：一棵树不能解决的问题就让一片森林来解决。了解了 Bagging 算法后，随机森林算法就不难理解了，它是 Bagging 算法思想的一个代表算法。同时从名字上也可以得到一些启发，"随机"是从原始训练样本集 D 中有放回地重复随机抽取 n 个样本生成新的训练子集；"森林"是指根据重复 m 次自助抽样法生成的训练子集训练得到 m 个决策树；最后新数据的分类结果按这 m 棵决策树形成的"森林"通过投票的方式进行决策。

从上述随机森林算法的介绍中，可以理解为随机森林算法是基于 Bagging 算法思想的基础上，与决策树算法的结合，用多棵树组成的森林的力量去解决问题。需要注意的是，随机森林算法在通过训练子集训练决策树的过程中，并不会对训练子集的所有特征进行训练，而是在训练子集的所有特征中无放回地随机抽取部分特征进行训练，也就是说每棵决策树都是由训练子集的部分特征训练得到的。

③ Boosting 算法："以史为鉴，知错就改"，做更好的算法。Boosting 算法是一个迭代的拟合模型，不断地使用下一个弱学习器弥补前一个弱学习器的"错误"。比起之前 Bagging 算法通过多个弱学习器"并行"的力量升级打怪，Boosting 算法更像是"串行"地构造一个更强的学习器，通过迭代的以"历史"弱学习器的"错误"为"鉴"，不断改正，逐步提高算法性能。

Boosting 算法的基本思路是先从初始训练集训练出一个弱学习器，再根据弱学习器的表现对训练样本分布进行调整，使得先前弱学习器训练错的样本在后续受到更多关注，比如提高那些被前一轮弱分类器错误分类样本的权值，而降低那些被正确分类样本的权值。这样一来，那些没有得到正确分类的数据，由于其权值放大而受到后一轮的弱分类器的更大关注。然后基于调整后的样本分布来训练下一个弱学习器，如此重复进行"知错就改"的行为，直至达到终止条件，最后将训练过程中得到的多个弱学习器进行加权结合，通常会加大分类误差率小的弱分类器的权值。经实践验证 Boosting 算法可以有效地减小偏置，基于 Boosting

算法思路的算法模型也有很多，其中代表算法有 Adaboost，GBDT，XGBoost，LightGBM 等。

3. 机器学习之无监督学习：从未知中探索潜在规律

学习完监督学习算法后，再来了解下机器学习另一个重要分支——无监督学习算法。与监督学习"相反"，在无监督学习中，训练样本的标记信息是未知的，目标是通过对无标记训练样本的学习来揭示数据的内在性质及规律，为进一步的数据分析提供基础。

这往往与现实生活中一部分需求十分相符，现实中总会存在一些缺乏先验知识或是人工标注有困难的数据，这时人们就寄希望于计算机能从中探索出一些有帮助的信息，这类根据无标记的训练样本解决模式识别中的各种问题的算法就称为无监督学习。

（1）聚类：唯物主义学习下的自然抱团

1）基本思路。现实生活中存在这样一类问题，仅凭经验和专业知识难以确切地把事物分到几个确定的类别中，或者比起人为判断，人们更想以完全客观的角度不加任何"偏见"地探索事物之间是如何"抱团"的，而聚类算法就是解决这类问题的，它可以揭示"物以类聚，人以群分"的唯物主义下的客观规律。

聚类和之前提到的分类有什么区别呢？简单来说，分类就是为了实现把未标记的数据划分到已有的类别中。而聚类是把相似的东西分到一组。聚类的时候，并不关心某一类是什么，需要实现的目标只是把相似的东西聚到一起。比如对于苹果数据集，分类问题需要解决的是根据苹果的特征表现把苹果样本划分到已知的苹果品种类别中；而对于聚类问题，可以完全忽略苹果所属的品种，让苹果样本"自由抱团"，这样组成的各个团内的苹果可能存在一些潜在的共性，比如"清脆苹果"和"绵软苹果"等。

聚类算法是无监督学习中重要的一部分，它以分析相似性为基础，按照某个特定标准（如距离）把一个数据集分割成不同的类或簇，使得同一个簇中的对象尽可能相互接近或相关，而不同的簇中的对象尽可能远离或不同，从而实现聚类后同一类的数据尽可能聚集到一起，不同类数据尽量分离。

聚类的用途是很广泛的。在商业上，最典型的应用是帮助市场分析人员从消费者数据库中通过消费者的特征集合进行用户画像，从而区分出不同的消费群体来，并且概括出每一类消费者的消费模式或者说习惯，便于进行差异化营销。

按照不同的聚类方式，聚类算法可以分成基于划分、密度、层次及网格等聚类算法。接下来介绍的 $k-means$ 算法就是一种最经典的划分式聚类算法。基于划分的聚类算法需要事先指定簇类的数目或者聚类中心，通过反复迭代，直至最后达到"簇内的点足够近，簇间的点足够远"的目标。

2）k – means 算法。k – means 算法是一种基于划分的聚类算法，简单来说就是以距离作为数据对象间相似性度量的标准，即数据对象间的距离越小，则它们的相似性越高，它们越有可能在同一个类簇，最终实现同一聚类中的对象相似度较高，不同聚类中的对象相似度较小。聚类相似度是利用各聚类中对象的均值所获得一个"质心"（聚类中心）来进行计算的。

数据对象间距离的计算有很多种，k – means 算法通常采用欧氏距离来计算数据对象间的距离，训练集数据样本 x_i 和待测点 x_j 之间的欧氏距离 $D_E(x_i, x_j)$ 如下：

$$D_E(x_i, x_j) = \sqrt{(x_{i_1} - x_{j_1})^2 + (x_{i_2} - x_{j_2})^2 + \cdots + (x_{i_d} - x_{j_d})^2}$$

式中，x_{i_1} 对应样本 x_i 的第一个特征值，x_{j_1} 对应待测点 x_j 的第一个特征值，以此类推。

k – means 算法的算法流程如下：

a. 从 n 个数据对象任意选择 k 个对象作为初始聚类中心。

b. 对于剩下的其他对象，根据它们与这些聚类中心的相似度（距离），分别将它们划分到与其最相似的（聚类中心所代表的）聚类中，得到 k 个聚类。

c. 根据聚类结果，计算每个聚类中所有对象的均值，并作为新的聚类中心。

d. 不断重复步骤 b 和 c，直到标准测度函数开始收敛为止。

一般都采用误差平方和作为标准测度函数，公式如下：

$$SSE = \sum_{i=1}^{k} \sum_{p \in C_i} |p - m_i|^2$$

式中，SSE 是数据集中所有样本对象平方误差的总和；p 是样本点；m_i 是簇 C_i 的聚类中心。该目标函数可以使生成的各聚类本身尽可能紧凑，而各聚类之间尽可能分开。

k – means 算法有两个明显特点，一是必须根据对数据集的理解提前规定好 k 值，也就是聚为几簇；二是对初始质心点敏感，对于同一数据集设定不同的初始聚类中心，k – means 算法可能会产生不同的聚类结果，所以在使用 k – means 算法时可以进行多次随机初始化聚类中心，然后选择最佳结果。

（2）降维：克服维数灾难，达成言简意赅　在许多领域的研究与应用中，通常需要对含有多个变量的数据进行观测，收集大量数据后进行分析寻找规律。多变量大数据集无疑会为研究和应用提供丰富的信息，但是也在一定程度上增加了数据采集的工作量。更重要的是在很多情形下，许多变量之间可能存在相关性，从而增加了问题分析的复杂性。如果分别对每个指标进行分析，分析往往是孤立的，不能完全利用数据中的信息，因此盲目减少指标会损失很多有用的信息，从而产生错误的结论。因此需要找到一种合理的方法，在减少需要分析的指标同时，尽量减少原指标包含信息的损失，以达到对所收集数据进行全面分析的目的。

降维更深层次的意义在于有效信息的提取综合及无用信息的摒弃。数据降维算法是机器学习算法中的大家族，与分类、回归、聚类等算法不同，它的目标是将向量投影到低维空间，以达到某种目的，如可视化，或是提升分类、聚类的精度，避免维数灾难问题。

主成分分析（Principal Components Analysis，PCA）是最重要的数据降维方法之一，在数据压缩消除冗余和数据噪声消除等领域都有广泛的应用。PCA 是一种基于从高维空间映射到低维空间的映射方法，也是最基础的无监督降维算法，其目标是向数据变化最大的方向投影，或者说向重构误差最小化的方向投影。PCA 将数据投影到方差最大的几个相互正交的方向上，以期待保留最多的样本信息。样本的方差越大表示样本的多样性越好。在训练模型的时候，当然希望数据的差别越大越好。否则即使样本很多但是它们彼此相似或者相同，提供的样本信息将相同，相当于只有很少的样本提供信息是有用的，而样本信息不足将导致模型性能不够理想。这就是 PCA 降维的目标：将数据投影到方差最大的几个相互正交的方向上。

PCA 的主要思想是将 n 维特征映射到 k 维上，这 k 维是全新的正交特征，也称为主成分，是在原有 n 维特征的基础上重新构造出来的 k 维特征。PCA 的算法流程为：

a. 按列计算数据集 X 的均值 X_{mean}，然后令 $X_{new} = X - X_{mean}$。

b. 计算 X_{new} 的协方差矩阵 Cov，对协方差矩阵进行特征分解，求得协方差矩阵的特征值和其对应的特征向量。

c. 对特征值进行从大到小排序，选取前 k 个不为 0 的特征值，记 $\lambda_1 \geq \lambda_2 \geq \cdots \geq \lambda_k$，与之对应的标准正交特征向量分别记为 p_1，p_2，$\cdots$，p_k；

d. 将 X_{new} 投影到选取的特征向量形成的矩阵 $[p_1, p_2, \cdots, p_k]$ 上，得到降维后的数据集 X_{neww}。

（3）无监督推荐算法："猜你喜欢"中的不无道理　在大数据时代，人们感受到的最明显的红利之一就是各种系统平台越来越"懂"自己了，仿佛拿准了每个人的喜好，购物平台会个性化推荐可能喜欢的商品，视频浏览器也会猜测还可能感兴趣的视频等，这种越来越合胃口的"猜你喜欢"的背后逻辑其实就是个性化推荐算法。无监督推荐算法是通过机器学习算法在大量用户行为数据中找到商品和用户间的一些潜在联系，并据此去进行个性化推荐。这里介绍两种经典的推荐算法，关联规则和协同过滤。

1）关联规则。关联规则算法也称为购物篮分析，起源于研究消费者的交易数据，通过顾客的消费行为对顾客进行分类，实现精准定位营销。同时通过关联规则揭示出的商品之间的购买联系，也可以指导商品的陈列、库存策略以及商品的交叉销售等营销行为，比如关联规则中最经典的沃尔玛超市的啤酒和尿不湿的营销案例。这个案例中，在所有购买了婴儿尿不湿的顾客中，70％的人同时还购买了啤酒，发现这个关联规则后，超市零售商决定把婴儿尿不湿和啤酒摆在一起进行销售，结果明显提高了销售额。

关联规则算法的原理就是利用度量指标来判定数据中的强规则，就是发现满足最小支持度的频繁项集，再从中提取所有高置信度的强规则。把数据表中各项的任意组合称为项集，比如尿不湿和啤酒的组合就是订单数据集中的一个项集。支持度是项集组合中各项同时出现的概率，比如尿不湿和啤酒在所有订单数据集中同时出现的概率，如果支持度超过一定的阈值，就认为同时出现得非常频繁，很有可能是相关的，这个项集也就称为频繁项集。之后再判断频繁项集的置信度，置信度就是项集的一个条件概率，也就是案例中的尿不湿出现在订单中的条件下，啤酒出现的概率。如果置信度达到阈值说明这个频繁项集的各项的出现存在一定联系。

所以简单理解，关联规则算法就是帮助人们找到数据集中的强规则，是同时满足支持度和置信度的项集，这些项集频繁出现的同时且具有一定的联系。那么通过关联规则就可以发现购物篮中频繁同时出现且关联度高的商品组合。当然支持度和置信度的阈值都可以根据实际需求去调整，也可以设置提升度等度量指标。

2）协同过滤。协同过滤（Collaborative Filtering，CF）就是通过群体的协同作用，过滤出最推荐的可行性决策。简单来说就是通过群体的行为来找到某种相似性，通过该相似性来为用户做决策和推荐。协同过滤算法分为基于用户的协同过滤和基于物品的协同过滤两类。

①基于用户的协同过滤（User‒Based CF）。基于用户的协同过滤的思路简单来说就是给用户推荐与他兴趣相似的其他用户喜欢的物品，主要包括两个步骤，第一步要通过计算用户间的相似度，找到和目标用户兴趣相似的用户集合；第二步要找到这个集合中的其他用户喜欢的，且目标用户没有听说过的物品推荐给目标用户。

在找和目标用户最相似的其他用户时可以使用不同的相似度计算方法，如余弦相似度、皮尔逊相关系数、杰卡德相似系数和欧氏距离等。之后根据相似用户的已有评价对目标用户的偏好进行预测时，最常用的方式是利用用户相似度和相似用户的评价的加权平均获得目标用户的评价预测，比如一种常用的对目标用户的偏好进行预测的具体计算方法是

$R_{T,p} = \dfrac{\sum (D_{T,u} \times R_{u,p})}{\sum D_{T,u}}$，其中 $D_{T,u}$ 是目标用户 T 和用户 u 之间的相似度，$R_{u,p}$ 是用户 u 对物

品 p 的喜好评分，而 $R_{T,p}$ 就是目标用户 T 对物品 p 的偏好预测结果。

以一个简单的苹果品种推荐数据集为例，数据集展示了不同用户对不同苹果品种的喜好评分（0~5分），具体示例见表 3-1。

表 3-1 苹果品种推荐数据集

	黄元帅	红富士	嘎啦	花牛
目标用户 T	5	3	4	?
用户 A	3	1	2	3
用户 B	4	3	4	4
用户 C	5	2	4	5
用户 D	1	5	1	2

从数据中可以看出，苹果品种"花牛"对于目标用户来说是没有听说过的物品，需要通过采用基于用户的协同过滤算法，预测目标用户对"花牛"的喜好评分，依此判断是否向目标用户推荐该品种。

首先需要计算目标用户与其他用户之间的相似度，并选择相似度排在前 n 的用户作为"最相似"的用户集合。这里使用余弦相似度计算方法，由表 3-1 中的数据样例计算可得目标用户 $T(5，3，4)$ 和用户 $A(3，1，2)$ 之间的相似度 $D_{T,A} = \dfrac{5 \times 3 + 3 \times 1 + 4 \times 2}{\sqrt{25 + 9 + 16} \times \sqrt{9 + 1 + 4}} = 0.98$，

同理可以计算出目标用户 T 与用户 B、用户 C 和用户 D 之间的相似度分别为 0.99、0.99 和 0.65。如果 n 取 2，即选相似度排在前 2 个的用户作为与目标用户"最相似"的用户集合，那么接下来就是要通过用户 B 和用户 C 对"花牛"的喜好评分预测目标用户对"花牛"的评分。根据上述提到的对目标用户的偏好进行预测的计算方法，可以得到目标用户 T 对"花牛"的评分 $R_{T，花牛} = \dfrac{D_{T,B} \times R_{B，花牛} + D_{T,C} \times R_{C，花牛}}{D_{T,B} + D_{T,C}} = \dfrac{0.99 \times 4 + 0.99 \times 5}{0.99 + 0.99} = 4.5$，这样就得到了目标用户 T 对"花牛"的喜好评分预测值为 4.5，排在目标用户 T 对各苹果品种喜好程度的第 2 位，如果此时判断的阈值为 3，则可以将"花牛"推荐给目标用户 T。

② 基于物品的协同过滤（Item-Based CF）。基于物品的协同过滤算法是给用户推荐与他之前喜欢的物品相似的物品，基本思想是预先根据所有用户的历史偏好数据计算物品之间的相似性，然后把与目标用户喜欢的物品相类似的物品推荐给目标用户。需要注意的是基于物品的协同过滤算法并不是利用物品的内容属性计算物品之间的相似度，而是通过分析用户对物品的偏好计算物品之间的相似度。

如果用基于物品的协同过滤算法预测目标用户对"花牛"的喜好评分的话，首先要计算"花牛"与其他3个苹果品种的相似度，找到与"花牛"最相似的 n 个苹果品种。本例中依然选择使用余弦相似度计算方法，由表3－1中的数据样例计算可得"花牛"（3，4，5，2）与"黄元帅"（3，4，5，1）的相似度 $D_{花牛,黄元帅} = \dfrac{3 \times 3 + 4 \times 4 + 5 \times 5 + 2 \times 1}{\sqrt{9 + 16 + 25 + 4} \times \sqrt{9 + 16 + 25 + 1}} = 0.99$，同理可得"花牛"与"红富士"和"嘎啦"的相似度分别为0.76和0.98，如果 n 取2，则与"花牛"最相似的两个苹果品种为"黄元帅"和"嘎啦"。然后就可以根据目标用户对"黄元帅"和"嘎啦"的喜好评分去预测目标用户对"花牛"的喜好评分 $R_{T,花牛} = \dfrac{D_{花牛,黄元帅} \times R_{T,黄元帅} + D_{花牛,嘎啦} \times R_{T,嘎啦}}{D_{花牛,黄元帅} + D_{花牛,嘎啦}} = \dfrac{0.99 \times 5 + 0.98 \times 4}{0.99 + 0.98} = 4.5$，这样就得到了在基于物品的协同过滤算法下目标用户对"花牛"的喜好评分。

4. 模型评估：世上没有完美的算法

解决同一任务的算法多种多样，那么在这么多可供选择的算法和参数中，应该怎么选择呢？哪个才是针对该问题的最优解呢？下面介绍对算法模型的评估。

机器学习算法中的误差一般分为偏差和方差两种，偏差指的是模型在训练过程中拟合特征和输出结果间出现的误差，方差指的是由于模型拟合了训练集数据的噪声造成的误差。可以简单理解为偏差就是由于模型没能很好地拟合训练集特征和输出之间的关系造成的欠拟合带来的误差，方差是由于模型过度拟合了训练集独有的微小噪声反而降低了在其他数据上的表现造成的过拟合带来的误差，所以模型很难做到"两全"，即无法同时完全避免偏差和方差。

高方差低偏差的模型复杂度偏高，能很好地捕捉训练集的细微特征，同时出现过拟合问题的概率高，模型虽然在训练集上表现优秀，但在除训练集外的其他测试数据上反而表现欠佳。而高偏差低方差的模型复杂度低，可以避免过拟合问题，但是有可能因为训练时欠拟合而错过了训练集的重要规律，导致模型在训练集和测试集上的表现都欠佳。

那具体如何评估模型表现的好坏呢？处理不同任务的模型的评估方法不同，从回归和分类两类问题分别进行分析。

回归模型的评价指标主要用于评估模型输出的预测值与真实值之间的差异大小，其中常用的评价指标有平均绝对值误差（Mean Absolute Error，MAE），是计算每一个样本的预测值和真实值的差的绝对值，然后求和再取平均值，其公式为 $\text{MAE} = \dfrac{1}{m}\sum\limits_{i=1}^{m} |y_i - \hat{y}_i|$（$y_i$ 表示真实值，$\hat{y}_i$ 表示模型输出预测值）；均方误差（Mean Squared Error，MSE）是计算每一个样本

的预测值与真实值差的平方，然后求和再取平均值，其公式为 $MSE = \dfrac{1}{m} \sum\limits_{i=1}^{m} (y_i - \hat{y}_i)^2$；均方根误差（Root Mean Squared Error，RMSE）是在均方误差的基础上再开平方，其公式为 $RMSE = \sqrt{\dfrac{1}{m} \sum\limits_{i=1}^{m} (y_i - \hat{y}_i)^2}$。以上计算误差类指标都是结果值越小，模型效果越好，但是并不知道这些指标值到底是多少的时候算小，这就需要一个基准值作为比较。一般情况下，可以用真实值的平均值作为一个基准预测值，并计算得到此时的误差类指标值作为基准值比较，模型输出的预测结果的误差类指标只有在小于基准值时才是一个有效的预测模型。

此外，对于回归类模型还有一个常用的评估模型解释力的评价指标决定系数 R^2（R – Squared），用于度量因变量的变异中可由自变量解释部分所占的比例，将已解释的方差除以总方差，代表了总方差被预测变量所解释或决定的比率，其公式为 $R^2 = 1 - \dfrac{\sum\limits_{i=1}^{m} (y_i - \hat{y}_i)^2}{\sum\limits_{i=1}^{m} (y_i - \bar{y})^2}$（$\bar{y}$ 表示真实值的平均值）。决定系数R^2的值在 $0 \sim 1$ 之间，R^2 越接近于 1，说明模型的效果越好，越接近于 0，说明模型效果越差。

分类问题的评价指标里最常用的就是准确率了，在介绍准确率之前，先了解一下混淆矩阵，见表 3 – 2，每一行之和表示该类别的真实样本数量，每一列之和表示被预测为该类别的样本数量。TP（True Positive）表示真实值为 1，预测值也为 1 的样本数量，即 n_{11}；FN（False Negative）表示真实值为 1，预测值为 0 的样本数量，即n_{10}；FP（False Positive）表示真实值为 0，预测值为 1 的样本数量，即n_{01}；TN（True Negative）表示真实值为 0，预测值也为 0 的样本数量，即n_{00}。准确率 accuracy 是预测正确的样本比例，即 $accuracy = \dfrac{TP + TN}{TP + FP + FN + TN} = \dfrac{n_{11} + n_{00}}{n_{11} + n_{01} + n_{10} + n_{00}}$。

表 3 – 2　混淆矩阵

混淆矩阵		预测值	
		1	**0**
真实值	1	TP（n_{11}）	FN（n_{10}）
	0	FP（n_{01}）	TN（n_{00}）

准确率作为分类问题的评价指标可以评估模型预测结果的精准程度，但却忽略了不同类别预测准确的重要程度不同，比如在预测患者是否患有某种疾病时，在实际为"患有"的类别下预测结果为"患有"的成功率远远重要于整体分类的准确率，也就是说在这种情况下 $\dfrac{TP}{TP + FN} = \dfrac{n_{11}}{n_{11} + n_{10}}$ 的结果值比准确率更重要。所以根据不同的评估需求，可以使用不同的评价指标。比如刚才提到的在真实值为 1 的情况下，预测正确的命中率为 TPR（True Positive Rate），也称为灵敏度（Sensitivity），即 $Sensitivity = \dfrac{TP}{TP + FN} = \dfrac{n_{11}}{n_{11} + n_{10}}$；对应还有在真实值为 0 的情况下，预测正确的命中率为 TNR（True Negative Rate），也称为特异度（Specificity），即 $Specificity = \dfrac{TN}{TN + FP} = \dfrac{n_{00}}{n_{00} + n_{01}}$；FPR（False Positive Rate），即 $1 - Specificity$，即 $FPR = \dfrac{FP}{TN + FP} = \dfrac{n_{01}}{n_{00} + n_{01}}$；FNR（False Negative Rate），即 $1 - Sensitivity$，即 $FNR = \dfrac{FN}{TP + FN} = \dfrac{n_{10}}{n_{11} + n_{10}}$。

理想情况下，Sensitivity 和 Specificity 结果值都为 1 时模型表现最佳，但实际应用中很难做到，因此只能根据模型的应用需求综合考虑 Sensitivity、Specificity 和准确率等评价指标的重要程度后选取更为重要的指标，或者在多个指标中取一个较优的权衡值。如图 3 - 21 所示，在某模型中随着分类阈值的增大，Sensitivity 逐渐下降，而 Specificity 逐渐上升，并在阈值在 0.4 左右时相交，此时准确率也处于较高的位置，那么对于该模型来说，阈值设置在 0.4 左右就比较合适。

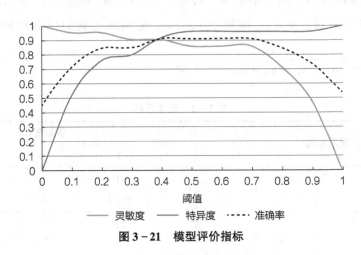

图 3 - 21　模型评价指标

除了以上混淆矩阵涉及的评价指标外，ROC（Receiver Operating Characteristic）曲线也是一种常见的分类问题评价方法。ROC 曲线以 TPR 为纵轴，FPR 为横轴，体现了模型在不同分类阈值或样本分布等影响下 TPR 和 FPR 之间的关系。如图 3-22 所示，浅灰色和黑色的曲线分别代表 M1 和 M2 两个模型的 ROC 曲线，从 ROC 曲线上看 M1 的表现明显优于 M2，因为在相同的 TPR 下，M1 有更低的 FPR。同时 M1 和 M2 也可以表示同一模型分别在训练集和测试集上的 ROC 曲线，在训练集上的表现普遍会稍微优于在测试集上的表现，但如果两条 ROC 曲线差距过大，就说明有可能出现了过拟合的现象。与 ROC 曲线紧密相关的还有 AUC（Area Under ROC Curve）指标，是由 ROC 曲线下的面积计算得来的，AUC 越大代表模型表现越好，但这存在一个明显的漏洞，AUC 计算数值偏大也有可能是由 FPR 结果值大造成的，所以 AUC 评价指标的使用要根据模型实际情况谨慎选择。

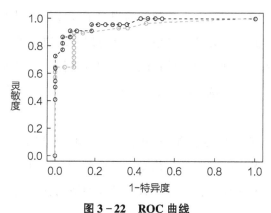

图 3-22　ROC 曲线

5. 传统机器学习的困境：昨日"烜赫一时"或是"时过境迁"

简单机器学习算法在很多不同的重要问题上效果都良好。但是它们不能成功解决人工智能中的核心问题，在语音识别、自然语言处理和图像识别等很多任务中的表现明显欠佳。

传统的机器学习方法的泛化机制不适合处理高维空间中的复杂函数，这也部分解释了为什么传统的机器学习方法很难应用在语音识别或图像识别上。通常情况下，比较复杂的任务往往对应着比较复杂的模型，特别是大量复杂数据和多特征的情况下更是如此。当数据的维数很高的时候，很多机器学习问题变得相当困难，也就是常听到的维数灾难。

其次，机器学习算法往往会提出更强的、针对特定问题的假设。人工智能任务的结构非常复杂，很难限制到简单的、人工手动指定的性质，如周期性，因此需要学习算法具有更通用的假设。

并且，经典的机器学习算法通常需要复杂的特征工程。首先在数据集上执行深度探索性数据分析，然后做简单的降低维数的处理。最后，选择最佳功能并传递给机器学习算法。

这样不但增加了复杂的特征工程的工作量需求，同时也限制了机器学习算法的适应性和转换性。传统的机器学习算法很难适应不同的领域和应用，因为构建高性能机器学习模型需要特定领域和特定应用的机器学习技术和特征工程。对于不同的领域和应用而言，经典机器学习的知识库是非常不同的，并且通常需要在每个单独的区域内进行广泛的专业研究。

3.3.2 用深度学习技术，完成从感知到认知的跃迁

1. 深度学习的命运变迁

深度学习是机器学习领域中一个新的研究方向，其动机在于建立、模拟人脑进行分析学习的神经网络。它被引入机器学习使其更接近于最初的目标——人工智能。深度学习是近年来发展十分迅速的研究领域，并且在人工智能的很多子领域都取得了巨大的成功。从根源来讲，深度学习是机器学习的一个分支，是指一类问题以及解决这类问题的方法，旨在通过一系列基于神经网络的算法和模型实现自动化的学习和分类任务。深度学习近年来得到了广泛的关注和应用，成为人工智能领域中最具活力的研究方向之一。而其也经历了起源、发展和爆发阶段。

深度学习的起源可以追溯到20世纪40年代，当时心理学家McCulloch和逻辑学家Pitts提出了一个基于神经元（Neuron）的数学模型。这个模型在20世纪50年代被引入到机器学习领域，成为最早的神经网络模型，开创了人工神经网络的新时代，也奠定了神经网络模型的基础。

其后，1949年，加拿大著名心理学家唐纳德·赫布在《行为的组织》中提出了一种基于无监督学习的规则——赫布学习规则（Hebb Rule），是模仿人类认知世界的过程建立的一种网络模型。20世纪50年代末，美国科学家罗森布拉特提出了由两层神经元组成的神经网络，称为"感知器"，感知器的提出吸引了大量科学家对人工神经网络研究的兴趣。但由于当时计算能力有限以及发现单层感知器无法解决线性不可分等问题，神经网络模型并没有得到广泛的应用和发展。

直到20世纪80年代，深度学习进入发展阶段，Rumelhart等人提出了一种叫作误差反向传播（Back Propagation，BP）算法的训练方法，完美地解决了非线性分类问题，使得神经网络模型的训练变得更加高效和稳定，让人工神经网络再次引起了人们广泛的关注。但是由于当时计算机的硬件水平有限，使得BP算法的发展受到了很大的限制，深度学习的发展进入低谷期。再加上此时，支持向量机等其他机器学习算法开始受到广泛关注，人工神经网

络的发展再次进入了瓶颈期。

2006 年，加拿大多伦多大学教授 Geoffrey Hinton 等人提出了一种新的深度学习模型，这个模型不仅可以解决之前深度学习面临的梯度消失等问题，而且在图像分类、语音识别等领域中取得了非常好的效果，标志着深度学习进入了爆发阶段。随后，深度学习得到了广泛的关注和应用。Google、Microsoft、Facebook 等科技巨头都开始投入大量的资源和精力进行深度学习研究和开发。在深度学习的推动下，神经网络模型也得到了更多的改进和优化。

此后，深度学习在图像识别、语音识别、自然语言处理等领域中取得了一系列的突破。例如，2012 年，Alex Krizhevsky 等人在 ImageNet 图像识别比赛中采用了 AlexNet 模型，开始了深度学习在计算机视觉领域中的广泛应用。2014 年 Google 开发了一种叫作 Google Brain 的深度学习框架，可以自动识别 YouTube 上的猫。同时 Facebook 基于深度学习技术的 DeepFace 项目，在人脸识别方面的准确率已经能达到 97% 以上。以及 2016 年轰动一时的谷歌基于深度学习开发的 AlphaGo 完胜国际顶尖围棋高手，深度学习的热度一时无两。

2. 认识深度学习：人工智能新希望

（1）人工神经网络：模拟生物大脑如何思考

1）构建神经网络，从神经元到前馈神经网络。

① 神经元。正如生物学中定义的，神经元是组成神经网络的最小单元，人工神经网络也同样如此，现在先来了解下"人工"神经元。最常用的 M－P 神经元模型（见图 3－23）是按照生物神经元的结构和工作原理构造出来的一个抽象和简化了的模型。在图 3－23 所示 M－P 神经元模型中，神经元接收来自 n 个其他神经元传递过来的输入信号 x_i，这些信号通过带权重 w_i 的连接进行传递，神经元将接收到的信号进行加权求和得到其总输入 $\sum\limits_{i=1}^{n} w_i x_i$，接着与神经元阈值（偏置）$\theta$ 进行比较得到中间变量 $z = \sum\limits_{i=1}^{n} w_i x_i - \theta$，最后中间变量通过激活函数 f 的处理后得到神经元的输出值 $y = f(z) = f\left(\sum\limits_{i=1}^{n} w_i x_i - \theta\right)$。

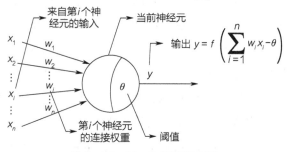

图 3－23　M－P 神经元模型

激活函数的主要作用就是加强网络的表达能力和学习能力，希望它尽可能简单且最好连续可导。在实际应用中，常把较平滑和连续的 sigmoid 函数用作激活函数 f，典型的 sigmoid 函数为 $f(z) = \dfrac{1}{1 + e^{-z}}$。

② 前馈神经网络。神经网络就是由多个 M – P 神经元模型按照一定的结构连接起来构成的。前馈神经网络是一种典型的神经网络结构。它采用一种单向多层结构，其中每一层包含若干个神经元。在前馈神经网络中，各神经元可以接收前一层神经元的信号，并产生输出到下一层，层内无连接。第 0 层叫输入层，最后一层叫输出层，其他中间层叫作隐藏层。隐藏层可以是一层，也可以是多层。整个网络中无反馈，信号从输入层向输出层单向传播，可用一个有向无环图表示。典型的多层前馈神经网络如图 3 – 24 所示。在神经网络中这样每一层的输出作为下一层的输入，从而一层一层地传播下去就叫作前向传播。

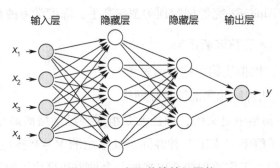

图 3 – 24　多层前馈神经网络

一般根据任务的实际数据情况，输入层和输出层的神经元个数都可以确定。所以神经网络的结构就在于隐藏层的设计，包括隐藏层层数的设定以及每层神经元个数的规划。隐藏层层数越多，神经网络模型的训练误差越小，但提高了精准度的同时也使网络结构更复杂，增加了网络中各参数的训练时间。同时网络结构的设计也需要衡量隐藏层神经元数量的影响，神经元数过少，网络学习能力弱，训练精度较低；神经元数过多，网络复杂，容易出现过拟合现象。所以神经网络结构的搭建是非常重要的一步，它会直接影响网络模型的表现。

另外，面对多分类问题，通常输出层的激活函数可以替换为 Softmax 函数，也称归一化函数。如十分类任务，输出层相应存在 10 个神经元，每个神经元代表着一个分类类别，经过 Softmax 函数的计算为每个输出分类的结果都赋予一个概率值，表示属于每个类别的可能性，且所有值的总和等于 1。也就是 Softmax 层的输出会映射成一个 10 维概率向量，可以直观地选择输出相对概率最大的类别作为最后的输出类别。

通用近似定理（Universal Approximation Theorem）表明"一个包含足够多隐藏层神经元

的多层前馈网络，能以任意精度逼近任意预定的连续函数"，足以说明前馈神经网络具有很强的拟合能力。本章节人工神经网络的介绍中就以最典型的前馈神经网络结构为基础。

2）评估网络表现，损失函数判误差。经过上述神经网络的构造，已经形成了一个有前向传播输出能力的模型。那怎么评估输出的质量呢？这时就是损失函数发挥作用的时候了。这里所谓"损失"指的是模型预测结果与实际结果之间的差别，损失函数也就是评估神经网络性能的指标，表示当前的神经网络对真实数据在多大程度上不拟合，在多大程度上不一致。当然神经网络训练的最终目标是要将"损失"降到最低，让模型输出的预测值最大程度地接近实际结果。当搭建好神经网络的架构后，模型表现的好坏就决定于各参数的取值，所以训练过程就是在不断寻找最优参数配置使损失函数的值尽可能小，损失函数也就成为模型学习的"线索"和参照。

均方误差和交叉熵误差是两种常用的损失函数。当执行回归任务时可以选择均方误差作为损失函数，通过实际值和预测值之间平方差的均值计算得到，样本数量为 n 的均方误差表示为 $\mathrm{MSE} = \dfrac{1}{n}\sum\limits_{i=1}^{n}(\hat{y}_i - y_i)^2$ ，其中 $\hat{y}_i$ 是模型输出的预测值，y_i 是实际值。交叉熵误差是分类任务常用的损失函数，可以计算概率分布之间的距离。在分类问题中，可以用 one-hot 编码的方式将分类结果表示为概率分布的形式，如一个三分类的结果可以表示为 $\begin{bmatrix} 0 \\ 1 \\ 0 \end{bmatrix}$ ，它代表该分类结果属于第二类，表现为属于第一类和第三类的概率是 0，而属于第二类的概率是 1。交叉熵误差表示为 $E(y_i, \hat{y}_i) = -\sum y_i \times \log \hat{y}_i$ ，y_i 表示实际分类结果的概率分布，$\hat{y}_i$ 表示预测结果的概率分布，交叉熵的结果同样也总是大于或等于 0 的，越接近于 0 说明两个概率分布之间越接近。

3）迭代调参，梯度下降与反向传播。神经网络模型的调优和训练指的就是对搭建好的神经网络根据前向传播计算出的损失来迭代地调整和优化网络参数，最终使损失最小化的过程。神经网络中最常用的调参算法就是梯度下降。这里的梯度是指网络参数变化时，神经网络的损失函数随参数变化而变化的程度，在数学中梯度也就是损失函数对神经网络参数的导数，这也是之前要求激活函数最好处处可导的原因。梯度下降就是通过损失函数对参数求导从而优化神经网络参数的一种方法，调参公式为 $w_{\mathrm{new}} = w - \eta \dfrac{\partial L}{\partial w}$ ，其中 η 表示学习率。

如图 3-25 所示，曲线表示神经网络中损失函数值 L 随某参数 w 调整的变化情况。从

图 3 –25 中看出，在 a 点处，损失函数对参数的导数 $\frac{\partial L}{\partial w} < 0$，按照调参公式，本次调整后得到的 w_{new} 要在原来取值 w 上向右调整 $-\eta \frac{\partial L}{\partial w}$ 大小。当参数 w 通过多次迭代调整到达 b 点处时，损失函数对参数的导数 $\frac{\partial L}{\partial w} \approx 0$，此时按照调参公式，参数几乎不再更新，而且在图 3 – 25 中可以看出，b 点正好在损失函数值的最低点对应的参数附近，此时的参数已经是使损失函数最小化的最优取值。就算参数计算调整中，不小心越过 b 点直接探索到了 c 点，此时 c 点对应的损失函数对参数的导数 $\frac{\partial L}{\partial w} > 0$，按照调参公式 $w_{\text{new}} = w - \eta \frac{\partial L}{\partial w}$，参数还是会返回向左调整，最终也会调整到损失函数值最低点对应的参数 b 点附近。

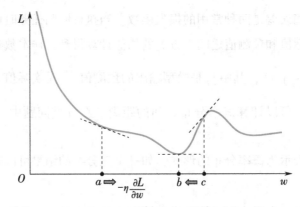

图 3 – 25　梯度下降对参数调整的简单示意

通过上述梯度下降对一个参数调整的简单示意，对梯度下降的调参过程有了大致的了解。但是实际中梯度下降算法会复杂很多，因为神经网络涉及的参数数量实在不小，在对神经元的介绍中提到，每个神经元都有偏置参数，而且和每个与之相连接的神经元之间都有权重参数，再经过激活函数的计算，一层一层地叠加起来后，神经网络中的参数就非常多了，而且参数间也有存在相互影响的关系，这就使梯度下降算法中计算损失函数对每个参数的偏导数变得十分复杂，用链式法则对每个参数逐一求偏导的话，也会涉及矩阵微分等，效率比较低。所以在神经网络中经常使用反向传播算法来高效地计算梯度。

反向传播是梯度下降时的一种快速求偏导的算法，可以快速计算梯度算子。关于反向传播的理论推导比较复杂，这里先简单了解下大致思路，它的基本逻辑就是第 i 层的一个神经元的误差项等于该神经元激活函数的梯度，再乘上所有与该神经元相连接的第 $i + 1$ 层的神经元的误差项的权重和。

4）神经网络算法流程小结。到目前为止，就对整个前馈神经网络算法有了一个基本的概念了，简单来说就是一个迭代的进行信息前向传播与误差反向传播，从而得到最优拟合模型的过程。在前向传播过程中，输入信息从输入层经隐藏层逐层计算传向输出层。使用损失函数计算输出层与实际结果的误差值，再通过网络将误差信号沿原来的连接通路反传回去，并以此信号作为调整神经网络参数的依据。迭代地进行上述过程直到误差降到预期，模型达到预期拟合效果。前馈神经网络算法的简单流程示意图如图 3-26 所示。

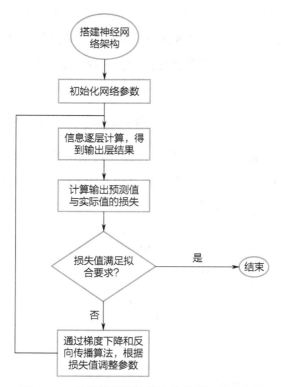

图 3-26　前馈神经网络算法的简单流程示意图

用经典的打靶过程模拟上述流程的话，打靶的最终目标是射中靶心，首先随便开一枪就相当于初始化参数，而信息前向传播到输出层就相当于子弹向前飞到击中靶子的过程，射击结果与靶心的偏离可以看作损失值，如果没有击中靶心，把靶子拉回来看的过程就好比反向传播，而根据本次射击的偏差调整射击角度就可以比作梯度下降，之后也是一个迭代进行调整和射击，直至正中靶心的过程。

（2）深度学习中的优化：让仿真大脑更聪明

1）激活函数。在介绍神经元的时候提到了激活函数，激活函数是在神经元上运行的函数，负责将神经元的输入映射到输出端。如果不用激活函数，神经网络只能进行从输入到输出的线性映射，每一层输出都是上层输入的线性函数。前向传播过程中唯一的数学操作就是输入向量和权重矩阵之间的点乘，无论神经网络有多少层，输出都是输入的线性组合。而线性模型的表达能力通常是有限的，试图学习的数据越复杂，特征到标签的映射就越非线性。一个没有任何激活函数的神经网络将无法在数学上实现复杂的非线性映射，也无法解决希望网络解决的任务。

正是激活函数给神经元引入了非线性因素，使得神经网络可以任意逼近任何非线性函数，这样神经网络就可以应用到众多的非线性模型中，完成线性模型所不能完成的分类，解决真正的实际问题，并且增加了网络的泛化能力。常用的非线性激活函数有 sigmoid、tanh、ReLU 等。

① sigmoid。如图 3 - 27 所示，sigmoid 函数 $f(z) = \dfrac{1}{1 + e^{-z}}$ 是一种光滑的非线性函数，无扭结，形状类似于 S 形。sigmoid 函数对每个神经元的输出进行了归一化，将输出限制在 0 到 1 之间，和概率的取值范围一致，这正是分类任务中 sigmoid 函数很受欢迎的原因，非常适合用于将预测概率作为输出的模型。

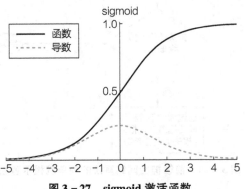

图 3 - 27　sigmoid 激活函数

从 sigmoid 函数的导数图像中可以看出，sigmoid 有一个非常致命的缺点，在 sigmoid 导数的两端，自变量的变化对导数值的作用不大，即当输入非常大或者非常小的时候，位于这部分区间的数据点的梯度会特别小，是接近于 0 的。这时在训练过程中，神经元可能会停止梯度下降过程，导致网络变得无法学习，也就是产生了梯度消失问题，网络训练速度变慢，难以收敛。

② tanh。tanh 函数是 sigmoid 函数的一种变形体，从 tanh 的函数图像（见图 3 - 28）中也可以看出，tanh 的形状和 sigmoid 类似，只不过 tanh 将输出扩大至区间（-1，1），解决了

非 0 均值的问题。但依然不能解决梯度消失问题，输入过大或者过小时，输出仍然几乎是平滑的并且梯度接近于 0，导致网络的训练变慢甚至停止训练。

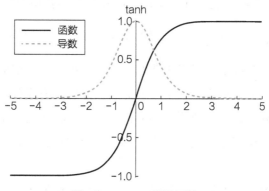

图 3 - 28　tanh 激活函数

③ ReLU。ReLU 是现在经常使用的激励函数，它完全不同于 sigmoid 和 tanh 函数，并不会挤压输出值至某一区间，取值范围是从 0 到 ∞。如图 3 - 29 所示，当输入值大于 0 时，ReLU 的输出与输入相同，当输入值为 0 或小于 0 时，输出为 0，也就是它只是保留正值，并将所有负值转化为 0。从 ReLU 函数的导数图像中可以看出，它的梯度要么是 1（正值），要么是 0（负值），完全解决了梯度消失问题，同时也是计算梯度更快的激励函数，能使网络更快收敛。

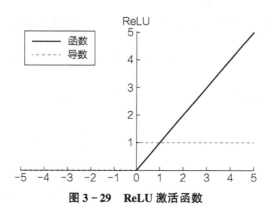

图 3 - 29　ReLU 激活函数

但是使用 ReLU 的神经元在训练期间可能很脆弱并且可能 "死亡"，因为输入持续为负的神经元激活值和导数总是为 0。当输入为 0 或小于 0 时，ReLU 会关闭神经元，神经元将永远不再在任何数据点上激活，经过该神经元的梯度将从该点开始永远为 0，导致所谓的 "死亡神经元" 问题。也就是说 ReLU 神经元可以在训练期间不可逆转地死亡，从而导致更少的神经元被激活，这将意味着更少的神经网络交互作用，降低了模型正确训练数据的能力。为了解决这个问题，也有了更多 ReLU 函数的变体，如 Leaky ReLU、ELU 等。

2）自适应学习率。学习率是一种超参数，用来调整参数更新幅度。之前在介绍梯度下降时有提到调参公式 $w_{new} = w - \eta \frac{\partial L}{\partial w}$，从公式中也可以看出学习率 η 在一定程度上决定了参数调整的步伐大小。学习率过小，误差函数变化速度过慢，大大增加网络的收敛复杂度；学习率过大，可能会使损失函数直接越过全局最优点，参数在最优解附近波动，无法收敛。所以学习率决定着损失函数是否能收敛到最小值，以及何时收敛到最小值。在应用中需要根据神经网络的实际情况设定学习率，合适的学习率能够使损失函数在合适的时间内收敛到最小值。

从最直观的角度出发，在训练刚开始时，距离参数最优解还比较远，这时希望学习率是较大的，这样可以加快神经网络学习的步伐，以更少的迭代次数和更快的速度去接近最优解。当训练进行到一定程度，已经开始在最优解周围徘徊时，这时学习率需要变小，避免过大的参数更新步伐会错过其最优解。也就是说理想的学习率并不是一个可以一劳永逸的常数，而是可以随着训练次数可以调节大小的自适应参数。

因此引入逐渐衰减的学习率，要求它远离最优解时较大，靠近最优解时较小。逐渐衰减的学习率有线性衰减和指数衰减等，其中线性衰减学习率要求学习率每次迭代折半减小，指数衰减学习率按训练次数增长指数差值递减。

3）动量（Momentum）。动量为解决参数陷入局部最优提供了一种可能性，加入动量后，调参公式变为 $w_{new} = w - \eta \frac{\partial L}{\partial w} + \text{Momentum}$。如图 3-30 所示，曲线表示神经网络中损失函数值 L 随某参数 w 调整的变化情况，从图中可以看到，在 a 点损失函数对参数的导数 $\frac{\partial L}{\partial w}$ 为负，加上动量调整后，参数向右更新到 b 点处，此时 $\frac{\partial L}{\partial w} \approx 0$，到达了一个损失函数的局部最小值。为什么说是局部最小值呢？在图 3-30 中可以看出 b 点只是 a 点到 c 点之间的一个最小值，跨过 c 点后可以找到更低点 d，如果图中曲线是整个损失函数的图像的话，d 点就是全局最小值，而点 b 只是一个局部最小值。如果这时调参公式没有加入动量调整，由于 $\frac{\partial L}{\partial w} \approx 0$，参数很可能停在 b 点处不再更新，也就是陷入了局部最优，无法找到全局最优解。但加入动量调整后，虽然梯度为 0，但参数继续向右更新到了 c 点处。在 c 点处，虽然梯度指引参数向左调整，但加入动量的影响，参数就可能继续向右调整到 d 点全局最小值处。

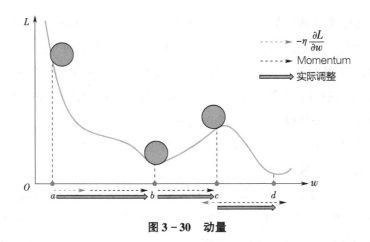

图 3 - 30   动量

需要注意的是动量的加入也并不能保证能达到全局最优，图 3 - 30 也是在理想状态下的一个模拟示意，但是值得肯定的是动量的引入确实为找到全局最优解提供了一点希望。

4）mini－batch 学习。之前了解到神经网络训练过程需要迭代的进行信息前向传播与误差反向传播来调整参数，如果每一次迭代都在整个训练数据集上进行的话，也就是仅仅为了调整一个参数就需要用到所有训练数据，这会导致训练过程计算量非常大。在深度学习中往往使用 mini－batch 方法划分训练集去降低大量计算资源的需求，也就是每次训练迭代时只从训练数据集中选出一小批数据（即 mini－batch），然后对每个 mini－batch 进行学习。比如，每次从 3000 个训练数据中随机选择 100 个数据样本，再用这 100 个数据样本进行学习，这种学习方式称为 mini－batch 学习。

mini－batch 学习对应的梯度下降算法叫作批量梯度下降法，也就是相比于对整个训练集求和然后计算梯度，批量梯度下降在每一次迭代中用到了数据集中的一小部分数据，这样可以大大节省计算资源，提高神经网络模型学习和训练效率。

mini－batch 学习中，整个数据集中的数据都被迭代训练一遍叫作一代（epoch），也就是说一个 epoch 表示学习中所有训练数据均被使用过一次时的更新次数。比如，对于有 3000 个数据的训练集，用大小为 100 的 mini－batch 进行学习时，迭代批量梯度下降法 30 次，可以使所有的训练数据就都被学习过，此时，30 次就是一个 epoch。同时计算损失函数时必须将所有的训练数据作为对象，也就是说要把这 30 个损失函数的总和作为学习的指标。这里还需要注意的是，训练过程中一个 epoch 更新完参数后，在进行下一个 epoch 训练前会重新打乱整个数据集的数据，进一步加快神经网络学习和收敛速度。

5）Dropout。在之前介绍网络结构的时候有提到神经元越多，神经网络模型的训练误差越小，但有可能过多拟合训练数据的噪声，导致过拟合问题。Dropout 可以看作一种针对神经网络模型的正则化，也是神经网络避免过拟合的一种简单有效的方法。

Dropout 要求在训练过程中，每次迭代按照一定的概率，随机地将部分神经元从网络中暂时丢弃。Dropout 通过降低网络复杂度，减少网络过拟合的风险。同时也减弱了特征之间的协同作用，它强迫一个神经元和随机挑选出来的其他神经元共同工作，不再一直依赖于有固定关系的另一个神经元，增强了泛化能力的同时也通过阻止某些特征的共同作用增加了网络的鲁棒性，并且缓解了过拟合。

在一定程度上，Dropout 可以模拟多模型效果平均的方式，达成类似集成学习的逻辑。因为 Dropout 的随机性，每次迭代后，网络模型都可以看作一个不同结构的神经网络，也就是每次参与训练的都是不同的神经网络模型。测试输出时根据 Dropout 的概率调整权重参数达到类似多模型取平均的效果，同时相较于集成学习，提高了训练多个独立的不同模型的效率。

3．不同种类的深度学习网络

（1）卷积神经网络：让计算机大开"眼"界　卷积神经网络（Convolutional Neural Network，CNN）是一类包含卷积计算且具有深度结构的前馈神经网络，是深度学习的代表算法之一，广泛应用于图像识别上。如果用全连接神经网络处理大尺寸图像具有三个明显的缺点，首先，将图像展开为向量会丢失空间信息；其次，参数过多效率低下，训练困难；同时，大量的参数也很快会导致网络过拟合。而使用卷积神经网络可以很好地解决上面的三个问题。

图像识别有以下三个特点。特征一，在识别一张图像的过程中往往不需要对整张图像进行整体识别，而是抓住图像上的一些明显特征，而这些特征在图像上呈现时往往远小于整张图像。例如在识别不同的鸟类的图像中，可以抓住鸟类的几个重点特征去识别，比如鸟喙、尾巴等突出特征。同样在用神经网络模型去识别图像时，可以看作每个神经元对应探测图像一部分。特征二，不同图像中出现同一特征的位置也很有可能是不一致的，比如有的图像中鸟喙出现在左上部分，而有的图像中鸟喙位于图像中间位置，此时用来探测左上部分和中间部分的神经元可以看作发挥同样作用，并且可以用同一套参数。特征三，缩小图像的像素会在清晰度等方面影响图像，但是并不会对图像呈现的内容发生任何改变，所以在用神经网络模型识别图像时，如果能合理地用"压缩"后的图像代替原图像作为输入，可以大大减少用来训练图像识别模型的参数个数，在不影响模型准确性的基础上提高模型训练效率。

与普通神经网络结构相比，CNN 中加入了卷积层和池化层，整个 CNN 结构的隐藏层是通过一层卷积层叠加一层池化层这样重复多次形成的，最后输出前用前馈全连接层连接。卷积层体现了图像识别的前两个特征，而池化层实现了图像的压缩。图像的输入可以看作一个由数字组成的二维矩阵。

首先介绍卷积层，卷积层内部包含多个卷积核，组成卷积核的每个元素都对应一个权重系数和一个偏差量。针对图像识别的特征一，卷积层会定义多个卷积核，每个卷积核用来检测一个特征，这些卷积核是由模型训练出来的参数组成的。训练的过程可以看作每个卷积核按照一定的步长和规则在图像上移动和计算，这种滑动窗口式的计算同时也符合图像识别的特征二，通过卷积核的滑动来检测不同图像出现在不同位置的同一特征。每个卷积核在图像上遍历计算一次之后形成一个特征地图，经过多个卷积核的计算后就会形成多层的特征地图。CNN 模型在图像处理上可以大量减少需要训练的参数，首先，卷积层是一个"非全连接网络"，每次计算都只涉及当次卷积核滑动计算中的神经元，而这部分神经元的数量远远小于神经元总个数，和全连接神经网络中所有神经元每次都相互连接参与训练相比，大大减少了神经网络训练过程中参数的计算数量。其次，每个卷积核都是由一组确定的参数组成，也就是每次计算时用到的参数也是固定的，进一步减少了需要训练的参数。

每个卷积层后会连接一个池化层，池化层按照一定的规则，在对图像所示信息没有影响的基础上，用更少的神经元去表示图像，池化层不但可以有效地减少神经元的数量，还可以使得网络对一些小的局部形态改变保持不变性，形成类似压缩图像的作用。整个 CNN 结构中会重复多次卷积层连接池化层的结构，也就是说池化层后可能会连接下一个卷积层，这时卷积层的输入就相当于经过上一个池化层压缩后的图像了。

模型输出前一般需要用全连接网络层连接最后一个池化层。首先需要将经多个卷积核计算后形成多层特征地图，并将其展开，形成一层铺开的神经元排列结构，才符合全连接网络的输入结构要求。全连接网络结构和训练过程就是之前介绍过的内容了，最后全连接网络的输出层的结果就是整个 CNN 模型的输出结果。

整个 CNN 结构构建完成后，迭代训练的过程就和前馈全连接神经网络一样了，可以通过信息前向传播与误差反向传播，经梯度下降算法反复调整参数，最后得到最优表现模型。

（2）循环神经网络：深度学习中的"海马体"　循环神经网络（Recurrent Neural Network，RNN）是一种处理序列数据的拥有"记忆缓存"的神经网络结构。序列是相互依赖的（有限或无限）数据流，比如时间序列数据、信息性的字符串、对话等。在对话中，一个句子可能有一个意思，但是整体的对话可能又是完全不同的意思。比如股市数据这样的时间序列数据，单个数据表示当前价格，但是全天的数据会有不一样的变化，促使人们做出买进或卖出的决定。当输入数据具有依赖性且是序列模式时，CNN 的结果一般都不太好。CNN 的前一个输入和下一个输入之间没有任何关联，所以所有的输出都是独立的。这就是需要 RNN 的地方，RNN 对之前发生在数据序列中的事是有一定记忆的，这有助于系统获取上下文。RNN 也因为独特的记忆能力被广泛应用于文本识别。

首先，文本识别需要将文字转化为数字矩阵的形式作为输入，其中最简单普遍的做法是可以采用"独热编码"的方式，将每个词转化为一个数字向量。数字向量的维度大小一般等于输入语句的词汇库的大小，且其中每个维度唯一对应词汇库中的一个词语，这样代表每个词的词向量只有在表示该词的位置标为 1，其他均置为 0。

同时，文本识别最重要的特点就是高度依赖于前后语义，同一个词在不同的语句中很有可能表达不同的信息，此时不考虑前后输入数据联系的普通网络结构在文本识别上的表现欠佳。RNN 将当前词语的部分数据信息存储在隐藏层神经元的输出中，这些神经元的输出也就相当于是有了当前词语的记忆信息的缓存，接着将记忆传递给下一个词语作为下一个词语输入的一部分，以此实现一个语句中每个词语间的前后语义传递。RNN 就是由多个向下传递隐藏层部分输出并加入下一个网络输入层作为部分输入的前馈神经网络组合而成。这样 RNN 就可以实现同一词语在不同语句中根据语义表达不同含义，因为这个词语的输入中包含之前词语的记忆信息。

RNN 也有很多变形结构，如双向循环神经网络等。其中长短期记忆（Long Short – Term Memory，LSTM）神经网络结构是一种常用的优化版的 RNN 模型。RNN 因为特殊的网络结构在训练过程中很容易出现梯度消失问题。LSTM 神经网络通过添加输入门、遗忘门和输出门三个控制门来减缓 RNN 的梯度消失问题，其中控制门通常使用 sigmoid 激活函数来模拟开闭控制门。因此 LSTM 通过决定忘记什么、记住什么、更新哪些信息来决定何时以及如何在每个时间步骤转换记忆，这就是 LSTM 如何帮助存储长期记忆。

（3）对抗神经网络："动态博弈"中的生成器 基于神经网络的生成式对抗网络（Generative Adversarial Network，GAN）模型，是两个网络的组合，GAN 的原理就是两个神经网络模型相互对抗博弈，提供生成合成数据的不同思路。GAN 模型框架中通常有两个模块，生成模型（Generative Model）和判别模型（Discriminative Model），可以理解为一个网络生成模拟数据，另一个网络判断生成的数据是真实的还是模拟的。生成模型负责对随机噪声进行处理，模拟出与真实训练样本类似的假数据，要不断优化自己让判别的网络判断不出来；判别模型则负责鉴别出训练样本中由生成模型生成的假数据，也要优化自己让自己断得更加准确。两个模型相互博弈、学习，最终生成模型生产的假数据将足以以假乱真。

GAN 由判别器（Discriminator）和生成器（Generator）两部分构成。

判别器记作 $D(Y)$。它得到输入 Y（比如一张图）后输出一个值，这个值表示了 Y 看起来是否"真实"。$D(Y)$ 可以看作某种能量函数，当 Y 是真实样本时，函数的值接近 0，反之，当 Y 的噪声很大或者很奇怪时，函数值为正。

生成器记作 $G(Z)$。这里的 Z 通常是从一个简单分布（例如高斯分布）随机抽样得到的向量，$G(Z)$ 的作用是生成图片，这些生成的图片会被用来训练 $D(Y)$。

训练判别器的过程中，给它一张真实的图片，使其调整参数输出较低的值；再给它一张生成器生成的图片，让它调整参数输出较大的值 $D(G(Z))$。

另一方面，在训练生成器的时候，它会调整内部的参数使得它生成的图片越来越真实。也就是它一直在优化使得它产生的图片能够骗过判别器，想要让判别器认为它生成的图片是真实的。

也就是说，对这些生成的图片，生成器想要最小化判别器的输出，而判别器想要最大化判别器的输出，两个网络的目的正好相反，呈现出对抗的姿态。因此这样的训练就叫作对抗训练（Adversarial Training），也叫作 GAN。二者结合后，经过大量的迭代训练会使生成器尽可能模拟出以假乱真的样本，而判别器会更精确地鉴别真伪数据的能力，最终这个 GAN 会达到纳什均衡，即判别器对于生成器产生的数据鉴别结果为正确率和错误率各占 50%。

4. 深度学习的落地应用：成就人工智能新时代

（1）语音识别：让机器听到人类发声　　语音是指人类通过发音器官发出来的、具有一定意义的、目的是用来进行社会交际的声音，是人类进行交流的主要途径之一。语音识别是指将人类语音中的词汇内容转换为计算机可读的输入，一般都是可以理解的文本内容，也有可能是二进制编码或者字符序列。语音识别是一项融合多学科知识的前沿技术，覆盖了数学与统计学、声学与语言学、计算机与人工智能等基础学科和前沿学科，是人机自然交互技术中的关键环节。语音识别的研究始于 20 世纪 50 年代初期，迄今已有六十多年的历史。

相对于机器翻译，语音识别是更加困难的问题。机器翻译系统的输入通常是印刷文本，计算机能清楚地区分单词和单词串。而语音识别系统的输入是语音，其复杂度要大得多，特别是口语有很多的不确定性。人与人交流时，往往是根据上下文提供的信息猜测对方所说的是哪一个单词，还可以根据对方使用的音调、面部表情和手势等得到很多信息。特别是说话者会经常更正所说过的话，而且会使用不同的词来重复某些信息。显然，要使计算机像人一样识别语音是很困难的。

基于深度神经网络—隐马尔可夫模型中，深度神经网络模型可以是深度循环神经网络和深度卷积网络等。随着深度学习技术，特别是循环神经网络的兴起，语音识别框架变为循环神经网络—隐马尔可夫，并且使得语音识别进入了神经网络深度学习时代，语音识别精准率得到了显著提升。基于深度神经网络—隐马尔可夫模型中，神经网络用来估计观察特征（语音特征）的观测概率，而隐马尔可夫模型则被用于描述语音信号的动态变化（即状态间的转移概率）。

基于深度神经网络的声学模型具有两方面的优势：一是深度神经网络能利用语音特征的上下文信息；二是深度神经网络能学习非线性的更高层次特征表达。因此，基于深度神经网络—隐马尔可夫模型的声学模型的性能显著提升，已成为目前主流的声学建模技术。

就语音识别而论，其技术已经逐渐走向成熟，其后出现的基于深度学习的端到端语音识别实现了很好的性能，达到了较强的实用化程度。

（2）计算机视觉：拥有鹰眼的计算机　计算机视觉是一门研究如何对数字图像或视频进行高层理解的交叉学科，旨在助力计算机使用复杂算法（可以是传统算法，也可以是基于深度学习的算法）来理解数字图像和视频并提取有用的信息。从人工智能的视角来看，计算机视觉要赋予机器"看"的智能，与语音识别赋予机器"听"的智能类似，都属于感知智能范畴。从工程视角来看，所谓理解图像或视频就是用机器自动实现人类视觉系统的功能，包括图像或视频的获取、处理、分析和理解等诸多任务。类比人的视觉系统，摄像机等成像设备是机器的眼睛，而计算机视觉就是要实现人的大脑（主要是视觉皮层区）的视觉能力。

计算机视觉在众多领域有极为广泛的应用价值。据说人一生中70%的信息是通过"看"来获得的，显然，看的能力对 AI 是至关重要的。不难想象，任何 AI 系统，只要它需要和人交互或者需要根据周边环境情况做决策，"看"的能力就非常重要。所以，越来越多的计算机视觉系统开始走入人们的日常生活，如指纹识别、车牌识别、人脸识别、视频监控、自动驾驶、增强现实等。

计算机视觉是"赋予机器自然视觉能力"的学科，与很多学科都有密切关系，如数字图像处理、模式识别、机器学习、计算机图形学等。

自 2012 年以来，随着深度学习的复兴，配合强监督大数据和高性能计算装置，众多计算机视觉算法的性能出现了质的飞跃，特别是在图像分类、人脸识别、目标检测、医疗读图等任务上逼近甚至超越了普通人类的视觉能力。

计算机视觉的多数任务可以归结为作用于输入图像的映射函数拟合期望输出的分类或回归问题。浅层视觉模型遵循分而治之的策略，将该函数人为拆解为预处理、特征提取、特征变换、分类和回归等步骤，在每个步骤上进行人工设计或者用少量数据进行统计建模。但这些模型局限于人工经验设计或普遍采用简单的线性模型，难以适应实际应用中的高维、复杂、非线性问题。

计算机视觉的主要目标是，先理解视频和静止图像的内容，然后从中收集有用的信息，以便解决越来越多的问题。以深度 CNN 为代表的深度学习视觉模型克服了上述困难，作为 AI 和深度学习的子领域，计算机视觉可训练 CNN，采用层级卷积、逐级抽象的多层神经网络，实现了从输入图像到期望输出的、高度复杂的非线性函数映射，以便针对各种应用场合开发仿人类视觉功能。计算机视觉包括对 CNN 进行特定训练，以便利用图像和视频进行数据分割、分类和检测，不仅大大提高了处理视觉任务的精度，而且显著降低了人工经验在算法设计中的作用，更多依赖于大量数据，让数据自己决定最"好"的特征或映射函数是什么。可以说，实现了从"经验知识驱动的方法论"到"数据驱动的方法论"的变迁。

数十年来，传统的计算机视觉和图像处理技术已经应用于众多应用和研究工作。然而，现代 AI 技术采用人工神经网络，能够实现更高的性能准确性；高性能计算依托 GPU 取得长足进步，实现超人的准确性，从而在运输、零售、制造、医疗健康和金融服务等行业广泛应用。

（3）自然语言处理：当人工智能成为情感分析专家　自然语言处理的第一步是文本表示，把自然语言表示为计算机算法能懂的数字矩阵作为输入。之前在介绍循环神经网络时提到了可以将每个词用"独热编码"的方式转化为一个数字向量，同样"独热编码"也可以将一个文档转化为一个数字向量。不同的是数字向量的维度大小一般等于所有文档的词汇库的大小，其中每个维度唯一对应词汇库中的一个词语，在表示某个文档的数字向量中只在该文档出现的词汇对应的位置标为 1，其他维度置 0。但是以这样的方式实现的文本表示只是标识了每个文档有哪些词语出现，并没有表示出每个词在文档中出现的频次，但如果只用频次的绝对数量来标识的话，又缺少了对所有文档全局的考虑，此时就想到了可以用包含更多信息的频率来标识。

然而，用每个词汇在整个文档中出现的频率形成每条语句的数字向量，只能在一定程度上表示该词汇和整个文档的关系，但是文档之间关系的信息是缺失的，比如在每个文档中都出现的词汇其实并不是该个文档想表达的主要信息，这些普遍存在的词汇出现的频率对于表示该文档的信息价值就不大，因为它无法区别每个文档，也就对标识该个文档的贡献不大。而关键的信息往往存在于那些其他文档没有而这个文档独特拥有的词汇中，这种词汇的体现往往对文档的标识有更大的信息价值。也就是对于标识文档来说，不但要考虑词汇出现的频率，还要考虑词汇对于该个文档的独特性，即词汇对于表示该个文档的代表性。

而词频—逆文本频率（Term Frequency – Inverse Document Frequency，TF – IDF）就是这样的一种统计方式，统计结果可以体现词汇的重要性随着它在文档中出现的次数成正比增加，但同时会随着它在其他文档中出现的频率成反比下降。TF 是词频（Term Frequency），用某词汇在文件中的出现次数除以文件中所有词汇的数量计算得到，体现的是文档中特定词汇出现的频率。IDF 是逆文本频率（Inverse Document Frequency），用文档的总数量除以包含该词汇的文档数量，再取 log 函数计算得到，对于一个特定的词汇，如果包含该词汇的文档数目越少，IDF 值就越小，体现的是特定词汇的代表性。TF – IDF 的计算结果由以上两部分相乘得到，是一种常用的可以实现更全面文本标识的加权计算方式。

在文本标识的过程中，也有很多技巧和经验可以加持。比如可以先去掉一些对于表示文档不重要的"停词"，以及用更合理的方式对整个文档进行分词等。

自然语言处理的典型应用有主题分析和情感分析等。主题分析是一种自动识别文档主题的算法，以非监督学习的方式对文档的隐含语义结构（Latent Semantic Structure）进行聚类（Clustering）的统计模型。现在常用的方法是潜在语义分析（Latent Semantic Analysis，LSA），也被称为 LSI，和隐含狄利克雷分布（Latent Dirichlet Allocation，LDA）。其中 LSA 主要是采用奇异值分解（Singular Value Decomposition，SVD）的方法进行暴力破解，而 LDA 则是通过贝叶斯学派的方法对分布信息进行拟合。情感分析则是一种实现自动识别文档表示的情感正负向，常见于识别评论语句的积极和消极标签。由于循环神经网络可以实现存储前后语境信息，而被广泛地应用于自然语言处理相关领域。

5. 深度学习并不完美，智能算法技术研究必将负重致远

深度学习在各个领域中都取得了非常显著的成果，有着广泛的发展前景，随着数据量的不断增加和计算能力的提升，深度学习可以在更多的领域中得到应用，同时，随着算法的不断优化和改进，深度学习的效果和精度也会不断提高，但是在实际应用中仍然存在一些挑战和问题。

首先，深度学习需要大量的数据进行训练。这样的大数据集并不容易获得，并且花费昂贵且耗时。如果数据量不足或者数据不够充分，深度学习的效果就会受到限制。

其次，深度学习中的卷积、Dropout 等方法使得其可以有效地学习高维数据，但是前提是需要很大量的数据估算更大量级的参数，需要强大的计算能力和大量的计算资源进行训练。这需要 GPU 在大量数据的合理时间内进行训练，同时还需要配合高端 SSD 存储以及快速和大容量的 RAM，这些设备往往价格高昂，许多小企业和个人开发者很难承担。

另外，深度学习算法的复杂性也会带来一些挑战。例如，相较于机器学习模型的易解释

和理解，深度学习算法在模型的设计和调参过程中，需要经验丰富的专业人士进行精细的调整，才能获得最优的效果。深层网络是"黑匣子"型，甚至很多研究人员也不能完全了解深层网络的"内部"。由于缺乏理论基础、超参数和网络设计也是一个相当大的挑战。

此外，未来深度学习还面临着一些研究方向和挑战。例如，如何在小样本情况下实现高精度的模型训练，如何实现更快的模型推理速度，如何解决模型的可解释性等问题，都是深度学习未来需要研究和解决的重要问题。

3.3.3　AI 算法让教育从信息化走向智能化，让智慧教育从样板间走向商品房

如果说大数据为教育的智慧变革提供了基础燃料，那么 AI 算法则为其提供了强大引擎。

一方面，AI 算法让教育从信息化走向智能化。信息化教育可以理解为运用现代教育技术和现代信息技术，科学配置教育资源、优化教育过程，以培养和提高学习者的信息素养为重要目标的一种新的教育方式。它带给人们的是资源的数字化和工作的流程化，其要点在于使学习者具备运用信息工具、获取信息、处理信息、生成信息、创造信息等能力。智慧教育则是数字教育理念的深化与优化，以促进学习者全面发展、全体发展和个性发展为目标的素质教育观，以持续教育为根基和发展方向的终身教育观，它不再单纯是技术上的建设与应用，而更多地以 AI 算法去洞悉每个"人"，促进技术、人、社会的和谐发展，建设具有创新意义的信息化教育文化。

另一方面，AI 算法让智慧教育从样板间走向商品房。当下智慧教育已不再是单点解决某一个场景问题，而是需要深入每一个具体应用场景精准解决实际痛点，运用多种 AI 算法，打造定制化、全栈服务的教育教学场景，形成教育数字化的生态系统。

针对教学环节，在传统课堂教学中，教师的时间和精力往往被低层次、重复性工作所占据，难以顾及对学生批判性思考、创新力等高阶通用能力的培养。运用知识图谱、强化学习、深度学习等算法，可以构造因材施教、教学相长的虚拟智能助教和导师；通过人机智能协同，对任务进行重新分配，让教师将精力投注于学生的个性化培养和全面发展上来。

针对学习环节，运用 AI 算法对学习场景进行建模和识别，了解学生在不同学习场景中的真实需求与困境，设计学习者模型的应用参考规范、实施路径与方案；然后通过采集学生在线上和线下空间的全过程学习数据与评测数据，运用教育大数据中的关联规则、深度学习等算法对学习过程进行诊断、预测、干预，为教育决策自动给出建议；在此基础上，结合专家经验对分析结果进行置信度评估，置信度较低时给予人工反馈，对智能机器进行强化学习，实现分析结果的不断完善。

针对管理和评价环节，可以从学生权益保障、教师成长、教育质量、资源配置、机制建设、创新发展等方面出发，构建教育智能治理的算法模型，并基于真实场景的反馈，综合运用 AI 算法和专家经验对应用效果进行检验并开展迭代优化。

3.4 算力：AI 时代新的生产力，为教育智能转型安装加速器

3.4.1 原始算力、机械算力与电子算力：算力的前世今生

算力，通俗来说是计算能力，具体来说是通过对信息数据进行处理，实现目标结果输出的计算能力。算力由来已久，其发展历程可以归纳为"三代"演进，如图 3 - 31 所示。

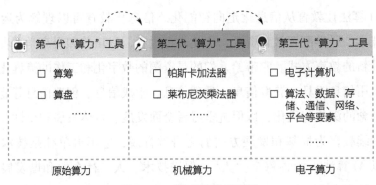

图 3 - 31 算力的发展历程

第一代"算力"工具最早可以追溯到我国的算筹。算筹是一根根用木头、竹子等材料制成的同样长短和粗细的小棍子，这些小棍子放在一个布袋里系于人们腰部便于随身携带，需要记数和计算的时候，人们把这些小棍子取出来按照一定规则摆弄，提供了原始的算力。算筹实现了基本的计数，但对于复杂的计算则需要消耗大量小棍子，这时候算盘出现了。算盘形态多样，常规的算盘多用木头等材料制成，由矩形木框内排列一串串等数目的算珠，需要计数和计算的时候，迅速拨动算珠进行计算。

算盘实现了相对复杂的计算，但无法应对大量的数据计算，帕斯卡加法器、莱布尼茨乘法器等手动机械计算为代表的第二代"算力"工具解决了上述问题。帕斯卡加法器是利用钥匙旋紧发条带动齿轮旋转，齿轮的顺时针、逆时针旋转分别代表加法、减法。莱布尼茨乘法器是在帕斯卡加法器基础上，通过置数按钮将乘数输入乘法器后经过一系列转动、计算实现乘法运算。

第二代机械算力一定程度上提升了计算的效率，但随着计算需求的逐步扩大，需要更加强大的计算能力，以 ENIAC 电子计算机（Electronic Computer）为代表的第三代电子算力应

运而生，ENIAC 电子计算机是人类第一台能真正运转的大型电子计算机，此时计算不再依赖手动机械化操作，真正实现了自动化计算，标志着电子计算机时代的到来。

随着计算机技术的不断发展，算力的概念随之演化，在计算机及相关设备基础上，逐步加入算法、数据、存储、通信、网络、平台等要素，形成了综合计算能力，也形成了适应新时代发展特色的算力内容。例如从算力规模来说，面向企业（To business，2B）的大规模算力适用于气象分析、应急通信等领域，面向用户（To customer，2C）的小规模算力适用于即时通信、沉浸体验等日常应用；而对于支持算力的硬件资源从处理器角度来说，通常分为中央处理单元（Central Processing Unit，CPU）、图形计算处理单元（Graphic Processing Unit，GPU）、张量计算的处理单元（Tensor Processing Unit，TPU）三类芯片，计算机的 CPU 负责计算。GPU 则把单个的计算转化为批量针对性的计算，更专注地提升处理器的单一方面性能，有针对性地处理特定计算。TPU 是为机器学习定制的专用芯片，它的运算速度较 GPU 实现几十倍的上升。

算力在历史的长河中，历经岁月沉浮，发挥人类智慧，正在与人类社会发展的休戚相关中熠熠生辉。

3.4.2 云计算与边缘计算：咫尺与天涯的和谐共振

电子计算机时代到来后，人类怀揣美好的期望，试图采用例如一台电子计算机独立完成全部的计算任务，但面对大量的数据计算，这样单台电子计算机的计算明显算力不足，后来人类尝试采用分解成多个小型计算任务交给不同的计算机完成，这仍然无法满足算力需要，于是，云计算（Cloud Computing）出现了。

云计算是一种计算方式，能通过因特网技术将可扩展的、弹性的信息技术（Information Technology，IT）能力作为服务交付给用户。通俗来说，云计算指由位于网络中央的一组服务器以服务的形式为用户提供计算、存储、数据等，来完成信息处理任务。其中服务器是一种用户需要通过网络才能访问的、性能较高的商用计算机。云计算的优势如图 3 - 32 所示。

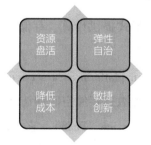

图 3 - 32　云计算的优势

第一，资源盘活。云计算可以汇聚大量的零散算力资源，例如把中央处理器、硬盘、内存、图形处理单元等计算资源集合起来，通过软件的方式组建一个虚拟的、可扩展的"算力资源池"。资源池可以理解为蓄积资源的"水池"。

第二，弹性自治。借助云计算，可以实现集中的资源和管理，这使用户可以弹性地按照需要进行资源分配、简易的应用等。例如，如果用户有算力需求，可以根据需求预先设置资源量，算力资源池可以根据用户的需要来动态、快速地扩大或缩小容量来进行算力资源分配。

第三，降低成本。云计算便于用户按照实际的使用量进行付费，不再局限于"买了不用""买了不够""再买变贵"等情况。

第四，敏捷创新。云计算可以方便、快速地借助多项技术进行创新，例如，可以借助网络虚拟化等技术扩展到新的地理区域，按照需求快速启动资源来实现全局部署。

云计算具有众多的优点，算力云化之后，数据中心成为了算力的主要载体。在数据中心里，算力任务分为基础通用计算、高性能计算（High - performance computing，HPC）。智能计算即 AI 计算属于高性能计算的一种。

第一，云计算是通过虚拟化实现资源调配的自动化，为用户提供计算、存储和网络资源。云计算要想发挥它的这些作用，还需要网络基础设施这位合作伙伴的鼎力相助。网络基础设施主要是信息传输系统，包括因特网、移动网络等。网络基础设施需要变得更加"睿智"，这样才可以支持云计算所带来的快速变化。根据网络基础设施的部署模式不同，云计算分为如下四种云。

1）公有云。它的云基础设施供公众开放使用。

2）私有云。它的云基础设施供单个组织内的多个用户独家使用。

3）社区云。它是由社区内多个组织共享的云基础设施。

4）混合云。它由两个及以上类型的云组成，各种云彼此独立，又通过一定的技术绑定在一起。

第二，云计算为用户以服务的形式提供计算、存储、数据等资源。根据服务类型不同，云计算分为如下三种基本服务模型。

1）基础设施即服务（Integration platform as a service，IaaS）。它包含云 IT 的基本构建块，通常提供对网络功能、计算机和数据存储空间的访问。

2）平台即服务（Platform as a Service，PaaS）。它无须管理底层基础设施，将更多精力放在应用程序的部署和管理上面，这有助于提高效率。

3）软件即服务（Software as a Service，SaaS）。它的运行和管理皆由服务提供商负责，通常情况下，软件即服务指的是最终用户应用程序。使用软件即服务产品，只需要考虑如何使用该特定软件。

云计算将服务分为 IaaS、PaaS 和 SaaS 三种类型，后来，云计算按照服务载体不同又衍生出了网络即服务（Network as a Service，NaaS）等类型。网络即服务是通过网络虚拟化、安全设备虚拟化等网络技术，为用户提供不同的虚拟化网络服务。网络即服务在云计算当中扮演着至关重要的一环，常规的三种网络即服务是虚拟专用网（在公用网络上建立专用网络，进行加密通信）、按需分配带宽（根据服务需求，以带宽增量方式增加吞吐量的能力）、传输优化（改善数据传输的质量）。

第三，云计算采用集中化的资源和管理。这意味着控制功能与计算任务是分开放置的，需要解决云计算由于物理距离长、通信带宽有限等原因，无法满足对实时性要求高的业务的需求，例如 5G 通信自动驾驶等延迟敏感性业务。这时候，边缘计算应运而生。

边缘计算通过将云中的计算等能力进行下沉，赋能网络边缘端，将计算密集型等任务转移至网络边缘进行计算。通过算力下沉的方式可以有效解决用户算力不足的问题。

那么对于低时延高可靠等业务场景的部分密集型任务，为了保证较好的用户服务质量（Quality of Service，QoS）该如何处理呢？在处理这些任务时，通过相关技术赋予网络边缘的设备一定的边缘计算能力，当用户在遇到本地计算能力不足的情况时，在边缘节点进行任务卸载，例如对部分数据转发、压缩存储等计算任务从 CPU 转移到 NPU 等芯片上以减轻 CPU 的算力负担。在网络边缘进行计算能力的部署时，边缘节点距离的缩短在物理层面也可以有减少时延。

简而言之，边缘计算有着天然贴近用户的优点，相较于云计算等方式具有如图 3-33 所示的优点。

图 3-33　边缘计算的优点

第一，延时低。如上面所述，边缘计算中，数据不需要传回服务器，在边缘节点附近处理数据来减少时延，带来更好的用户体验。

第二，可靠性高。边缘节点位于用户附近，如果边缘节点不可用，不会影响整个网络，这样网络中断的可能性相对小，从而减少了计算对网络的依赖性。

第三，安全性强。如果所有数据都传输回服务器，在这个操作过程中，数据可能会遭受攻击。边缘计算通过在边缘节点处理数据，实现无法通过攻击一台设备来影响整个网络，这减少了数据泄露和网络攻击的风险。

第四，可扩展性。当数据中心无法满足业务需要时，集中式的扩展基础设施建设需要寻找额外空间、购置软硬件设备等，但如果通过购买足够计算能力的软硬件设备扩展边缘节点，则不需要一次性投入大量资金，这不但节省了大量成本，而且可以快速地部署。

在实际应用中，边缘计算较低的部署成本、较高的性价比非常适合在校园场景中进行部署，例如将边缘计算应用于高校图书馆解决传统高校图书馆的响应速度慢等问题，推进智慧图书馆的建设；将边缘计算技术与校园环境相结合，设计具有弹性的校园边缘网络架构，推进智慧校园的发展。上述边缘计算技术在校园场景的应用有助于推动教育模式的发展与变革。

如果说云计算把握整体，是"决胜千里"，那么边缘计算更专注局部，是"触手可得"，在许多如云（云端）、边（边缘计算）协同等场景中，边缘计算可以实时地对数据进行采集和初步分析，分析结果传输到云端进行进一步处理和存储，两者相互配合，共同完成了数据处理、存储和传输的优化。云计算和边缘计算在算力的发展中相得益彰，共同推进着算力的不断发展。

3.4.3　算力网络与东数西算：应用畅想，无限可能

上一节阐述了云计算、边缘计算，业界对相关技术展开了深入研究，由此"边缘云计算"出现了。

边缘云计算，又称边缘云，指分布在网络边缘侧，提供实时数据处理、分析决策的小规模云数据中心。

众所周知，通信网络以提供大带宽、确定性时延以及无损传输服务等为目标。随着云计算、网络虚拟化（Network Functions Virtualization，NFV）等技术的发展，越来越多的企业将数据与业务迁移到云计算环境，"云"成为数据的载体。运营商网络边缘部署边缘云，提供"算力资源池"，来推进"云"和"网"的不断融合，以进一步解决如"云"和"网"融合

应该具备云网业务可视、可测，故障定位定界等能力。于是业界提出了"云网一体"的概念。云网一体指将云计算架构与网络能力充分融合，将应用、云计算、网络、用户连接起来，提供"云、网、边、端"的云网一体化服务，网络将按照云计算的要求提供网络资源，"云"根据应用的需要调用网络资源，"边"实现计算下沉提升效能，"端"是智能终端多种多样的业务应用。

随着各种智能终端的算力增强，以及边缘计算的不断发展，计算和网络的边界逐渐模糊，需要实现算网融合，进一步实现"网"在"云"中、"网"随"云"动、算网一体。

基于上述变化，出现了算力网络。算力网络是指在计算能力随时随地、无处不在地发展的基础上，通过网络手段将计算、存储等基础资源在云、边、端之间进行有效调配的方式，以此提升业务服务质量和用户的服务体验。

算力网络具备三个方面的技术元素，如图 3 - 34 所示。

图 3 - 34　算力网络的关键技术元素

1）确定性、无损。低延时高可靠是 5G 技术的三大应用场景之一，它涵盖多项创新技术。时间敏感网络又称为时效性网络，强调参与实时通信的所有设备都需要：第一对时间有共同的理解，第二在处理和转发通信数据包时都遵循相同的规则，第三在选择通信路径和保留带宽和时隙时遵循相同的规则。确定性网络强调网络需要给确定性业务提供保障能力。

无损指的是在数据传输过程中不会丢失任何信息，为了达到网络的无损传输，需要数据中心采用城域的城市光纤通道交换网架构。

2）智能、云化。采用网络虚拟化技术、控制面与用户面分离实现网络云化，采用人工智能等技术将在算力网络的运行维护、故障预测等方面发挥积极作用。

3）可信、高效、随需。可信、高效、随需的使能技术包含可信区块链、计算优先网络、现场级计算、多接入边缘计算、云计算，它们的共同作用实现了算力网络的可信管理、高效工作、按照需求随时调整。

上文介绍了算力网络的关键技术元素，算力网络具有一系列的关键特征、一连串的使能技术，那么算力网络结构到底是什么样的呢？算力网络组网架构如图 3-35 所示，算力网络按照功能分为接入网络、网关、承载网和数据中心共四个域，每个域的主要技术要求和特点不同。

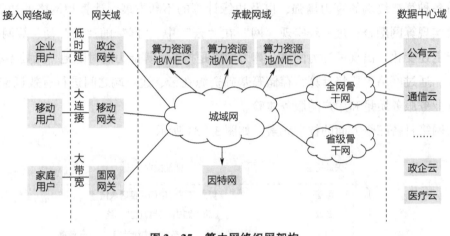

图 3-35　算力网络组网架构

第一，"极致"的接入网络：这里先阐述一下南北向流量、东西向流量两个定义。客户端、服务器之间通信的流量是南北向流量，而服务器、服务器之间通信的流量是东西向流量。接入网需要满足企业用户、移动用户、家庭用户的南北向流量需求同时，还需要实现极致的低延迟、大带宽、大连接的感知体验。

第二，"柔性"的网关：综合考虑不同用户各种接入业务的详细特点，实现用户面下沉，在网关域实现不同数据源、不同设备管理的功能柔性分割、按需部署，并能快速迭代。

第三，"智能"的承载域：基于 IPv6 转发平面的段路由（Segment Routing IPv6，SRv6）等新技术需要满足东西向流量的承载需求，实现业务的智能调度。这里 IPv6 是互联网协议第 6 版（Internet Protocol Version 6），通俗来说 IPv6 整合了 Segment Routing 这种源路由协议加上 IPv6 这种互联网协议，强强联合实现网络可编程、功能可以扩展，灵活性更好。

第四，"极简"的数据中心：基于数据中心的承载需求，以及网络拓扑结构相对固定，采用数据中心的智简网络架构，进一步降低运营商网络运营成本。

随着全社会数据总量呈爆发式增长，数据中心已成为重要的新型基础设施。然而，我国东部人口多、产业密集，算力资源需求紧张，而西部人口少、产业发展迟缓，算力需求不旺盛，"东数西算"应运而生。

东数西算工程指通过构建数据中心、云计算、大数据一体化的新型算力网络体系，将东部算力需求有序引导到西部，优化数据中心建设布局。

我国政府高度重视东数西算工程。2021 年 5 月，国家发展改革委等四部委联合印发的《全国一体化大数据中心协同创新体系算力枢纽实施方案》中明确提出布局全国算力网络国家枢纽节点，启动实施"东数西算"工程，构建国家算力网络体系。

2022 年 2 月，国家发展改革委等单位联合印发通知，同意全国 8 地启动建设国家算力枢纽节点，并规划了 10 个国家数据中心集群，标志着"东数西算"工程正式全面启动。

东数西算的战略提出为算力网络的发展注入新动能，例如面向东数西算工程的建设需求，中国联通提出了第三代面向云的无处不在的宽带弹性网络（Cloud – oriented Ubiquitous Broadband Elastic Network 3.0，CUBE – Net 3.0）的算力网络架构，如图 3 – 36 所示，算力网络架构分为服务层、管控层、资源层。

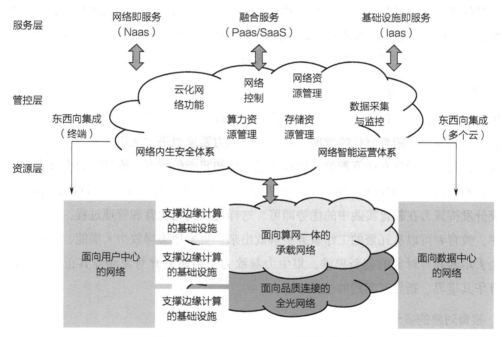

图 3 – 36　CUBE – Net 3.0 顶层架构图

1）服务层为用户提供基础设施即服务、平台即服务、软件即服务的服务形式，以及网络即服务的服务载体。

2）管控层基于数据采集与监控，实现智能的网络控制，构建面向网络内生安全体系和网络智能运营体系，充分发挥云化网络功能，实现在云、网、边之间智能调度算力资源、网络资源、存储资源的能力，满足不同计算场景对带宽、延迟、算力等的需求。

3）资源层通过网络和体系的构建提供强大的资源支持。

目前，我国算力网络发展取得阶段性成绩，但仍存在一些不足，例如算力供给需要加强、算力需求需要进一步激发等。算力网络的发展助力了东数西算工程的建设，而东数西算并不仅仅意味着计算资源的转移，还包括一系列新型基础设施的建设，以及基于东数西算对科创、产业、经济价值、人才培养等的催化、促进作用，建议不单单继续提升算网资源效率、增强算网安全保障等，还要抓住加大行业发展的布局契机，以"人才发展促教育进步、算力发展促教育改革"为目标，进一步把"东数西算"工程做深、做精，把算力赋能教育发展改革做新、做远，促进我国数字经济发展。

3.4.4 从计算走向智算，算力成为智慧教育关键一环

教育信息化正在从 1.0 时代走向 2.0 时代、从"简单应用"走向"深度融合"，教育数字化转型的新征程已经开启。如何针对教育行业场景化应用需求，提供强有力的人工智能算力支撑，已经成为摆在教育和科技领域面前的重要命题。算力的蓬勃发展，为教育者、教育对象、教育方法、教育环境，都注入了新的活力。

1. 教育者潜力释放

传统的教育者在知识储备上，应具备诸如专业技术等多种能力，还需要掌握心理学等多种门类的学科知识，随着时代的发展，教育者的能力要求似乎"无限"。

而今，人工智能具有计算智能、感知智能、认知智能的特点，通过算力服务支撑，教育者可以将教育教学、课程管理等工作实现数字化，教育者只要做到掌握智能技术的使用方法，充分发挥算力在教育实践中的优势即可，这样可以简化运营和管理过程，提高教学与管理效率，教育者可以从冗繁的工作事务中解放出来，更多地去释放个人潜能，且有更多时间和精力去培养教育对象的创新思维，集中力量致力于引领教育对象涵养其正气、淬炼其思想、升华其境界、指导其实践的过程中去。

2. 教育对象的多元化

传统教育对教育对象的心理、学习习惯等特点，多数研究得不够深入。而今，在年轻人更注重"自我"的时代，受教育者的个性差异、个人需求将在教育过程中得到最大限度的发挥和挖掘。

首先是心智差异。教育对象受家庭因素、社会阅历等的影响，在个体学习能力、知识认知、学习习惯等方面表现出不同的心智特征、学习能力、习惯养成，在教育对象接受教育的过程中，其行为、能力和心理等方面变化也不尽相同，可以把上述差异化因素作为大数据输

入，借助人工智能技术和强大的算力支持，依据教育对象的不同个性特征提供实时、有针对性的服务支持。

其次，教育对象在教育需求、目标导向上也存在差异。教育需求方面，教育对象可以在智慧教育系统上进行课程选择，以及评价和反馈所学课程，这需要快速、准确、可信的数据处理来分析其个性化教育需求、提供其差异化的个人服务；目标导向方面，随着教育对象以心智、教育需求为基础的学习过程的演进，其对教育目标的理解也有差异，需要定期的跟踪和关怀教育对象的目标变化，算力可以以动态的用户行为数据为基础，帮助教育对象深入理解教育的本质，进一步选择及专注于某一领域或方向的终身学习目标。

3. 教育方法的混合化

教育方法，是指教育者传授给教育对象的各种活动方式和手段。传统教育多采取课堂教学等方法进行。而今，以智慧教育等多种崭新教育方式为代表的混合化教育方法有序推进教育进程。通过算力服务，学校快速搭建智慧教育系统，打造人机协同共教共育、减负增效精准教学的得力助手"智能助理"，因人施策，帮助教育者改善教育方法；创制引导自主学习、辅助课堂学习的智慧伴侣"智慧学伴"，以教育对象感兴趣的学习方式引导教育对象主动学习；形成推荐个性化试题、提供全面精准试题的测验小能手"智测能手"，脱离"题海战术"，设计和管理教学活动；建立开展全过程纵向评价、全要素横向评价的教评达人"智评达人"，全过程、全要素评价，以评促学、以评促教。例如，智慧教育系统中数字孪生助力智慧教育方面，将实验器具等进行孪生，教育对象在孪生体中进行反复常规操作及各种尝试性操作，由于在操作中需要对物理参数与实体参数进行精准、实时的对应，对反馈进行实时计算，算力是其中的重要组成部分，算力助力解决耗资巨大、不可逆等实验项目无法实操的问题，同时教育对象可以寓学于乐，激发学习创新性。

目前，算力助力学校教育方法改善已经取得一定成果。上海交通大学已将计算深度融入教学，还改造计算相关课程，更在教学支撑中使用最先进的计算平台，让学生的使用体验、教师的教学成果都显著提升。

4. 教育环境的智能化

传统的教育环境包括教室、图书馆等多个空间场所。而今，智慧实验室、智慧校园等赋予了教育环境新的特点和特征。从教育环境影响因素来看，学习空间、影响环境的技术是教育环境的两项制约因素。学习空间指实体的陈设、网络等，影响环境的技术指有助于改变学习空间的技术，如 5G、人工智能、云计算等。对于网络资源来说，边缘计算有助于数据的卸载、资源的高效调度等，改善和推进教育环境的安全可信、快捷开放。影响环境的技术方面，算力网络与 5G 等技术成熟度存在密切关系，例如某省教育行业打造云架构算力网络，借助算力，各种教育行业云应用被输送到校园内的各个场景，实现教学、生活的智能化和数字化升级。某省教育算力网络应用拓扑图如图 3 – 37 所示。除此以外，还利用数字孪生技术重构全时域的虚拟校园，实时全方位立体化安防态势监测，使教育者对校园安全事件精准管控，这些均需要强大的算力支撑。

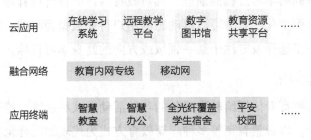

图 3 – 37   某省算力网络应用拓扑图

目前，算力成为智慧教育关键一环，算力助力教育智能转型已成为学校聚焦的热点之一。北京大学自主研制的开源算力中心门户和管理平台，以实现算力中心资源易管理、易使用为目标，提升算力资源效能，助力教育智能转型。

放眼未来，教育不断创新发展需要学校算力建设的持续投入，建议学校尤其是高等院校更多地探索和实践计算技术特别是国产算力在智慧教育场景下的研发和应用，让算力建设持续发展，更好地服务于我国的教育事业。

3.5　新一代 AI 正当其时，构建智慧新生态，走向教育大未来

2017 年 7 月 20 日，国务院印发《新一代人工智能发展规划》（下文简称《规划》）。《规划》指出新一代人工智能相关学科发展、理论建模、技术创新、软硬件升级等整体推进，正在引发链式突破，推动经济社会各领域从数字化、网络化向智能化加速跃升。《规划》明确了我国发展人工智能的战略目标。第一步，到 2020 年人工智能总体技术和应用与世界先进水平同步，人工智能产业成为新的重要经济增长点；第二步，到 2025 年人工智能基础理论实现重大突破，部分技术与应用达到世界领先水平；第三步，到 2030 年人工智能理论、技术与应用总体达到世界领先水平，成为世界主要人工智能创新中心。

《规划》提出六个方面重点任务：一是构建开放协同的人工智能科技创新体系，从前沿基础理论、关键共性技术、创新平台、高端人才队伍等方面强化部署。二是培育高端高效的智能经济，发展人工智能新兴产业，推进产业智能化升级，打造人工智能创新高地。三是建

设安全便捷的智能社会，发展高效智能服务，提高社会治理智能化水平，利用人工智能提升公共安全保障能力，促进社会交往的共享互信。四是加强人工智能领域军民融合，促进人工智能技术军民双向转化、军民创新资源共建共享。五是构建泛在安全高效的智能化基础设施体系，加强网络、大数据、高效能计算等基础设施的建设升级。六是前瞻布局重大科技项目，针对新一代人工智能特有的重大基础理论和共性关键技术瓶颈，加强整体统筹，形成以新一代人工智能重大科技项目为核心、统筹当前和未来研发任务布局的人工智能项目群。

当前，人类社会与物理世界的二元结构正在进阶到人类社会、信息空间和物理世界的三元结构，人与人、机器与机器、人与机器的交流互动愈加频繁。在多源数据、多元应用和超算能力、算法模型的共同驱动下，传统以计算机智能为基础的、依赖于算力算法和数据的人工智能，强调通用学习和大规模训练集的机器学习，正逐渐朝着以开放性智能为基础、依赖于交互学习和记忆、基于推理和知识驱动的以混合认知模型为中心的新一代人工智能方向迈进。应该说，新一代人工智能的内核是"会学习"，相较于当下只是代码的重复简单执行，新一代人工智能则需要能够在学习过程中解决新的问题。

习近平总书记也曾强调，以新一代人工智能为代表的重大创新可以为发展方式转变、经济结构优化、增长动力转换不断添薪续力。在移动互联网、大数据、超级计算、传感网、脑科学等新理论新技术的驱动下，人工智能加速发展，呈现出跨界融合、人机协同、群智开放、自主操控等新特征，正在对经济发展、社会进步、国际政治经济格局等方面产生重大而深远的影响，人工智能正在从专用智能迈向通用智能，而教育行业也将进入全新的发展阶段，实现全面的业务创新、模式创新和生态创新：依托新一代 AI 技术和教育深度融合，未来必将是人机协同的教育智能——业务创新；人才培养模式将实现大规模个性化——模式创新；实体空间＋网络空间＋社会空间三大空间相融合，形成虚实融合、虚实互动全面融入学校的新的教育生态——生态创新。

第 4 章

5G+数智化技术让智慧教育的梦想照进现实

5G移动通信技术的快速发展，正在全面影响着人们的工作、学习和生活。5G赋能数智化技术必将构筑智慧时代的教育新生态系统，使智慧教育的梦想照进现实。

5G移动通信技术+数据挖掘技术，精准刻画教学画像，使因材施教更有的放矢，使教育治理可以"用数而思、因数而定、随数而行"；5G移动通信技术+人工智能技术，建设智慧型校园，实现教、学、测、评创新融合；5G移动通信技术+区块链技术，构建教育数据信任体系，净化教育生态环境；5G移动通信技术+虚拟仿真技术，塑造虚拟新情境，成就敏捷、开放式实验教学；5G移动通信技术+数字孪生技术，打造校园业务智慧运营；5G移动通信技术+元宇宙技术，厚植教育新沃土，助推教育优质公平。

总而言之，数智化技术赋能智慧教育，并不是技术和教育的简单叠加，而是通过数智化技术的全方位、多维度、深层次赋能，推动教育的全领域转变，使智慧教育可以真正地做到"减负增效、因材施教、公平普惠"。

4.1 5G+数据挖掘——打造教育新模式，赋能智慧教育开枝散叶

5G技术的应用和推广，驱动数据规模的急剧增长、数据维度的多元丰富，在教育教学活动中，各种智能终端设备及信息管理平台，产生了大量学生、教师、教学、管理等相关的教育数据，在海量、高增长率和多样化的教育大数据中，潜藏着大量有价值的信息资产。数据挖掘技术作为一种新型的数据分析手段，可以在海量模糊的数据中揭示出隐含的、先前未知的并有潜在价值的知识或信息。在利用数据挖掘技术进行数据分析时，可以对数据进行聚类、概念描述、关联分析、偏差分析以及推理预测未来趋势等。

在教育教学活动中，通过5G网络收集教育教学过程中的全场景数据，结合数据挖掘技术，为教学模式优化、学习行为预测、教育决策制定等提供全面、客观的数据分析，提升教育教学精准度，是智慧教育不可或缺的一部分。通过物联网感知、可穿戴设备、情感识别、

网络爬虫、图像识别等智能化技术可以采集在教育教学活动中产生的数据，教育数据包括教务、科研、教师、学习者等各种数据。

4.1.1　精准刻画学习者画像，使因材施教更有的放矢

学习者相关数据包括学习者基本属性数据、学习行为数据、学习情感数据、学习平台数据、学生成绩数据等，通过对学习者数据进行挖掘分析，形成学习者画像，可以全面、准确地反映学生的认知提升、高阶思维发展等情况，精准预测和干预学生的学习状态。在教育教学活动的开展中，各种类型的数据是动态滚动产生的，数据的积累、更新使学习者画像不断地进行优化调整，最终达到更高的实时性和精准性。

基于学习者画像，学习平台可以主动推送个性化的学习服务，按需向学习者推荐学习套餐，实现对学习内容的精准推送，让学习者可以获得适合自身能力的学习资源；实现对学习路径的适应性规划，让学习者可以按照自身的习惯偏好进行深层次学习；对测试题库的有效筛选，让学习者能够进行有针对性的知识巩固和能力提升。

基于学习者画像，教师可以更直观方便地了解自己的每一位学生，可以对学生的表现及教学活动进行课后总结评价，及时纠正学生的学习态度、学习方法，对于不同类型的学习者给出个性化、差异化的学习建议，不断优化课程设计、教学方式、教学策略等，提高教学效果。

基于学习者画像，学生可以更准确、客观地了解自己的认知水平、学习过程、学习结果、优势劣势，继而有针对性地更改学习方式、方法，优化学习路径，发挥优势弥补短板，提高学习的效率和效果。

4.1.2　用数而思、因数而定、随数而行，构建教育治理新模式

教育管理数据包括校园教务、财务、图书馆、档案馆、安保、后勤等业务部门的数据。教育行政部门需要秉持"用数而思、因数而定、随数而行"的理念，具体来说，即充分利用教育管理数据，思考教育治理的实施方案，超越主观或可移植的经验，做到利用数据发现问题和思考问题，并最终形成用数据来解决教育问题的思维方式与能力；改变传统经验取向的教育决策方式，在系统考虑教育发展实际情况的基础上合理、客观、公正地利用数据来做出科学高效的教育决策；通过全链条、全维度教育数据的高效采集与渗透式应用，动态监管教育政策与教育业务的运行状态，以解决好高度复杂、动态发展的教育实践问题。

在教育管理中，要基于系统思维、以工程化方式推进数据驱动的教育治理现代化实践，只有将分散在各业务部门的数据打通重组、融会贯通，形成系统性教育管理支撑数据，才能

真正让数据发挥作用。教育数据在教育管理中的应用场景非常广泛，下面从几个简单的场景来介绍，但教育数据在教育管理中的应用绝不仅仅局限于这些场景。

通过挖掘分析图书的搜索和查询频次，以及图书的在馆年限，增强图书采购的针对性，提高书刊质量；通过挖掘分析历年图书的借阅数据，合理安排相关联图书的上架位置，提高图书馆的服务质量。

通过挖掘分析品学兼优学生和违反纪律学生的校园生活、课堂学习行为数据，形成对照组，并寻找同类学生的共同点，便于学校制定日常管理、课堂管理规章制度。

通过挖掘分析学生的专业、特长、素养以及升学、就业情况，得出具备何种专业和素养的学生更受学校和用人单位的青睐，以便合理引导学校的教育资源，有针对性地培养学生，提高学校和学生的社会竞争力。

4.2 5G＋人工智能——建设智慧型校园，实现教、学、测、评创新融合

人工智能是研究、开发用于模拟、延伸和扩展人的智能的理论、方法、技术及应用系统的一门新的技术科学。从技术角度看，人工智能的发展可以分为计算智能（能存会算）、感知智能（能听会说、能看会认）、认知智能（能理解、会思考）三个阶段。人工智能发展迅速，已在自动驾驶、智能家居、智慧医疗、智慧教育等领域发挥作用，5G移动通信技术为人工智能在各领域的应用提供通信基础设施支撑，助力实现万物互联互通。

人工智能与教育的深度融合发展，推动了教学、学习、测试、评价的创新融合（见图4-1），推进了智慧教育的前进步伐。

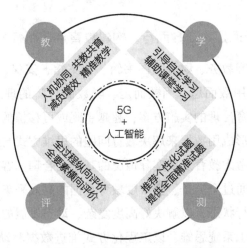

图4-1 5G＋人工智能实现教、学、测、评创新融合

4.2.1 智能助理：人机协同共教共育、减负增效精准教学的得力助手

人机协同教学将成为未来教学的新常态，"智能助理"将全面融入教育教学中，推进个性化教学、精准教学的开展（见图 4-2）。

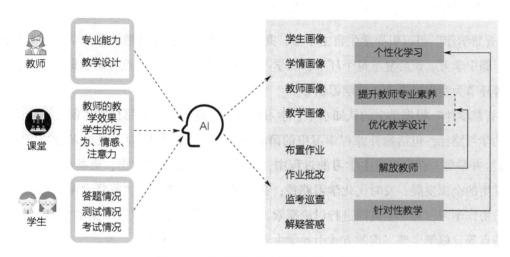

图 4-2 "智能助理"全面融入教育教学

"智能助理"帮助教师全方位掌握学生学情。在课前，"智能助理"通过分析授课教师及所授班级的画像，为教师提供适应性的教学资源及教学设计方案，辅助教师高效完成教学设计；在课上，"智能助理"通过追踪学生的行为、情感、注意力等特征数据，形成每位学生的学情画像，通过分析学生学情提醒教师调整课程的重难点分布、调节课堂的授课方式、优化教学策略等；在课下，"智能助理"通过分析学生回答问题的情况、做测试题或考试的情况，了解每位学生对知识点的掌握程度，从而有针对性地为学生下发辅导资料。

"智能助理"帮助教师完成日常任务，将教师从重复、机械、耗时的任务中解放出来，比如备课、监督、布置作业、批改作业、监考巡查、答疑解惑等，"智能助理"在帮助教师完成这些任务后，会对任务进行统计与分析，将结果提供给教师，既节约了教师的时间，又使教师不至于和教学脱离，同时教师还可以更好地优化教学设计、调整教学策略、对学生进行一对一个性化指导与交流、提升自身的专业素养，充分激发教师在教学实践中的智慧性与主体性。

"智能助理"帮助教师提升自身的专业素养。"智能助理"根据教师的教学情况以及自

身的专业能力水平，制定提升教师专业素养的方案和计划，并根据教师的成长和教学的改善情况随时进行优化调整，使教师能适应智能时代的教育教学新生态，不断探索出教学的新模式。

4.2.2 智慧学伴：引导自主学习、辅助课堂学习的智慧伴侣

"智慧学伴"可以引导学生自主学习，完善自身技能，还可以辅助课堂学习，贯穿课前预习、课中学习、课后复习每个环节，从学习指导、路线规划、难点答疑、资源推荐、课后评估等环节为学生提供全方位学习辅导。

"智慧学伴"根据学生的认知水平、学习风格、兴趣特长等为每位学生制定适合其全面发展的学习路径，包括弥补课程学习中的薄弱环节、提高思维能力、发展兴趣爱好、落实"五育"并举等。在学生自主学习的过程中，不断采集学生学习数据，更新学生能力图谱，聚焦学生的全面发展，及时优化学习路径；在学生需要的前提下，"智慧学伴"可随时与学生进行协作学习，和学生共同进行讨论探索，共同完成任务；还可以根据学生的学习习惯、风格特点等，以学生感兴趣的方式引导学生养成主动学习的习惯。

"智慧学伴"根据学生的真实课业数据，可以串联课前预习、课中学习、课后复习每个课堂学习环节。在课程进行前，为学生推荐课程中会涉及的主要知识点，唤起学生的储存记忆，使新内容更容易习得，增强新课程学习的自我成就感；在课程进行中，记录学生的行为数据、心理数据和生理数据，来反映学生认知提升和思维发展等情况，对学生进行及时干预；课程结束后，将学生上课注意力不集中漏掉的知识点和答错教师提问的相关知识点推荐给学生，学生还可以根据自身情况点播课程相关的任何内容，完成课后复习、牢固掌握。

"智慧学伴"可以增加学生接受智能学习的机会，培养学生的计算思维、协作学习、实践创新等能力素养，使学生能够适应智能时代的生存法则。

4.2.3 智测能手：推荐个性化试题、提供全面精准试题的测验小能手

"智测能手"通过储存大量题库，并为测试题设置"学科分类""相关知识点""难度系数""建议时长"等标签，来实现测试题的精准划分，同时"智测能手"通过人工智能技术，可以对测试数据进行统计和分析，来辅助个性化教学和学习的发生。

"智测能手"实现学生个性化试题推荐。根据教师设定的教学目标和学生设定的学习目标，推荐相应难度指数和相应知识点的试题，当学生对某一知识点的掌握程度没有达到设定

的目标时，学生可以主动进行智能检索，检索出相同知识点的其他测试题，使学生对该知识点能达到举一反三的效果。同时，"智测能手"通过对学生做测试题的过程和结果进行统计分析，从而评估学生对知识点的掌握程度，并主动推荐个性化测试题，使学生可以进行针对性的提高和发展。

"智测能手"提供全面且精准的测试题。根据教师设定的教学目标和学生设定的学习目标，快速检索出全面覆盖测试目标的测试题，并且会把重复知识点控制在一定数量上，使学生可以脱离"题海战术"，助力"双减"提质增效。

同时，"智测能手"还是很好的教辅工具，它可以实时监测学生的答题情况和学习进展，并及时给予反馈，使学生在进行测验的过程中获得及时的评估结果和建议，帮助他们及时纠正错误、改进学习方法、正确认识自己。教师也可以通过学生的测试评估数据，设计和管理教学活动，从而提高教学效率和质量。

4.2.4 智评达人：开展全过程纵向评价、全要素横向评价的教评达人

人工智能赋能教育评价，使教育评价走向改革的主战场，破解"经验驱动""唯分数""唯升学""片面性"的教育评价困局，使教育评价能真正促进学生学习、支持教师教学，同时满足社会多元化人才选拔的需求，使教育评价回归育人本质。

"智评达人"有助于开展全过程纵向评价。通过图像识别、语音识别、脑电技术、脑成像技术等识别教与学过程中的动作行为、情感态度、注意力、记忆力等"伴随式多模态数据"，对学生能力进行全过程考察，为教育评价提供客观的、全过程的信息。通过智能化模型对数据进行实时分析，为学生的认知能力评估和心理特征等提供更有效的评估方式，最后将评价结果及时反馈给教师和学生，真正做到以评促学、以评促教。

"智评达人"有助于开展全要素横向评价。不仅对学生的学业成绩做出评价，更要对学生的学习态度、学习行为、认知能力、社会适应能力、高阶思维等做出评价。"智评达人"通过对学生在各个学科领域的知识掌握和理解能力，对学生进行学科知识评价；通过对学生在学习过程中的思维能力、沟通能力、问题解决能力等，对学生进行学科技能评价；通过对学生在学习过程中表现出的自主探究能力、团队合作能力、创造性思维等，对学生进行创新能力评价；通过对学生表现出的社会责任感、公民意识、社交活动等，对学生进行社会情感评价。全要素横向评价使学生能够具备未来人才素养，可以面对知识快速增长、科技创新、信息爆炸、人工智能无处不在的未来。

4.3 5G＋区块链——构建教育数据信任体系，净化教育生态环境

区块链（Blockchain）即由区块组成的链。区块是一个结构数据单元，每个区块中保存了一定的信息，它们按照各自产生的时间顺序连接成链条，是分布式数据存储、点对点传输、共识机制、加密算法等计算机技术的新型应用模式。区块链具有去中心化、不可篡改、可追溯性、公开透明、匿名性等特点，现阶段区块链可以分为公共链、联盟链和私有链，且已具备企业级的管理属性，支持政府、工业、医疗、教育等行业应用。区块链的快速发展及应用，离不开5G网络的支撑，5G与区块链的融合，可以提供高效、安全、快速的服务体验（见图4-3）。

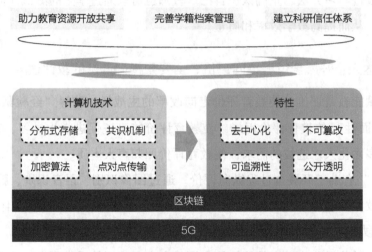

图4-3 5G＋区块链构建教育数据信任体系

教育乃立国之本、强国之基，教育作为国之大计，肩负着巨大的使命。中华文明源远流长，随着几千年来教育政策的改变、社会形态的进步、教育意识的增强以及教育产业的不断发展，教育已经成为一个国家的基础性产业，关系着各行各业的发展。然而，在发展过程中，传统教育行业面临着教育资源分布不均衡、学生学信档案管理不完善、学术造假时有发生等问题。

早在2016年，工信部颁布的《中国区块链技术和应用发展白皮书》中就指出，区块链系统的透明化、数据不可篡改等特征，完全适用于学生征信管理、升学就业、学术、资质证明、产学合作等方面，对教育就业的健康发展具有重要的价值。

4.3.1　5G + 区块链技术：助力教育资源开放共享

教育资源分配不均衡，是目前我国教育领域存在的主要问题，这种不均衡主要体现在城乡之间、地区之间、校际之间以及不同社会群体之间。要想实现教育的优质公平，优秀的教师和课程资源缺一不可，一直以来，教育部都高度重视并积极推进优质教育资源的共建共享，试图解决教育资源分布不均衡的问题。但当专家、学者或教师在开放学术性实验、公开课、多媒体教学资源后，往往会存在版权纠纷与学术纠纷的现象，对贡献者的独创成果缺乏相应的知识产权保护，影响分享的积极性。

利用区块链技术，完全可以解决这个问题。首先，利用区块链的智能合约对贡献者上传的独创成果进行自动化审核，将不当言论、误导性谣言等不合规发表进行屏蔽，并对上传者进行惩罚；其次，将审核通过的成果放入区块链中，利用区块链的共识机制对资源成果进行认证；最后，将认证成功的资源成果加盖时间戳，保证资源的版权安全。并且，区块链的分布式账本技术，实现贡献者和使用者点对点的资源传播方式，可以解决不同学校和部门之间资源管理平台尚未打通的现实问题，降低资源管理的运营成本。

独创成果"上链"成功的贡献者，根据资源的下载量和评分等可以获取相应数量的虚拟币，任何人使用该资源都需要支付一定数量的虚拟币，利用虚拟币可以获取更多优质资源的访问权限，同时虚拟币的数量也可以作为教师教学绩效的考核指标，学习者通过学习资源也可以得到相应数量的虚拟币。虚拟币的引入促使参与者产生内部竞争，进而激发教师持续参与优质资源创建和分享的热情，鼓励学习者持续进行深入学习。

4.3.2　5G + 区块链技术：完善学籍档案管理

学籍档案管理是一项信息量大且流程较为复杂的工作。学籍档案即一名学生在校就读所录入的个人信息，包括姓名、家庭住址、身份证号等基本个人信息，以及学号、入学时间、学籍情况等学校相关信息，从学生入学开始，一直到学生生涯结束，都需要在学籍档案进行记录，学籍档案的妥善管理有利于学校或其他部门直接获取该学生的基本信息。

在现阶段，主管学生档案分配的单位没有统一，有人事局、人才交流中心、教育局、专门的分配办等，且学籍档案都是纸质保存，容易丢失或损毁，学籍档案一旦丢失或损毁，会直接影响学生的升学、转学、就业等人生大事，后果非常严重。2017 年为保障义务教育的正常实施，我国 19 个副省级以上重点大城市各区（县）实现了 100% 的小学、95% 的初中划片就近入学，许多家长为了让自己的孩子享受更优质的教育，衍生出了诸如户口搬迁、户口本信息篡改、学籍信息补充不完善等问题，导致孩子的学籍档案记录混乱（见图4-4）。

图4-4　学籍档案记录混乱现象

　　面对学生学籍档案管理体系不完善、管理流程复杂、不易保存、信息易篡改、易丢失或损毁、调阅实时性低等问题，可以利用区块链技术的分布式数据储存、多节点数据共同维护，在各学校学籍管理处、人事局、人才交流中心、教育局、专门的分配办等分布式实体之间，建立自动化协调一致的"一人一生一号"学籍档案管理体系，并利用区块链技术中的哈希算法、智能合约、追根溯源等功能，为学生学籍电子档案提供安全保障，任何改动学生学籍档案信息的操作都会被记录在区块链中，防止档案被恶意篡改、规避档案信息易丢失的问题。

4.3.3　5G+区块链技术：建立科研信任体系

　　学术造假、学历造假、求职简历造假事件时有发生（见图4-5）。院校、用人单位缺乏高效的验证手段，传统的证书真伪检测方法，就是通过学信网上的证书编号及相关信息和学生提供的纸质版证书进行比对，耗时耗力。且当通过查询同姓名的毕业生，并解码获取该生学信网上证书编号等全部信息用于伪造毕业证、学位证等信息时，是很难通过人工比对查验

图4-5　学术造假、简历造假现象

出来的，这时，院校和用人单位就要蒙受信息不对称造成的损失，降低了学校与学校、学校与企业之间的信任。

利用区块链技术去中心化、可验证、防篡改的存储系统，可以将学历证书放在区块链数据库中，构建全新的学历证书系统。目前，伦敦大学学院完成了区块链试点程序，该校金融风险管理课程的硕士毕业生可以使用区块链技术来验明学历的真实性，把学生的学历、证书等信息存储到区块链系统中，学校和相关机构对学历进行认证，院校、用人单位可以通过验证求职者在区块链中的学历及证书信息来验证其简历的真伪，同时区块链数据难以篡改的特性也能保障学历、证书数据的安全，防止不法分子盗用。利用区块链追根溯源的特性对学生在校期间的学习行为、学习结果、正负面行为等情况进行记录，使院校、用人单位可以通过合法渠道合理获取学生的在校数据，促进学校和企业在人才培养上的高效精准合作。

4.4 5G + 虚拟仿真——塑造虚拟新情境，成就敏捷、开放式实验教学

虚拟仿真（Virtual Reality），意同"虚拟现实"，早期也被称为"灵境技术"，即用一个系统模仿另一个真实系统的技术，是计算机图形学、仿真技术、图像处理与模式识别、语音识别与合成技术等各种高新技术综合发展的成果。伴随着 5G 规模化建设的启动，虚拟仿真技术也呈现出巨大的发展潜力，利用 5G 网络的超大带宽和毫秒延迟，实现及时交互、丰富内容形式，确保用户对高质量的沉浸式体验有更好的感知。

党中央、国务院高度重视虚拟现实产业的发展。面对新形势、新使命，工信部、教育部等联合制定发布《虚拟现实与行业应用融合发展行动计划（2022—2026 年)》。该行动计划提出到 2026 年实现关键技术重点突破，终端产品不断丰富，产业生态进一步完善，虚拟现实在经济社会重要行业领域实现规模化应用。面对高新技术的冲击，教育行业也面临新的突破，虚拟仿真实验教学应运而生。

4.4.1 为解决教学所不能为、不敢为、不好为

科学技术是第一生产力，在科学技术迅速发展和普及的时代，学生需要适应新形势并处于时代之上，而科学学科（物理、化学、电气、生物、天文等）是以实验为基础的学科，因此加强实验教学显得尤为重要。

在传统教学中，实验教学还存在很多问题，具体表现在：第一，理论教学和实验教学往往是分开授课，存在实验教学滞后于理论教学，且与理论教学脱节的现象，学生先学习完理

论课程再进行实验，理论课程中一些抽象的知识无法及时消化，在实验过程中不能和理论很好地结合起来，无法发挥实验教学的优势，最终导致教学效果不理想；第二，如果实验设备成本过高或消耗过大，实验内容涉及高危、不可逆等操作，或由于理论知识高度概括抽象、属于宏观和微观领域导致实验不可及等，学校都不会开设相关的实验课程，不利于培养学生的专业素养；第三，实验室有限、实验室内教学资源有限、实验室开放时间有限，学生不能随时随地动手实践，无法进行自主学习和自主探究。

虚拟仿真实验恰恰可以很好地解决这些问题，具体表现在：第一，虚拟仿真实验可以将实验带入理论课程，将理论课程与实验课程进行有机融合，教师可以在理论授课的同时进行仿真实验演示，学生在汲取到相关知识后可以及时进行实验验证和探索；第二，虚拟仿真实验易于构建和实现，且可以构建昂贵、不可及、不可逆的实验，从而节省大量实验资源的购置和管理费用；第三，虚拟仿真实验打破了传统实验室时间和空间的限制，只要有网络和终端设备，学生可以随时随地随心进行实践与探究。

4.4.2 面向可持续竞争力的敏捷教学

20 世纪 90 年代，美国国防部和 100 多家公司历经 3 年研究，在《21 世纪制造企业战略》中提出敏捷制造，旨在对迅速改变的市场需求和市场进度快速做出响应。同时期，在软件工程领域也逐渐形成了一种能够应对快速变化需求的软件开发能力，即敏捷开发，敏捷开发更注重开发人员与业务人员的紧密协作、面对面沟通、频繁的交付软件版本等，大大提高了软件开发的效率。受到敏捷制造、敏捷开发等新概念的启发，为应对新时代教学目标多元化和人才需求个性化的特征，敏捷教学应运而生。"敏捷教学"以学生发展为中心，通过理论、技术、实践教学的交叉并行与快速重构，以及跨校跨界教育资源的高效协同，实现知识学习与能力提升的多轮迭代，是具有高度灵活性和动态适应性的一种教学形态。

虚拟仿真技术通过创设虚拟学习情境，将实验课程引入理论课程，实现理论与实践的完美融合，使学生可以及时对所学的理论知识进行巩固和实践，加深印象，使教学更加敏捷高效；虚拟仿真技术凭借 5G 特性，可以实现实时影像传输，快速协同多方优质教学资源，学生可以利用自由时间完成自主探究与学习，根据自身的兴趣及能力水平制定适合自己的学习计划，为学生的个性化发展创造更多机会；虚拟仿真技术通过创设问题情境，可以将多个知识原型进行高度融合，使割裂的知识建立内在联系，使学生可以从不同角度解决问题，提高学生跨界融合的能力。

虚拟仿真技术助力构建敏捷教学体系，助力提高学生的综合素质和创新能力，使学生具备可持续竞争力，足以应对社会发展的跨界性与快速变化，具备可持续竞争力的创新人才必将成为未来社会不可或缺的人才。

4.4.3 导向深度学习的沉浸式教学模式

智慧课堂是高新技术与教育教学深度融合的产物，促进深度学习是智慧课堂的核心内容。布鲁姆教育目标分类法中将教育目标分为三大类：认知领域、情感领域和动作技能领域。各领域从低到高又可以分为不同的层次，其中认知领域为知道、领会、应用、分析、综合、评价；情感领域为接受、反应、形成价值观念、组织价值观念系统、价值体系个性化；动作技能领域为知觉、定式、指导下的反应、机械动作、复杂的外显反应、适应、创新。由此可见学习有深浅之分，深度学习要求学生对知识不能仅仅停留在知道的层面，还需要对知识进行深层的加工，并丰富情感体验，形成自身的逻辑思维和价值观念，锻炼实践能力，在真实的问题情境中可以融会贯通。

利用虚拟仿真技术打造沉浸式互动学习空间，把知识融入真实的问题情境中去，帮助学生建立抽象知识和现实世界的联系，促进学生对知识进行深度加工，使学生具备对知识迁移应用的能力。

虚拟空间具备高沉浸感的特性，可以增强学生的参与度、提高学生的学习兴趣。学生在虚拟空间中可以进行自主探索，不断更新自身的知识结构、形成自主的思维和判断、增加理论应用于实践的能力；还可以和虚拟同伴或真实同伴协作解决问题，通过合作、竞争的方式，最大程度地激发学生的潜力，使学生具备适应未来社会多种工作形态的能力。

4.5 5G +数字孪生——推进教育新基建，打造校园业务智慧运营

数字孪生，是充分利用物理模型、传感器更新、运行历史等数据，集成多学科、多物理量、多尺度、多概率的仿真过程，在虚拟空间中完成映射，从而反映相对应的实体装备的全生命周期过程。数字孪生技术旨在为某物理实体创建数字化模型（数字孪生体），通过传感器、物联网等技术将物理实体在现实世界的运行数据在虚拟空间进行实时映射，通过告警、异常数据可实现对故障的快速诊断和预测；同时可以根据运行历史数据、外界实时环境等在虚拟空间对物理实体进行预运行，通过预运行产生的数据对物理实体进行评估、优化。当前数字孪生技术已广泛应用于机械制造、基建工程、物流交通等领域，除此之外，在教育、医疗、环保等领域的应用前景也非常广阔，借助数字孪生技术，可以助力智慧教育的实现（见图 4 - 6）。

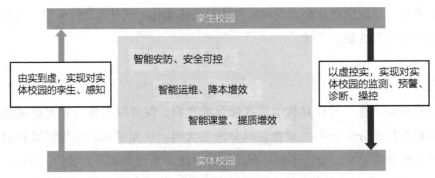

图 4-6　数字孪生助力智慧教育的实现

4.5.1　智能安防，安全可控

　　教育部多次强调要加强校园安全工作，各地各级教育行政部门、学校等也都高度重视校园安全，但校园安全事件具有突发性、紧急性、不可预见性，影响校园安定的偶发事件时有发生。校园安全是头等大事，应该利用有效的高新技术手段构建智慧型校园安全管理，为校园安全提供更多保障，切实做好校园安防工作，确保广大师生生命安全和校园安全稳定。

　　利用数字孪生技术重构全时域的虚拟校园，构建智能校园安防系统，支持接入 GPS 定位、视频监控、门禁系统等数据流，实现人、事、物的全方位立体化安防态势监测，对校园安全事件进行智能识别与预警，使管理人员对校园安全事件精准管控，提升校园安防管理效能。为学校边界、楼宇天台、楼宇门窗、其他危险地域设置电子围栏及报警器，当有人员靠近危险区域时，报警器就会发出警报声制止人员，同时数字孪生校园提示警报信息、警报位置，并调取该处监控，管理人员做出判断及处理，提前遏制危险发生；在校园角落、楼道、黑暗地带等危险易发生位置放置摄像头及声音感应器，如果有校园暴力事件发生，通过图像识别和分贝检测技术，触发数字孪生校园的警报装置，管理人员对报警监控进行查看及处理，预防校园暴力事件的发生；通过视频监控、GPS 定位等信息资源，可在数字孪生校园内实时查看安保人员、巡警人员的位置和运动轨迹，便于安防人员的调度，当出现安防报警事件时，通知附近的值班、巡视人员前往查看、及时处理。

4.5.2　智能运维，降本增效

　　学校是一个小型社会，包含众多师生的生活、工作和学习，这也间接导致学校的设备纷繁复杂，包括教学设备（实验室仪器、计算机、投影仪、电子白板等）、运动设备（健身器材、游泳馆、羽毛球馆、篮球馆等）、日常运营设备（水、电、暖等），学校设备的正常运行与教育教学活动的顺利开展、学校师生的正常生活息息相关。为了保证教学设备的防火、防盗、故障排查，保证运动设备没有安全隐患，保证日常运营设备的正常运行，学校会花费大量的人力、物力、财力，对设备进行定期的检查、维修。尽管如此，由于设备繁多，检修人员疏忽等原因，造成实验室爆炸、机房着火、危险用电的情况时有发生，保证学校设备的正常运行是一项非常重要而棘手的工作。

利用数字孪生技术构建设备的数字化信息模型，基于地理信息，通过智能设备、传感器、物联网等技术将设备的历史运行数据、实时运行状态、周围环境等数据传给孪生设备，实现对物联设备的状态监控、故障预警与智能控制。在孪生系统中，每个设备都有专属的责任人，责任人可以观测设备运行状况，模拟设备在不同环境下的运行状态，查看电器设备的温度等信息，当设备出现预警或告警时，快速定位到设备的具体位置，查看设备详情，并可以远程控制设备开关。通过数字孪生技术对设备进行管理控制，可以及时发现设备问题，定位问题产生的原因，通知维修人员提前处理，提升设备运维效率，实现智能运维，有效规避由于设备出现问题造成的教学质量下降或灾害等问题，使校园的工作、学习、生活变得更加安全和美好。

4.5.3 智能课堂，提质赋能

数字孪生技术可以颠覆传统的教学形式，在教学过程中，使学生可以获得更高的参与度，将传统课堂中无法实现的操作变得日常，将实验器具、材料、超大器械等进行孪生，孪生体的参数和物理实体的参数一一对应，学生可以直接在孪生体中进行反复常规操作及各种尝试性操作，学生的操作会直接作用于孪生体，孪生体根据实体的参数特性直接将实验结果反馈给学生，解决了耗资巨大、危险（见图 4－7）、不可逆等实验项目无法实操的问题，同时学生可以做各种尝试，使学生更加充分地理解实验，激发学生的创新活力。

图 4－7　北京欧倍尔国家虚拟仿真实验教学项目成功案例

数字孪生技术可以颠覆传统的教学模式，将传统以知识传授为目的的教学，升级为以问题导向的教学，利用数字孪生技术创设问题情境，使学生从解决问题的角度进行知识的创建。将需要进行频繁观察、研讨、合作的内容创设情境，使学生能持续深入参与学习，提高学习的沉浸性。在创设问题情境时，可以把多个知识原形进行高度融合，使学生可以从不同角度、不同侧面寻求解决问题的方案，从而形成系统性的知识架构，而不是学科独立的知识体系，提高学生解决问题的能力。

4.6 5G+元宇宙——厚植教育新沃土，助推教育优质公平

元宇宙（Metaverse），目前尚未有清晰准确的定义以及对其终极形态的描述，可以认为它是一个平行于现实世界，又独立于现实世界的虚拟空间，是映射现实世界的在线虚拟世界，是越来越真实的数字虚拟世界，是有朝一日能超越现实宇宙的存在。元宇宙的应用领域主要聚焦在游戏、社交领域，在教育行业的应用也已崭露头角，比如美国成立第一所虚拟现实高中——美国高中（American High School）；中国传媒大学等学校在沙盘游戏《我的世界》中还原像素风校园，举办云毕业典礼（见图4-8）；美国莫尔豪斯学院（Morehouse College）建立沉浸式虚拟实验室等。元宇宙教育刚处于起步阶段，未来元宇宙必将重塑教育模式，顺时代而上，为祖国培养新时代的人才。

图4-8 像素风中国传媒大学-云毕业典礼

4.6.1 打破教育时空界限

5G技术的广泛应用，为教育领域带来了前所未有的变革机遇。5G的高速度、低延迟和大连接等特性，使得实时互动与数据传输成为可能，极大地促进了远程教育的发展。通过5G网络，教师可以利用高清视频流、增强现实（AR）、虚拟现实（VR）等多媒体手段进行授课，学生则可以在任何时间、任何地点接受高质量的教学内容。这种模式不仅能够满足不同地域学生的学习需求，还能够促进优质教育资源的共享，从而缩小城乡之间、区域之间的

教育差距。

在传统的在线教育中，虽然学生可以通过互联网接触到大量的学习资源，但往往缺乏即时反馈和互动性，导致学习体验单一且效率低下。5G 技术结合了元宇宙的概念，为在线教育注入了新的活力。师生不再受限于地理位置，他们可以在一个高度拟真的虚拟环境中共同参与课堂活动，实现如同面对面交流般的沟通效果。这种环境下的教学活动更加丰富多样，包括但不限于实验操作、实地考察模拟以及跨文化合作项目等，都能够以一种新颖而吸引人的方式展开。

基于 Web3.0 技术的元宇宙世界既包含现实世界的孪生产物，又有虚拟世界的创造物，师生在其中拥有唯一的身份标识，具有现实感的社交关系，还可以享受低延迟感与高拟真感的视觉、听觉、触觉等全身感官体验。师生在元宇宙打造的教育场景中，可以打破社交、交互、情感、协作、被动性等受限局面，拥有现实沉浸感和超越现实的感受。这样的教育形态不仅增强了学习过程中的参与度，也为培养学生的创新思维和社会技能提供了平台。通过这种方式，教育不再仅仅是知识传递的过程，更成为个人成长与发展的重要组成部分。

4.6.2 共享优质教育资源

十三届全国人大四次会议上的《政府工作报告》提出，要发展更加公平更高质量的教育。教育公平是社会公平的基础，社会公平是社会稳定的基础，教育的不公平是人生起点的不公平，是最大的社会不公平，受教育程度在很大程度上影响每个人的发展机会和经济水平，必须保障每个人平等受教育的权利。当前教育公平面临的主要问题在于，优质教育资源（先进的办学理念、必要的硬件设施、优质的学校课程和优良的师资队伍）分配不均衡，存在城乡、区域、校际的差距。

正如慕课的封面标语：好的大学，没有围墙。利用元宇宙技术可以实现虚拟校园的构建，虚拟校园可以打破空间上的办学边界，可以将全球优秀师资队伍及国际教学资源引入。教师及行业专家可以打造属于自己的虚拟人在虚拟校园中畅游，他们可以与来自世界各地的同行、前辈进行沟通交流，分享不同地区的教育资源和教育经验，在丰富自身学识的同时，取长补短服务于自己的教育事业；学生可以通过虚拟人参加虚拟校园中的虚拟课程（见图 4-9），他们可以按照自己的兴趣爱好、自身特点随意选择课程，在上课的过程中可以与来自世界不同角落的学生共同探讨，从而丰富自己的学习内容和视野；用户还可以将自己的教学资源、学习资源上传到元宇宙中，提高教育资源的利用效率，也可以参加世界不同大学举办的报告及展览会，增强见闻，共享优质教育资源。

图4-9　来源于华南师大焦建利教授的《元宇宙：第五大教育场景》

4.6.3　寓教于乐，寓学于趣

古罗马诗人、文艺理论家贺拉斯在《诗艺》中首先提出"寓教于乐，寓学于趣"的观点，用于描述诗的作用，即诗应该给人带来益处和乐趣，既能劝谕读者，又使他喜爱，才能符合众望。教育亦是如此，教条式、机械重复式的教育，导致枯燥无味、被动被迫的学习，而寓教育于快乐之中，寓学习于兴趣之中，使教育在快乐的氛围下发生，将教学活动放在激发学生的兴趣和学习动力上，使学生感受到学习的乐趣，不只是为了学习而学习，有利于构建更加良好的师生关系，促进师生身心更加和谐地发展。

教育游戏与元宇宙有密不可分的关系，元宇宙所处的虚拟空间是打造教育游戏的绝佳土壤，元宇宙中的虚拟身份标识、虚拟经济系统、现实感的社交关系、沉浸式体验、自由探究创作等都为游戏化学习提供了利器。基于5G网络高速率、低时延的特性，利用元宇宙实现的游戏化学习具备以下几个特点：

1）高交互性。学生的游戏学习可以得到系统及时的反馈，学生还可以利用虚拟身份和其他教师、学生进行互动，交互体验逼近真实情境。

2）高沉浸性。学生在创设的虚拟情境中学习，充分调动视觉、听觉、触觉、嗅觉等感官，具有身临其境的感觉，获取沉浸式的学习体验。

3）高创造性。学生在教育游戏中具有超高权限，可以通过不同方式完成任务，并可续写角色主线，学生可以在不同情境中进行探索、创造，充分激发学生的积极性与创新性。元宇宙可以实现一种寓教于乐，寓学于趣的新方式。

第5章

5G 智慧教育综合解决方案与实践

　　5G 赋能数智化技术，使智慧教育的梦想得以照进现实，在数智化技术为教育行业赋能的同时，教育行业需要制定智慧教育的综合解决方案，为智慧教育的建设与创新实践指明方向。

　　5G 智慧教育综合解决方案包含 5G 智慧教育总体架构的搭建以及智慧管理、智慧教学、智慧学习、智慧评价一整套的解决方案及建议。在智慧管理层面，从教育数据标准化、数据共享与开放、数据安全管控三个方面进行数据治理；按照"核心系统国家建、通用系统上级建、特色系统本级建"的原则，聚焦"一朵云"、融合"一张网"、协同"N 个端"、构建"一个库"建设服务平台；基于数据驱动，遵循放眼全局、立足实际、持续改进的原则，提供科学高效的教育决策。在智慧教学层面，从优化教学内容的呈现、促进及时交互的发生、便于智能设备的管理三个方面搭建智慧教学环境；通过对教学数据全面、自然、动态、持续的采集、挖掘及应用，实现精准教学及规模化的因材施教；从基础设施、内容的数智化建设及开放共享两个方面建设智慧教学资源。在智慧学习层面，创建具备 4A 特性的泛在学习空间，为泛在学习服务；根据齐莫曼自主学习理论模型搭建自主学习平台，为自主学习服务；构建个性学习图谱，为个性学习服务。在智慧评价层面，改革评价体系，具备增值性、多元性、综合性、实时性、精准性、公平性的特征；创新评价工具，形成对学生发展的过程性评价和综合性评价；搭建智慧评价系统，真正做到以评促管、以评促教、以评促学。

　　在 5G 智慧教育综合解决方案的基础之上，智慧教育在各个方面已经进行了创新实践，比如在智慧管理层面，成为校园看不见的安全护盾；在智慧学习、评价层面，成为守护学生成长漫漫征途的指明灯；在智慧教学层面，实现了因材施教、教学相长。未来智慧教育需要在拥抱科技的基础上，继续坚持立德树人的永恒主题，不断实现变革创新的自我重塑。

5.1　5G 智慧教育架构

5.1.1　世界百年未有之大变局

"当今世界正在经历百年未有之大变局",这是以习近平同志为核心的党中央,对新时代世界发展态势和国际局势的敏锐洞察和深刻分析的基础上,提出的重要战略研判,也是我国布局各项事业的重要战略坐标。教育是人类发展的基石,是社会发展的源动力,党的二十大报告明确提出"教育、科技、人才是全面建设社会主义现代化国家的基础性、战略性支撑",并将"建成教育强国、科技强国、人才强国"纳入 2035 年我国发展的总体目标。

从我国教育发展的历史来看,教育的每次重大发展变革总是与人类的产业技术革命相伴相随、相辅相成。

原始社会时期,与当时的社会生产力低下、物质生活条件简陋相匹配,原始社会教育融合于生产劳动和社会生活中,上至制造工具,下至捕猎种田都是当时教育的核心,人们将物化在工具上的经验、记忆在头脑中的方法,通过言传身教传授给下一代。伏羲时期,将由家庭和氏族内部的自发教育上升为国家教育,将教育纳入国家层面的社会管理之中,伏羲教育作易、作乐、教伦理、制器具,是人类文明的起点,也是教育的起点。

到了尧帝时期,已有大学、小学之分,小学在下庠,由乡老执教,主要教授基础的文字、礼仪和道德知识;大学在上庠,由国老执教,教授更高深的学问和政治知识,还设立了专门的场所"成均",是人类历史上最早的大学。这种大学和小学的划分,体现了当时教育的分层性和等级性,让教育更加系统化和制度化,在古代教育中起到重要的作用,为国家培养了一批德才兼备的士人和官员,促成了华夏民族早期教育实践活动的展开。

从伏羲时期开始的国家教育,其实是贵族教育,大部分平民基本没有接受教育的机会。儒家学派的创始人孔子变"学在官府"为私人讲学,打破了由贵族统治阶级所垄断的教育制度,将私塾合法化,同时还突破性地提出"有教无类"的教育思想,使教育得以下沉到平民阶层中,先秦诸子百家效仿孔子,开展私塾教育,私塾教育的兴起推动了社会的向前发展,社会上人才辈出。

教育的又一重大变革是科举制度的诞生,科举制度是中国古代教育史上最伟大的创举之一,起源于隋朝,是封建时代所能采取的最公平的人才选拔形式,科举制度让更多社会底层的人士有机会通过合法渠道进入政权,为封建政权注入了生机与活力,科举制度的兴起把读书—考试—做官联系起来，把权、位、学识结合起来，营造了尊师重教、刻苦学习的氛围，形成了中国古代文明发展的一个黄金时代。

清末民初时期，清末社会已经进入"将萎之华，惨于槁木"的衰世，清王朝江河日下暮气日深，飘摇破败之势兆显亡国之征。教育救国成为当时影响社会的教育主张，处于内忧外患的国家开始摒弃僵化的科举制度，引入西方的教育体制，大举兴办新式学堂，官派出国留学、鼓励自费留学，培养了一大批学贯中西的人才，这一时期人才的培养数量和质量都大大提高。新式学堂经过百年发展，逐步形成了今天的教育体制和教育模式。

现今，中华民族正处于伟大复兴的关键时刻，矛盾与希望交织，挑战与机遇并存，教育作为国家基础性、先导性、全局性的战略资源和战略手段，正在百年变局中面临又一次重大变革。党的二十大报告指出"必须坚持科技是第一生产力、人才是第一资源、创新是第一动力，深入实施科教兴国战略、人才强国战略、创新驱动发展战略，开辟发展新领域新赛道，不断塑造发展新动能新优势"，我国教育需要适应新时代新形势的要求培养符合未来社会需求的人才，推进智慧教育的发展已经成为各国抢占教育发展变革的制高点，我国教育需要在百年变局中为世界教育的未来发展提供中国方案，做出中国贡献。

5.1.2 总体架构

新一轮科技革命和产业变革突飞猛进，科学技术和经济社会发展加速渗透融合，科技革命与大国崛起往往密切相关，新一轮科技革命浪潮的兴起，于我国而言，是百年难得的机遇，是中华民族实现伟大复兴的关键时刻，科技、人才、创新已经成为国际战略博弈的主战场，只有在竞争中通过变革才能获取发展的优势。习近平总书记曾指出"一切科技创新活动都是人做出来的。我国要建设世界科技强国，关键是要建设一支规模宏大、结构合理、素质优良的创新人才队伍，激发各类人才创新活力和潜力"，这无疑对教育的形态和发展模式提出了新的挑战。

当前的时代背景下，技术正在为教育创造更多的可能，以 5G 为基础的网络将成为智慧教育的基石，5G 网络赋能大数据、人工智能、物联网等新一代信息技术，支撑智慧教育万物互联，人—机—物深度融合发展，同时 5G 网络为云网融合方案的落地提供了更充分的条件，网随云动、云网一体的协同工作模式为智慧教育的创新发展赋能。5G 通过重塑基础设施层、应用层、终端层和用户层，实现技术与教育的深度融合，突破传统教育的边界，构建智慧教育的新型架构（见图 5-1）。

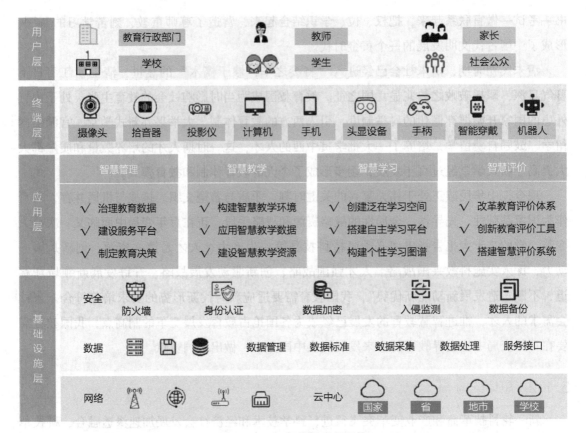

图 5-1　5G 智慧教育新架构

　　基础设施层包括云网层、数据层和安全层，是智慧教育架构所需的基础环境支持，用于确保教育信息稳定、高效、安全的传输和处理。其中云网层推进云网融合服务体系，网络利用虚拟技术实现网络资源云化，云计算根据业务需求按需调度网络资源，云网高度协同，使网络资源弹性适配云服务，云服务靠云化网络分布式地将服务部署到用户近端，保障业务应用快速稳定可靠。在数据层实现教育数据的采集、存储、治理和标准化、深度分析和服务开放，不同来源的数据在云上可以实现互联互通、流转共享。安全层则通过配置网络防火墙、身份认证、数据加密、入侵监测、数据备份等手段保护数据资源和服务。

　　基础设施层为"管、教、学、评"提供技术支持，应用层中，"管、教、学、评"四大方向又各自拓展自身的业务范畴，成为智慧教育体系架构的核心竞争力。在管理层面，通过治理教育数据、建设服务平台、制定教育决策，实现智慧管理；在教学层面，通过构建智慧教学环境、应用智慧教学数据、建设智慧教学资源，实现智慧教学；在学习层面，通过创建泛在学习空间、搭建自主学习平台、构建个性学习图谱，实现智慧学习；在评价层面，通过改革教育评价体系、创新教育评价工具、搭建智慧评价系统，实现智慧评价。

终端层直接与用户进行交互，是智慧教育架构中不可或缺的一层。智能终端设备包括摄像头、拾音器、投影仪、计算机、手机、头显设备、智能穿戴、机器人等，它们贯穿在智慧教育的各个环节。例如，个人终端设备（手机、计算机、平板等）丰富教学资源的呈现形式、便于教学资源的访问、便于参与线上教学和学习、使教学可以随时随地发生。传感类设备（摄像头、拾音器、智能穿戴设备等）可以收集环境数据及学生行为数据，对智能分析和反馈进行支持；协助完成学生自动签到和考勤，节省教学时间；将教师教学影像传递到世界的每个角落，促进教育公平。虚拟现实设备（头显、手柄等），可以用于创设学习情境，打造沉浸式学习空间，培养学生自主探索、发现问题解决问题的能力。

用户层是智慧教育的受众体，是智慧教育体系架构中至关重要的一层，包括教育行政部门、学校、教师、学生、家长、社会公众六个部分，智慧教育要为六类用户提供最适合、最科学、最智能的教育服务，为各级教育行政部门提供所管辖范围内的教育资源配置、教育机构运行状况等，辅助进行全局智慧管理和决策；为学校提供校内运行状况、校内设备资产现状、师生发展情况等，打造智慧、安全校园；为教师提供智慧教学服务，教师可以共享教学资源、快速获取优秀教学案例、全面掌握学生的学习动态等；为学生提供智慧学习服务，学生可以进行随时随地的泛在学习、具有针对性的自主学习、适合自身的个性化学习等；为家长提供智慧沟通服务，家长可以了解学校的详细情况、教师的教学情况、孩子的学习情况等；为社会公众提供智慧资源服务，社会公众可以享受政府及学校开放的公共教育资源，实现终身学习，也可以通过合法渠道为教育建言献策，促进智慧教育的发展。

5.2 智慧管理解决方案

5.2.1 治理教育数据

大数据时代，教育数据以前所未有的速度持续产生，并期望反哺教育，以数据驱动的方式促进教育的改革、促进智慧教育的高质量发展。教育数据可以大致分为三类：第一类是以教育部为主体采集的教育数据，目的是为国家教育的宏观管理提供精准决策，包括学生基础数据、教师基础数据和学校基础数据；第二类是以地方各级教育行政部门为主体采集的教育数据，地方各级教育行政部门在国家教育基础数据的基础上建设信息系统，涵盖教师、学生、机构、资助、就业、升学等诸多类型的数据库；第三类是由各类教育机构为主体采集的教育数据，包含教学行为、学习行为、教学资源、学校生活等各类较微观的教育数据。

从实践层面来看，我国已经积累了大量教育相关的数据，且在一定程度上对教育管理、政策制定、教学优化等方面起到了推动作用。但由于教育数据来源于不同的主体，各主体之间采集数据的设备和方法不同、使用的标准和格式不一致、对数据的分类方式不统一，导致数据的准确性、完整性、安全性无法保障，数据质量有待提升，且不具标准化的数据无法进行有效的共享使用，使教育数据的价值没有得到充分发挥，教育数据治理迫在眉睫。

数据治理主要体现为对"数"和"数据事务"的治理，以有效数据资源形成与充分利用为目标，实现多源多样数据的有效汇聚与融合、促进数据流动和合规利用，在互联互通、融合共享中最大程度地挖掘和释放数据的价值。教育领域的数据治理可以从数据标准化、数据共享与开放、数据安全管控三个方面进行。

1. 数据标准化

国家对教育数据标准化的重视和推动是持续的，教育部相继出台《学籍管理信息化数据标准》《教育管理信息：教育管理基础代码》等教育数据标准文件，但由于教育数据本身的复杂性、教育和技术工作者沟通协商不足、教育数据利益相关者本身不够专业等问题导致国家出台的标准文件实施效果有限。针对教育数据标准化存在的问题，需要加强宣传和教育，提高教育从业者和公众对数据标准化的认识和重视；建立评估机制，及时发现问题和不足，促进数据标准化的有效实施；建立培训机制，加强对教育从业者的技能培训，提高数据标准化的实施水平；建立奖励机制，激励教育从业者投身于数据标准化事业；推进教育数据的开放共享，反向刺激数据标准化的实施。

2. 数据共享与开放

近年来，各教育部门、机构积极响应国家号召，建设了各种信息化服务系统，在一定程度上推进了教育信息化的进程，但各教育机构、业务部门存在"各自为政"的问题，数据壁垒、信息孤岛等现象普遍存在。以"让信息多跑路，师生少跑腿"、教育决策更精准高效为原则，在遵循一定的规范和标准的前提下，实现不同系统间数据的共享和互通，使数据能够流动和传递显得尤为重要，也可以将不同来源的数据整合到一起，形成统一数据集，使数据具有一致性和可靠性，便于管理和利用。数据具有交换和流动性后，还需建立统一的数据共享机制，机构将公共数据有序开放共享，可以反向促进教育事业的发展，使教育更加透明化、公平化。

3. 数据安全管控

随着大数据时代的到来，数字化日益成为教育管理、教学、工作等各个环节的基本手段，数字化技术在带来便利的同时，数据的安全和隐私问题也随之而来。2020 年 6 月，加州旧金山大学遭遇 NetWalker 勒索软件攻击，由于被加密的数据对学术工作非常重要，该大学向 NetWalker 支付了 114 万美金赎金才得以从受害者名单中移除。2022 年 4 月，西北工业大学遭受境外网络攻击，学校内部渗透的攻击链条多达 1100 余条、操作的指令序列 90 余个，严重影响了学校的正常工作和生活秩序。加强教育数据安全管控，需要做到技术与管理并重，需要研究出多技术合成、抗攻击能力更强的信息安全技术，在数据采集后做好多源数据汇集与敏感数据脱敏等工作，同时应严格遵守安全管理规定，加强利益相关者的数据安全与隐私保护的意识。

案例1

2023 年，章璐、许啸等在《基于组合赋权法的区域教育数据治理体系构成要素研究》一文中，提出在整体性治理视角下的区域教育数据治理体系通用要素框架，相关要素及各要素之间的结构关系如图 5－2 所示。

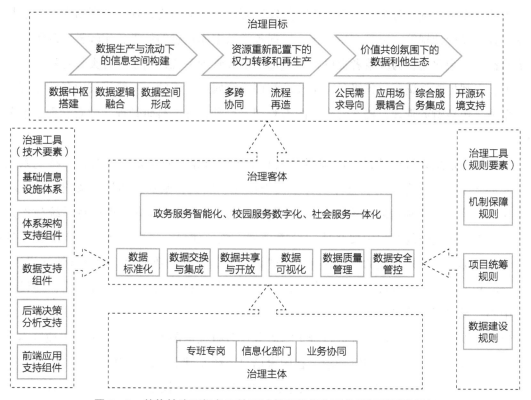

图 5－2　整体性治理视角下的区域教育数据治理体系通用要素框架

5.2.2 建设服务平台

教育管理信息化是《国家中长期教育改革和发展规划纲要（2010—2020年)》和《教育信息化十年发展规划（2011—2020年)》所确定的教育信息化建设核心任务之一，教育管理信息化的基础与核心是教育管理信息系统建设。教育管理信息系统建设的核心内容是建设国家教育管理公共服务平台，建立覆盖全国各级教育行政部门和各级各类学校的管理信息系统及基础数据库，对支持教育宏观决策、加强教育监管、提高各级教育行政部门和学校的管理水平、全面提升教育公共服务能力具有不可或缺的重要作用，对实现教育智慧管理具有重大意义。

教育管理信息系统包括宏观和微观两类。国家级或区域级的信息系统属于宏观的，一般包括：人才信息库，用于收集、管理和维护教育从业者信息的数据库，是制定教育规划、实施人才培养、进行教育决策的重要依据；教育资源库，包括教育课件、教育设施、教育场所等，充分发挥现有教育资源的潜力和教育投资的效益；教育规划模型，预测逐年各层次各专业人才的供需量，确定各级各类教育机构的发展规模和专业结构，提出师资培养计划、招生计划、教育经费计划等；决策支持系统，根据各类数据库提供的信息，比较教育政策带来的经济效益和社会效益，为决策者提供科学依据；事务管理系统，用于对各类教育系统进行日常管理、宏观控制和调节。各级各类学校的管理系统属于微观的，一般指校内各业务部门的管理系统，包括财务管理、档案管理、图书管理、后勤管理、科研管理、健康管理、事务管理等。

教育管理信息系统的建设，应按照"核心系统国家建、通用系统上级建、特色系统本级建"的要求，在统筹规划和整体设计中突破区域、层级、城乡、部门、系统的壁垒和障碍。在《国家教育管理信息系统建设总体方案》中指出，国家教育管理信息系统建设是一个系统工程，在建设的过程中要坚持"统筹规划、统一建设、集中运行、分步推进"的原则。由教育部统筹规划系统的设计和开发，建设国家教育基础数据库，避免系统建设重复、数据分散和不一致；各省按照"两级建设、五级应用"的模式，统筹本省工作，建设省级数据中心，承载国家信息系统在本省的运行、建立统一管理门户，实现数据集成和系统集成、建立运维队伍，负责对系统进行维护与服务；各省根据国家安排分步推进本地区本单位信息系统的建设，并可根据实际需求，在国家信息系统基础上扩展应用。

其中，"两级建设、五级应用"模式中，两级建设指，在国家（教育部）和省两级建设数据中心，分别部署运行国家级和省、地市、县、学校级信息系统；五级应用指，除高等教育以外，均需建设五级应用系统：国家级、省级、地市级、县级和学校级应用系统，分别供国家、省、地市、县、学校使用。高等教育需建设三级应用系统：国家级、省级和学校级应用系统，分别供国家、省、高等学校使用。从而实现各类教育管理信息系统在全国范围的覆盖，确保数据的全面、统一、完整。"两级建设、五级应用"模式如图 5－3 所示。

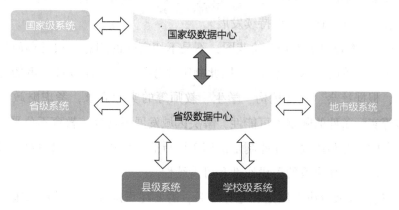

图 5－3 "两级建设、五级应用"模式

教育部科学技术与信息化司曾指出，面对新兴技术对教育教学的深入渗透，将"云、网、端、数一体化"确定为当前及今后一段时期加强教育管理信息化工作的技术路线。在建设教育管理信息系统的过程中，聚焦"一朵云"，构建云计算平台，以开放的标准和服务为基础，提供安全、快捷的数据存储和网络计算服务；融合"一张网"，建立高速、稳定的网络基础设施，提供网络连接和数据传输能力；协同"N 个端"，接入各种终端设备和传感器，提供数据采集和感知能力；构建"一个库"，为教育管理数字化改革持续助力。

5.2.3 制定教育决策

美国著名管理学家赫伯特·亚历山大·西蒙道出了管理的真谛："管理就是决策"。决策贯穿整个管理活动，是决定整个管理工作成败的关键，现代管理的核心是科学决策。教育决策是指为实现预定的教育目标，采用科学的理论和方法，对教育活动实施方案的选择，所有的教育管理活动都围绕教育决策的形成和实施来开展，因此教育决策必须建立在科学的基础上，依据全面、可靠、及时的信息，才能制定出正确的教育决策。教育部也曾提出"着眼全局、立足实际，提高教育决策科学性"的建议，指出科学的教育决策可以推动教育的现代化发展，为我国经济社会发展培养人才，为我国经济腾飞做出突出贡献。具体来讲，教育决策的制定要遵循以下三个原则。

1）放眼全局。教育的发展不是某个教育阶段（幼儿教育、基础教育、高等教育等）的发展，也不是某个地区教育的发展，因此制定教育决策要确保整个教育体系的协调发展，确保不同教育阶段之间的衔接和过渡，要站在对我国不同地区教育发展现状的正确认识之上，注重教育发展的均衡性，提高教育的公平性。同时，教育决策的制定要与整个社会的需求相匹配，与经济发展相协同，培养适应社会发展、适应经济变化的创新型人才，促进教育与社会经济的良性互动，促进社会的可持续发展。

2）立足实际。教育决策不是空绘蓝图，不是不切实际的幻想，缺乏调研和论证、脱离实际的决策会导致严重的"水土不服"，因此制定教育决策要确保教育政策的可行性和有效性，立足实际，根据社会、教育机构、学生、教师等的实际需求，考虑财政预算、师资力量、教育设施等实际条件的限制和可能性，解决区域发展不均衡、教育不公平、教育资源不均衡等实际存在的问题和挑战，才能制定出切实可行的教育政策，同时也可以减少教育决策的盲目性和风险性，提高决策的可操作性和可持续性。

3）持续改进。在教育决策制定和施行之后，需要注重反馈，及时获取来自各方的反馈信息，了解教育决策的实际效果和存在的问题，收集反馈信息后还需进行及时的调整和持续改进，提高教育决策的有效性和针对性，确保能够真正满足教育需求、解决教育问题。注重反馈和持续改进是尊重教育客观发展规律和人民群众意愿的有效手段，还有助于增强教育政策的社会认可度，有助于凝聚社会共识，提高教育决策的科学性，推进教育的可持续发展。

传统的数据决策往往依赖教育者的经验，缺乏科学的数据支持，随着教育决策问题复杂性的增加，高效的教育决策往往需要综合考察多方的数据。在智慧教育管理过程中，生成了大量教育相关的数据（如入学/转学/辍学率、区域内成绩及资源分布、人才供需情况、教育政策等），为管理者追踪教育的发展过程并调整现行政策提供了可能。基于数据驱动的教育决策，为管理者提供全局的视野，避免唯经验主义，在决策过程中可以充分考虑各种影响因素，数据可以让相关因素量化、可视化、立体化，让数据说话，为管理者提供更科学有力的参考。

案例2

南京理工大学启动"暖心饭卡"项目，学校分析连续几个月内全校在校本科生的饭卡刷卡记录，将每个月在食堂吃饭超过 60 次，且每个月消费总额不足 420 元的学生，列为"准资助对象"。资助对象名单确定后，由各学院辅导员根据实际情况对名单审核，最终通过审核的学生被确定为"资助对象"。该校按照一日三顿、每顿 7 元，一个月 630 元为标准，为资助对象进行点对点补差"充钱"，学生不需要申请助学奖金，不需要填写任何单子，饭卡上就会被悄悄打入饭钱，让真实数据说话，不仅确保了学生的尊严，还达到了为学生送温暖的目的，一举两得。

案例3

电子科技大学曾做过一个课题："寻找校园中最孤独的人"，通过对大约 3 万名在校生中采集的 2 亿多条行为数据（选课、图书馆刷卡、宿舍门禁、食堂消费、超市购物等一卡通数据包）进行"一前一后刷卡"分析，找到了 800 多个校园中最孤独的人，这些人中 17% 可能有心理疾病，学校在保护学生隐私的前提下，对这些人进行了必要的关心和帮助。

案例4

位于佛罗里达州的杰克逊维尔大学基于教育数据，对很多业务都做了优化，比如，本来学校的补习是向差等生开放的，但基于对数据的分析，发现真正容易辍学的是中等生，所以学校将开放给差等生的补习也对中等生进行开放，帮助了更多的人完成学业，同时也提高了学校的留存率。

5.3 智慧教学解决方案

5.3.1 构建智慧教学环境

智慧教学环境是一种智能化的教学场所，包括校园内的课内课外、校园外的课内课外四个象限的教学，支持情景感知式、线上线下混合式、虚实融合式、自主探究式、协作探究式等各种不同的教学模式，可以优化教学内容的呈现、促进及时交互的发生、便于智能设备的管理。

智慧教学环境需要便利于教师授课、服务于学生学习、有助于教学分析，包括有形的物理空间和无形的数字空间。物理空间主要包括辅助教学的智能设备的建设，例如主机、AI摄像头、拾音器、智能终端等，数字空间主要包括智慧教学平台、大数据分析平台、教学资源云存储等。具体来讲，智慧教学环境的搭建主要包括以下几个模块。

1. 优化教学内容的呈现

一些研究数据表明，人类的视网膜含有令人震惊的 1.5 亿个感光棒和视椎，大脑中用于视觉处理的神经元占据了大脑皮层的近 30%，而大脑的处理信息有 90% 来源于视觉系统，因此教学内容的呈现显得尤为重要。首先应该保证教学内容的清晰可见，教学内容需要在智能教室的不同方位进行多屏展示，屏幕需要是具有电子光感、高清晰度的触摸一体机；其次应该保证内容的呈现方式适应学习者的特性，研究表明，大脑处理图像的速度比文本快6万倍，人类具有深度感知的双眼视觉，而AR/VR与人的生理机能相匹配，因此教学内容的呈现需避免单纯的文字介绍，需要加入多样化元素，如图像、视频、声音、AR/VR等，这样在人类大脑和神经系统的生物学驱动下，教学效果定会非常显著。

2. 促进及时交互的发生

教学的互动主要表现在师生之间、生生之间、人机之间，及时有效的互动可以有效促进师生的教学相长，生生的协作互补，使机器的智能全面发挥作用。在智慧教学环境下，多屏互动可以有效促进及时交互的发生，教师和学生拥有计算机、电子平板以及手机等终端，终端可以与教学大屏幕进行互动操作（见图5-4），比如在小屏观看大屏内容、在大屏投放小屏共享等，保证及时互动、探讨的发生。智能机器需要及时跟师、生进行互动，例如：学生下载教学资源、进行课堂评价、参与在线讨论等，5G网络峰值速率达到每秒10GB，时延低到1ms，可靠性可达99.99%，且支持每平方千米百万级设备的连接密度，5G网络可以有效支持及时交互的发生。

图5-4　智慧教室终端分布

3. 便于智能设备的管理

智慧教学环境的一大特点就是新增了各种智能设备，包括光感屏幕、拾音器、传感设备、智能桌椅、智能窗帘、空气控制器等，智能设备设计的初衷是为了辅助智慧教学的发生，但如果智能设备安装及使用不当反而会成为教学的负累，因此，在智慧教学环境中的智能设备需要可以非常方便地进行使用和管理。智慧教室管理主机连接教室所有智能设备，完成对其的集中控制，同时安排实体控制按钮、语音控制以及手机端 APP 控制等方式，促进师生利用智能设备的积极性，真正起到辅助教学的作用。

案例5

四川大学深刻认识到智慧时代需要智慧教育，而智慧教育的开展必须构建智慧教学环境，该校重点建设互动探究式、自主开放型的智慧教学环境，实现教学空间与教学理念、模式和教学方法的双向促进。截至 2019 年 9 月，学校已分批、分期完成含 500 余间多类型教室、40 余条互动式走廊、5000 余平方米互动式交流空间的智慧教学环境建设，实现了教学与资源、信息技术、教学环境的融合，为教学变革提供了环境支撑。

四川大学的智慧教学环境如图 5 - 5 所示，具体表现在：打造多类型教室，灵活多变互动教室、多屏研讨教室、多视窗互动教室、远程互助教室、网络互助教室、专用研讨室；采用智能化教学扩声，2014 年引入吊麦扩声，师生无须手持或佩戴麦克风便可大面积有效拾音扩音；构建教学环境智能控制系统，实现了设备控制自动化、环境调节智能化、教室运行情况透明化和教师服务及时化；建设教学楼公共空间，利用公共空间配备学习交流的设施设备，打破时间、空间限制；部署手机互动系统，实现课前、课中、课后师生的全过程互动，实现课堂互动教学与个性化教学、个性化学习的深度融合；提供教学环境信息服务，包括教室状态信息发布系统、智慧教学环境专题网站、培训预约系统。智慧教学环境是一个动态的、不断优化的过程，随着数智化技术的不断进步，智慧教学环境也将进行不断升级，为智慧教育提供无限可能。

图 5 - 5　四川大学的智慧教学环境

5.3.2　应用智慧教学数据

教学数据是指在教学活动中生成的数据以及根据教学需求采集到的可以用于教学发展的数据，教学数据从主体上讲包括教师"教"的数据以及学生"学"的数据，随着智慧教育的普及与推广，教学数据的重要性在日益凸显，在推动教学研究、教学改革等方面发挥重要作用，教学工作者也需要加强数据思维，增加分析数据、应用数据的能力。

通过对教学数据进行采集、挖掘、分析及应用，可以有效提高教师素养，促进教学发展，实现数据驱动的精准化教学以及数据驱动的规模化因材施教，使教学数据来源于教学并应用于教学（见图5－6）。

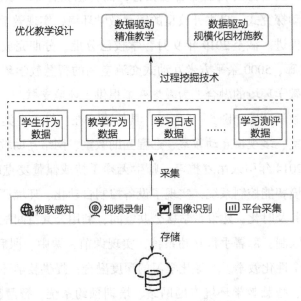

图5－6　教学数据赋能智慧教学

1. 教学数据采集

教学数据的全面、自然、动态、持续采集是构建数据驱动的智慧教学的基础性和先导性工作。教学数据不仅来源于线下的面对面教学，还包括线上的远程式教学，针对不同的教学目标，不同的教学对象，具有多种教学模式，教学过程涉及教师、学生以及各种智能教学设备，教学的非流程性和复杂多变性导致教学数据来源的多元化，也使数据的采集变得异常复杂。

邢蓓蓓、杨现民等在《教育大数据的来源与采集技术》一文中认为教育数据的采集需要综合应用多种技术，且每种技术采集的数据范围和重点都有所不同。教育大数据采集技术图谱如图5－7所示，包含物联感知技术、视频录制技术、图像识别技术、平台采集技术4大类，共13种常见数据采集技术。利用这种分类数据采集的方法可以实现对教学数据的伴随式、全过程、无感知采集。

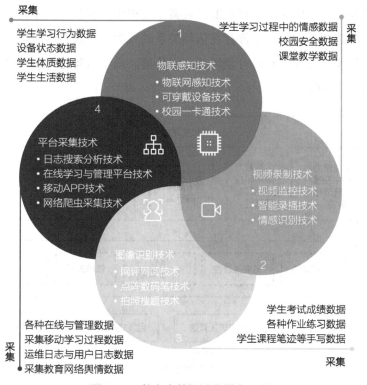

采集
学生学习行为数据
设备状态数据
学生体质数据
学生生活数据

采集
学生学习过程中的情感数据
校园安全数据
课堂教学数据

1
物联感知技术
• 物联网感知技术
• 可穿戴设备技术
• 校园一卡通技术

4
平台采集技术
• 日志搜索分析技术
• 在线学习与管理平台技术
• 移动APP技术
• 网络爬虫采集技术

视频录制技术
• 视频监控技术
• 智能录播技术
• 情感识别技术

图像识别技术
• 网评网阅技术
• 点阵数码笔技术
• 拍照搜题技术

2
学生考试成绩数据
各种作业练习数据
学生课程笔迹等手写数据

采集
各种在线与管理数据
采集移动学习过程数据
运维日志与用户日志数据
采集教育网络舆情数据

采集

图 5 - 7 教育大数据采集技术图谱

2. 教学数据分析

教学数据的全过程、动态采集，使教学数据爆发式增长，面对无序、复杂、冗余的教学大数据，需要从中提取出对教学有意义的信息，教学过程数据需要反哺于教学过程，发挥其最大的价值。研究者通过聚类算法、关联分析、分类等挖掘技术，对学习者特征、学习与教学设计的关系进行分析，来指导教学的优化，但这些技术针对教学结果，在复现教学过程方面存在严重不足，并没有触及教学的本质。

过程挖掘技术，是数据挖掘领域的一个重要分支，应用甚广，例如，ASML 公司通过对其光刻机制造芯片的各环节进行过程挖掘分析，生成制造过程中的优化决策；飞利浦公司通过过程挖掘技术对全球范围所有设备的事件日志进行分析，发现用户使用习惯，从而优化其产品。过程挖掘技术可以重现业务流程的真实执行过程，而非只强调前后事件的相关性，在教育领域也有广泛的应用。

在《过程挖掘赋能教育数据分析：三种挖掘算法的应用探析》一文中，研究者通过对教育领域最常见的三种过程挖掘算法进行对比分析，发现模糊旷工算法能够解读行为事件间的相关性和转变显著性，感应旷工算法能发现教学过程中的核心行为事件，启发式旷工算法可以从微观角度发现与核心行为事件存在依赖关系的行为。因此将多种算法进行整合，互为补充，可以最大限度地发挥其在教育领域的应用价值。教学过程挖掘技术优化教学过程的一个简单示例如图 5-8 所示。

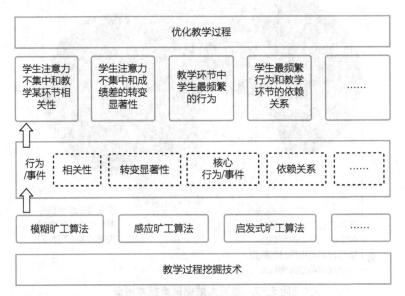

图 5-8　教学过程挖掘技术优化教学过程示例

3．教学数据应用

得益于智慧教学环境和教学数据采集、挖掘技术，利用教学数据分析结果可以优化教学设计，实现精准教学、规模化的因材施教。

通过分析学生的表情（如皱眉、思考）、记笔记行为等与教学环节中的知识点的依赖关系，得出学生认为的课程重难点；通过分析学生的动作、表情等（如玩手、愣神、瞌睡、窃窃私语）与课程环节设计的相关性，得出课程设计中枯燥无聊的环节；通过分析学生的自学、自测数据与课程知识点的关联，得出学生对知识点的掌握程度，这些都可以为优化教学设计提供依据。

通过学生的生理、心理等个性特征，以及学生自学路线、测评分析结果等构建学生能力图谱，确定学生的个体差异性，智能教学平台可以优化学生的学习路线，教师针对不同层次学生对知识点的掌握程度进行个性化的辅导，并设置弹性教学目标、多类教学情境、多样化的课堂互动，让每个学生都能积极参与到教学活动中。

5.3.3　建设智慧教学资源

教学资源是指支撑整个教学过程达到一定教学目的，实现一定教学功能的各种有形资源和无形资源。随着智慧教育的普及和推广，教学资源也在逐步走向多元化、数字化、智能化，各种新形态的教学资源层出不穷，教学资源的变革和教学模式的变革在一定程度上是相辅相成的，如何利用好新型教学资源来促进智慧教育的向前发展显得尤为重要。

1. 基础设施建设

为优化教育教学条件、推进教学方法改革、加强教师队伍建设，教育部办公厅发布通知，自 2020 年起，将分年度在部分重点领域建设优质教学资源库。

教学资源库包含海量的优质教学资源，应该实现对教学资源的快速上传、下载、检索、归档等共建、共享、共用操作，受到技术等多方面因素的影响，我国教学资源库的建设和使用一直没有获得良好的效果。根据工业和信息化部信息通信发展司发布的我国 5G 网络建设的最新进展，我国已建成全球规模最大、技术最先进的 5G 网络，截至 2024 年 8 月底，累计建成 5G 基站超过 404.2 万个，5G 用户普及率超过 60%，5G 网络已经覆盖全国所有地级市、县城城区。5G 技术的出现，为教育资源的共建、共享、高效利用带来了新的契机，5G 高速度、低时延、大连接的特点使教学资源库中海量信息的存储、传输、高速实时共享成为现实。

教学资源的传统集中式存储与管理模式，对资源的共享和并发访问具有很大的限制，服务器需要承担巨大的压力，基于云计算技术的分布式存储方案可以有效缓解这个问题。云计算具有按需服务的特点，借助网络通道，构建以地方为中心、以各个教育工作者为节点、覆盖全国的教学资源库虚拟网，各地资源库之间可以实现共享，教师可以按需从资源库中获取资源用于教学，云计算不仅能提供硬件服务，还能提供开发环境、应用程序环境、数据库环境等服务，可以用于建立统一的资源建设平台，避免教学资源的重复建设。

2. 内容建设

由于教学资源库中教学资源来源广泛，有图书馆转化的数字资源、有数字化课本资源、有收集汇聚的资源、有自主创新的资源等，一定会涉及学术成果、知识产权保护等问题。

开发和开放教学资源在教师评职称时往往不被算作学术成果，因此教育资金的支持和组织的保障必不可少。俄亥俄州为撰写开放资源教材的作者奖励最高 5 万美元，佛罗里达一所高校的系主任为开发开放资源的教师颁发 1000 美元奖励，2010 年 3 月 13 日，奥巴马政府发布的修订版《小学和中学教育法（ESEA）》的蓝图中明确指出教育统筹司会额外拨款资助优质的数字化教育内容和资源建设，我国很多学校也建立了相应的奖惩激励机制，将教学资源共建共享纳入年度目标考核中。稳步提升教育资金投入水平，关系到教学资源开放共享的进度、效率与质量。

在教学资源共建共享共用的过程中，保护知识版权人的权益，同样可以提高优质教育资源建设、共享的积极性。对教学资源的确权和溯源可以有效保证教学资源所有者的权益，利用区块链技术的唯一标识确认教学资源的权益归属，标记资源的所有者，并对后续的流转进行追溯，有利于教学资源的开放版权许可。

案例6

联合国教科文组织于 2002 年首次正式提出全球开放教育资源运动，经过多年发展，影响力在不断扩大。2015 年 10 月，美国教育部发起"#GoOpen 计划"，旨在鼓励各州、各学区和教育者使用公开许可的教育材料来改变教学和学习。2016 年 6 月，美国教育技术办公室发布了《#GoOpen 计划地方启动指南文件》，文件充分考虑美国各地区的差异性，为有意成为教育资源开放型的学区提供系统化指导。"#GoOpen 计划"由各州和各学区领导人与教育技术公司和非营利组织的创新者一起工作，共享有效的战略和想法，创造新的工具，并提供专业学习机会，旨在建立一个开放的数字资源生态系统，以帮助各州、各学区向新的学习模式转型。"#GoOpen 计划"的实施框架和作用如图 5-9 所示。

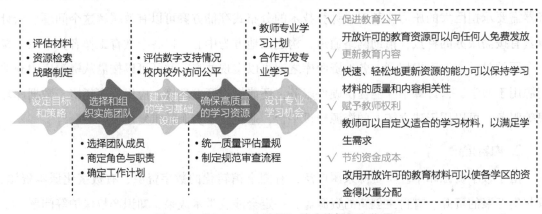

图 5-9 "#GoOpen 计划"的实施框架和作用

"#GoOpen 计划"推行从顶层设计到政策激励，从行动指南到落地推广，每个环节、每一阶段均系统地铺设在战略蓝图之中。通过分析研究《#GoOpen 计划：推进美国开放教育资源建设的国家行动》一文，表明我国在整体教育信息化规划和基础设施建设方面与美国差距不明显，但在学区推进、人员管理和培训等方面仍处于自发组织状态，无完善的顶层设计和规划，也无清晰的建设路径和保障机制，仍需要加强。

5.4 智慧学习解决方案

5.4.1 创建泛在学习空间

朱熹曾说"无一事而不学，无一时而不学，无一处而不学，成功之路也。"意思是事事、时时、处处都需要学习，这是成功的道路。泛在学习具备 4A（Anyone，Anytime，Anywhere，Anydevice）特性，是指任何人可以在任何时间、任何地点通过各种设备，随意获取所需资源的学习方式。泛在学习是自我导向的过程，是主动而自然地发生的，可以实现正式学习和非正式学习的无缝衔接。泛在学习需要在泛在学习空间中发生，而泛在学习空间的创建需要通信网络、智能终端设备、学习资源、人工智能等技术的赋能（见图 5-10）。

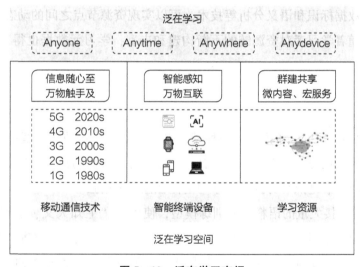

图 5-10 泛在学习空间

移动通信技术从 1G 发展到 5G 仅仅用了三十几年的时间，却使人类的生产和生活产生了日新月异的变化。5G 时代打造了一个有智慧的网络通信环境，信息可以突破时空，万物得以互联互通，全社会都实现了网络的无缝覆盖和全方位连接，真正实现了"信息随心至，万物触手及"。无处不在的网络，无所不通的业务，是泛在空间得以构建成功的前提，也为泛在学习提供了切实可行的技术支持。

移动通信技术的发展带动了移动通信终端的发展，在5G、人工智能、物联网等新技术环境下，智能终端设备也如雨后春笋般涌现，智能终端是具有连接互联网，采集、处理、输出信息的能力，同时可以实现智能感知、智能交互、定制化服务等功能的新型硬件产品，是物联网、人工智能等技术的重要载体，多样化的智能终端已经无缝融入人们的日常生活中，在满足人类高效工作、生活的同时，对教育范式的改变也起着重要的作用。

在泛在学习空间中，由于任何人在任何时间、任何地点都可以获取学习资源，学习者可以无限扩充，时时刻刻都会有新用户产生，且同一学习者在不同时间、不同地点对学习的诉求不同，因此丰富、动态更新的学习资源是基本保障。任何机构或组织都无力全部承担泛在学习空间中学习资源的建设任务。有学者提出"群建共享"学习资源的策略，让学习者本身成为学习资源的建设者和使用者，发挥集体的智慧和力量，最终形成一个可以无限扩展的资源生成链条，实现"微内容、宏服务"的完美结合。同时余教授还提出在泛在学习空间中，学习资源需要实现动态生成和不断地进化发展，学习者不仅可以协同编辑资源，在学习过程中产生的注释、讨论、答疑等生成性信息也可以共享，实现资源的持续性链接。另外，学习资源通过元数据标识和语义分析等技术，可以实现资源节点之间的动态链接，构建资源智能网络空间，随着学习者对资源链的不断构建和丰富，学习元数据也得以持续共享信息、持久生长。

案例7

ChatGPT是由美国OpenAI推出的一种基于聊天机器人技术的人工智能工具，用户可以通过与ChatGPT聊天的方式，获取知识、技能、心理等各方面的指导和帮助，同时还可以自由地选择学习的时间、地点和方式，使学习的泛在性大大增强。

ChatGPT通过连接大量的语料库来训练模型，使得它"上知天文、下知地理"，用户不仅在教室、图书馆等学习场所可以使用ChatGPT，在公园、地铁、马路等各种非学习场所也可以通过与ChatGPT聊天来答疑解惑，使用户可以在一个自由和开放的环境中进行学习。ChatGPT可以为用户提供直观易懂的教育内容，如互动视频、模拟实验、图表等；还可以快速地为用户提供准确的答案，解决用户在学习过程中遇到的问题，并促进更深入的学习；同时还利用了碎片化的时间，使正式学习和非正式学习无缝衔接。

同时ChatGPT还具有根据聊天上下文进行互动的能力，可以根据用户的学习记录、个人偏好、学习目标等信息，来为用户制定个性化的学习计划和方案，满足不同用户的个性化需求；还可以为用户提供学习交流的社区，提高用户的创造能力和社会适应力。总之，

ChatGPT 不仅使泛在学习成为可能，还为泛在学习提供更加智能化、个性化、便捷化、协作化的技术支撑，帮助用户更好地应对未来的学习和挑战，增强个人竞争力和创造力。

5.4.2　搭建自主学习平台

联合国教科文组织出版的《学会生存》一书中有这样一句话："未来的文盲，不再是不识字的人，而是没有学会怎样学习的人。"面对新世纪知识更新频率加快，科学技术飞速发展的新挑战，自主学习能力已经成为人类生存的基本能力。自主学习是以学习者作为学习的主体，通过独立地分析、探索、实践、质疑、创造等方法来实现学习，是建立在强烈的学习动机基础上的"愿学、乐学"，是建立在良好的学习策略基础上的"会学、善学"，是建立在顽强的意志力基础上的"坚持学"。

20 世纪 80 年代以来，以齐莫曼教授为首的一批心理学家，继承了班杜拉的个人、行为、环境交互决定论思想，认为自主学习是自我、行为和环境三者互为因果、互相影响的结果。在自主学习过程中，个体不断监控和调整自己的认知和情感状态，观察和运用各种策略，调整学习行为，营造和利用学习环境中的物质和社会资源，他的自主学习理论模型如图 5-11 所示。

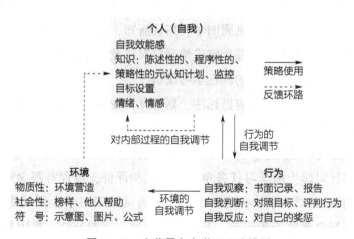

图 5-11　齐莫曼自主学习理论模型

此外，齐莫曼和里森伯格还提出了促进自主学习的方法，包括：激发学生内在的学习动机；注重学习策略教学；指导学生对学习进行自我监控；教会学生利用社会性的和物质性的资源。在自主学习平台的搭建过程中，需要充分考虑以上因素，使平台能真正培养学生的自主学习能力。自主学习平台应包含学习任务单、学习过程留痕、测试评价、协作学习四个最基本的模块（见图 5-12）。

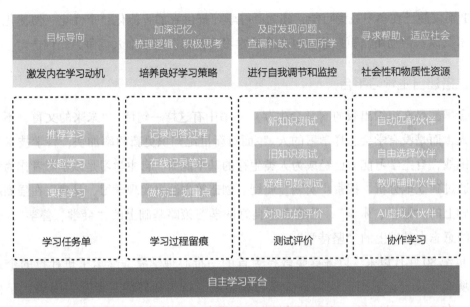

图 5－12　自主学习平台主要内容及目标

　　学习任务单，即对学习目标的设定，包含课程学习、兴趣学习、推荐学习三个部分的内容，其中课程学习的目标由任课教师制定，起到课前预习和课后复习的作用；兴趣学习的目标由学习者自主制定，学习者可以巩固旧学、拓展新知、进行课外学习；推荐学习的目标由自主学习平台根据学习者的年龄、课程完成情况、兴趣爱好等制定，学习任务单模块的目标导向、兴趣学习可以有效激发学生的内在学习动机。

　　学习过程留痕，包含对教学内容做标注、划重点，在线记录笔记，记录问答过程等，可以帮助学生更快地理解学习内容、加深记忆、梳理逻辑脉络、巩固新知，在复学时可以激活记忆、积极思考、主动处理信息，有助于培养学生使用良好的学习策略进行学习。

　　测试评价，即针对学生的学习任务单进行测试和评价，包含对新学知识的测试、对以往知识的回顾、对疑难知识的举一反三以及根据测试结果对学生给予客观的评价，该模块可以帮助学生进行自我监控和调节，及时发现问题、查漏补缺、巩固所学、提高自我效能感。

　　协作学习具备四种学习伙伴选择方式：自动匹配伙伴、自由选择伙伴、教师辅助伙伴、AI 虚拟人伙伴。自主学习不等于绝对孤立的学习，自主学习者不应排斥寻求他人的帮助，学习者在进行自主学习的过程中，可以在协作学习模块随意选择自己的伙伴进行讨论、交流、问答互动、作业互评等，使学生学会利用社会性和物质性的资源，学会寻求他人帮助，具备社会适应能力。

案例8

Coursera 是全球最大的在线教育平台，于 2012 年由美国斯坦福大学的两名计算机科学教授创办，旨在为世界各地的学习者提供变革性的学习体验。

Coursera，通过平台、授课教师、学生的共同参与构建了一个完整的教学环节，首先由平台发布教学计划，为学生制定学习目标；其次由相应授课教师发布短视频教学材料、布置作业、组织讨论，学生合理安排时间完成视频观看、完成作业、参加讨论。短视频教学材料在重要知识点处会嵌入交互式问题，回答完问题才可以继续进行视频观看，有利于提高学生注意力，及时检查学生的学习效果。积极参与有效讨论，可以抒发自己的观点、寻求他人的帮助，使学习更加深刻；最后根据作业类型的不同进行评价，客观题由系统做出评价，主观题采用学生互评的方式进行评价，评价标准由教师给出，通过作业测评不仅可以及时发现自己的问题，查漏补缺，还可以学习他人的优点弥补自己的不足。学业完成后还可以通过参加结业考试获取电子证书。

5.4.3 构建个性学习图谱

早在春秋战国时期，孔子便提出了因材施教的教育思想，主张根据学生的不同特点有的放矢地进行差别教育，使每个学生都能得到最佳的发展。著名的美国教育家约翰·杜威曾在《明日的学校》一书中论述，以学生为中心的学习是更加灵活的因材施教的教育取向。2006年，新西兰教育部长史蒂夫·马哈雷做了"个性化学习：把学生置于教育的中心"的演讲，强调要根据学生的不同特点来塑造教学，关注及发掘每位学生的独特天资。个性化学习是以反映学生个性差异为基础，以促进学生个性发展为目标的学习。

虽然应普及教育而诞生的班级授课制在日趋完善，但是按照年龄划分的传统授课模式越来越难以满足个体日益活跃的个性化学习需求，学校犹如工厂流水线一样在规模化的统一运作，很难兼顾到不同学习风格、学习能力的学生的个性化需求。随着大数据、AI 等新技术诞生的知识图谱技术，有望为个性化学习赋能，知识图谱技术是在自然语言处理的基础上发展而来的，其基本思想来源于 20 世纪五六十年代所提出的一种知识表示形式—语义网络，最早由谷歌公司于 2012 年 5 月 17 日提出，旨在描述客观世界的概念、实体、事件及其之间的关系，其实就是把所有不同种类的信息连接在一起得到一个关系网络，网络中的节点表示实体，边表示实体间的关系，知识图谱的构建是一个不断更新迭代的过程，一般包含知识抽取、知识融合、知识加工三个阶段（见图 5 - 13）。

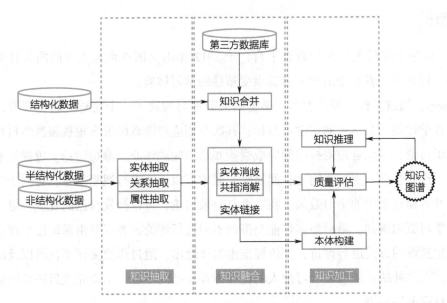

图5－13　知识图谱构建过程

知识抽取是指从半结构化或非结构化数据中抽取出实体、关系、属性。例如一条测验评价数据：小明，性别男，年龄12岁，在读5年级，对"4.08升＝＿＿＿升＿＿＿毫升"一题的答案为4、80，回答正确。提取出实体：小明、升和毫升的单位转换、小数乘以整数；关系：小明→（掌握）→升和毫升的单位转换、小明→（掌握）→小数乘以整数；属性：男、12岁、5年级。

由于知识图谱中的数据来源广泛，质量参差不齐，且存在知识重复、关系模糊、异构等问题，因此在知识抽取完成后，需要将所有结构化的数据进行知识融合，通过知识合并、实体链接（实体消歧、共指消解）等手段，提高知识图谱中的数据质量。

通过将知识抽取阶段提取出的实体、关系和属性等知识要素进行知识融合，获取到一系列事实表达，但事实不等于知识，还需要通过本体构建、知识推理、质量评估等进行知识加工，将事实表达转化为结构化、网络化的知识体系，从而构建高质量的知识图谱。

通过对电子教材、学生课堂行为数据、学生测验数据、学生评价数据、自学平台数据、学习资源等数据进行知识抽取、知识融合、知识加工，可以得到知识点图谱、学生对知识点的掌握程度图谱、学习资源囊括的知识点图谱。通过图谱之间的融合，学生、家长和教师可以很清晰地发现学生的薄弱项和待加强项，从而学生可以进行有针对性地学习、家长和教师可以进行针对性地辅导、平台可以为学生规划学习路径并推荐个性化学习资源。

案例9

爱学仕智课通过将课本中纳米级拆分的知识点关联衔接，以 AI 智能学习结合推理构建成可视化多维度知识图谱，知识点图谱构建完成后，又与课时作业、假期作业、考试等学生学习相关的数据进行关联，进而建立学习资源、知识点与学生之间的强关联。通过知识图谱，可以更加精准地刻画学习资源和知识点的关系、学生对知识点的掌握情况，从而实现对学生精准的学情研判、学习路径规划、学习资源个性化推荐，也可以帮助教师了解学情，及时调整教学策略优化教学方法。

5.5 智慧评价解决方案

5.5.1 改革教育评价体系

教育评价是指在正确的教育观引导下，依据确立的教育目标，运用可行的科学方法，对教育活动、教育过程、教育效果进行判定的过程。教育评价是教育过程中一个非常重要的环节，良好的教育评价可以对学生的学业水平、教师的教学质量、学校的管理水平、教育政策的实施效果、教育改革的实施效果进行评估、诊断、激励及指导，可以充分发挥"指挥棒"的作用。

2020 年，中共中央、国务院印发的《深化新时代教育评价改革总体方案》中指出，教育评价改革要完善立德树人体制机制，扭转不科学的教育评价导向，坚决克服唯分数、唯升学、唯文凭、唯论文、唯帽子的顽瘴痼疾，提高教育治理能力和水平，加快推进教育现代化、建设教育强国、办好人民满意的教育。在教育改革的过程中需要坚持立德树人、问题导向、科学有效、统筹兼顾、中国特色的原则，其中科学有效原则具体表现在改进结果评价，强化过程评价，探索增值评价，健全综合评价，充分利用信息技术，提高教育评价的科学性、专业性、客观性。

传统的教育评价，过多注重课本上的知识点，以问答、考试方式作为主要的评价手段，以考试成绩作为主要的评价指标，忽视了学生的综合素质和创造性能力，具备单一性的特点，且缺乏科学性。教育评价结果大多用来对学校、教师和学生进行排名和比较，忽略了评价的目的和意义，具备片面性的特点，教学评价的片面性使教学评价成为选拔的手段和工具，容易导致教育资源的不均衡分配，加剧教育的竞争性。

传统的教育评价方式已经不能满足 21 世纪对教育的要求，随着新一代数智技术与教育的深度融合，催生出了海量的教育大数据，通过多种数据采集、挖掘、分析技术可以揭示隐藏在大数据背后的价值规律，基于数据驱动的方法可以更加系统、科学、全面的对教育进行评价。数据驱动的教育评价从经验主义转向数据主义，从模糊走向精准，在评价功能、评价对象、评价内容、评价方法、评价过程、评价结果等方面存在较大转变，具体特征如下。

1）增值性：倡导以"改进"为主的评价目的。教育数据能精准确定不同个体的认知起点并预测未来发展趋势，可以用于制定个性化的发展目标，并检测个体的目标完成情况，为个体提供最合适的干预措施。

2）多元性：强调评价主体的多样化。教师、学生、家长、管理者等不同主体可以根据需求处理数据，生成适合自己的评价报告。

3）综合性：注重评价范围的全面性。教育信息的可量化使教育评价不仅涉及教师、课堂、学生评价，还涉及区域教育发展水平、国家教育竞争力等宏观评价，并且随着教育的发展和改革不断进行扩充。

4）实时性：注重评价过程的及时性。伴随式数据采集能实时获取学习者的过程数据和结果数据，达到学习过程的实时监测、及时反馈和精准干预。

5）精准性：强调评价结果的有效性。通过对教学数据的全面记录和智能化处理，可以精准有效地引导学生和教师主动发现问题，促进深度学习和精准教学的实现。

6）公平性：注重评价程序的公开透明。教育评价过程的公开（数据的采集、汇聚、分析，决策的制定），使评价主体和利益相关者保持信息对等，不盲从评价者的决策和干预。

杨现民等在《"互联网＋"时代数据驱动的教育评价体系构架与实践进展》中提出了数据驱动的教育评价体系架构，如图 5－14 所示。

5.5.2　创新教育评价工具

教育评价工具是指对评价对象进行评价时所采用的方式和手段，具有促进教育评价落地的功能，早在 1932 年，英国的教育家和心理学家巴登（Buvton）就在《活动指南》（*The Guidance of Activice*）一书中，列出了 12 种教育评价的工具，包括：传统的论文式考试；改良的论文式考试；标准测验；教师自制的客观测验；问题情境测验；行动观察记录；自我诊断测验；问卷法；接谈法；创作，作品分析；实验报告、研究报告，作品，实演及其他业绩之分析；个案研究。

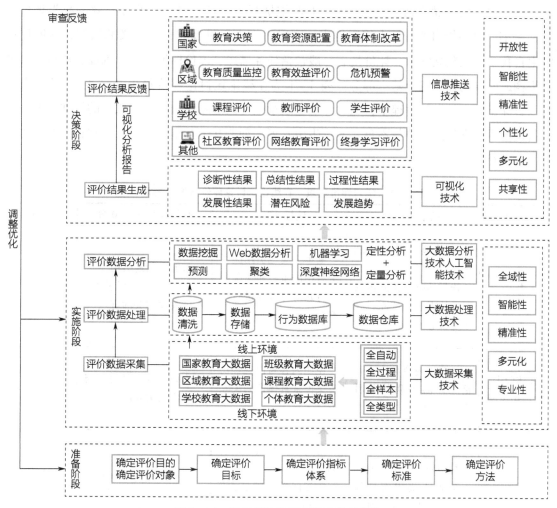

图 5 - 14　数据驱动的教育评价体系架构

　　传统的教育评价以考试、测验为主，类似行动观察记录、问卷法、接谈法等，由于耗时耗力很难充分施行，这就导致了评价形式的单一，易形成"唯分数"的弊病，歪曲评价的真正目的，且评价内容多以知识掌握程度为主，缺乏对学生发展的综合性评价。随着教育评价改革的深入推进，教育评价工具也在不断发展，教育评价的科学化程度在一定程度上反映了教育评价的发展水平。受益于大数据、人工智能、物联网、云计算等数智化技术的发展，教育评价工具也在与时俱进，下面介绍几种在发展过程中具有代表性的评价工具。

　　评价量表的概念最早可以追溯到 20 世纪初，最初是心理学家用来测量人格特征和智力水平的工具，后来随着时间的推移，被广泛应用于教育、心理学、医院等各个领域。2014

年，丹奈尔・D.史蒂文斯，安东尼娅・J.利维撰写了《评价量表：快捷有效的教学评价工具》一书，书中指出评价量表使用得当，可以为学生提供及时、有意义的反馈，并能促进学生自我激励及独立学习。评价量表一般包括任务描述、评价标尺、评价维度、对每个表现水平构成要素的描述四个基本部分。表 5 – 1 为在线论坛讨论评价量表（样表）。评价量表可以贯穿于整个教学的过程中，通过评价量表学生可以清晰地知道学习成果的标准，教师可以清楚地了解学生的优势与不足，通过生生互评，创造互学互鉴的机会，了解自己的能力水平，取长补短。

表 5 – 1　学习评价量表：在线论坛讨论评价量表（样表）

维度	范本 ＝3 分	达标 ＝2 分	有待改善 ＝1~0 分	分数
内容	准确地引用事实和观点　连贯地整合各阅读材料中的观点，从而找到了更核心的主题	基本准确地引用阅读资料中的事实和观点　有几次对观点进行了整合	未能准确地引用　未对观点进行整合，不能关联相关的观点	
在体验中的运用情况	说明了内容与个人生活和体验关联的几种方式	说明内容与以往经历有关但未具体证明关联方式	未说明内容是怎样与以往经历关联的	
对其他同学的回应	每周回应两次以上　向他人提出有建设性、助益性、支持性的意见	每周两次对同学进行回应　重复同学的观点而没有特别大的帮助或支持　尊重与自己不同的意见	很少或没有对同学进行回应　不尊重他人意见	
写作规范	表达清晰	文字基本可理解	使用太多口语或存在太多语法错误，从而影响清晰度　有很多别字	

电子学档是学习者运用信息手段表现和展现学习者在学习过程中关于学习目的、学习活动、学习成果、学习业绩、学习付出、学习进步，以及关于学习过程和学习结果进行反思的有关学习的一种集合体。电子学档可以管理学生在学习过程中的产出，记录学生的学习历

程，反映学习者在学习过程中的学习态度、学习策略与方法、学习优势与不足，进而可以使学习者进行自我评估与自我反思，从而制定更明确更适合自己的学习目标与计划，同时激发学生的学习欲望，是一种有效的过程性评价工具。随着新兴技术的不断发展，在线教学平台不断完善，电子学档与在线教学平台的结合，更易追踪学生的学习过程，获得更加真实的学习过程数据，使依据电子学档的评价和反思也更具科学依据。

扩展现实（XR）是指通过计算机技术和可穿戴设备产生的一个真实与虚拟组合的、可人机交互的环境，包括虚拟现实（VR）、增强现实（AR）、混合现实（MR）等多种形式。国内外越来越多的学校将扩展现实技术搬进了校园，在物、理、化实验、体育技能训练、医护操作等课程中发挥重要作用，扩展现实技术通过创设虚拟情境来模拟现实中的实验和操作，对学生的学习过程、关键操作步骤、学习情感等进行实时监测，用来评估学生对知识的迁移水平、实践动手能力、解决问题能力和学习动机等，并及时对学生的操作进行个性化反馈，促进学生的自我反思与成长。

5.5.3 搭建智慧评价系统

教育智慧评价由信息技术赋能，依托各类教育数据的汇聚和挖掘，旨在对学生的综合素质进行评价，真正做到以评促管、以评促教、以评促学。

20 世纪 90 年代，素质教育就已经成为我国教育政策一个重要而明确的指导思想，实施素质教育以提高国民素质为根本宗旨，以培养学生的创新精神和实践能力为重点，包含"政治素质、道德素质的培养""科学文化素质教育""身体素质教育"和"心理素质教育"四个方面。2018 年 9 月，习近平总书记在全国教育大会上首次完整提出"五育"并举的教育方针，要培养德智体美劳全面发展的社会主义建设者和接班人。2020 年，中共中央、国务院印发的《深化新时代教育评价改革总体方案》中指出，要充分发挥教育评价指挥棒的作用，完善立德树人体制机制，扭转不科学的教育评价导向，坚决克服五唯顽瘴痼疾。

不管是推行素质教育、施行"五育"并举，还是新时代改革教育评价，都需要建立在教育理论的基础上。作为"八年研究"的评价组主任，泰勒曾指出，评价应该是一个过程，而不仅仅是一两个测验，在评价的过程中不能只关注学习者的成绩，更要描述与教育目标的一致程度，从而发现问题，改进教学。世界著名教育心理学家加德纳博士曾提出多元智能理论，认为人类思维和认识的方式是多元的，包括但不限于言语语言、数理逻辑、视觉空间、音乐韵律、身体运动、人际沟通、自我认识、自然观察，是对我国倡导实施的素质教育的最好诠释。

目前评价多以测验为主，偏重知识与技能，信息模态单一，且缺乏过程性数据的支撑，反馈具有滞后性，而5G、物联网、图像识别、语音识别、人工智能、AR等技术的发展，使万物得以互联，可以对过程性数据进行采集、测量、分析，对学生不同方面的能力进行有效诊断和反馈，可以创设真实情境，了解学生解决问题的过程，也可精准测量学生的心理健康等。利用数智化技术，融入改革后的教育评价体系，搭建教育智慧评价系统，更加注重过程性数据的记录和智能分析，更加关注学生的多元及个性化指标发展，最终真正起到促进学生全面发展的作用。

案例10

从2009年开始，清华附中对学生在校期间的教育行为进行梳理，统计发现学生在校期间参与的教育教学活动近100项，涉及思想品德、体育锻炼、领导力等诸多方面。2012—2014年，清华附中联合清华大学计算机系、软件学院与硅谷技术团队，借助云计算、大数据等先进技术，开发完成了学生综合素质评价系统。该系统共含9大模块，45个维度的评价指标（见图5-15），用全面记录的方式勾勒出学生校内外的成长轨迹。

诚信道德	学业水平	身心健康	艺术素养	组织协调能力	活动实践	个人成长	集体奖励	其他
道德奖励	学业成绩百分制	《国家学生体质健康标准》	才艺奖励	班内任职	活动实践奖励	学术志趣及偏好发展	班集体奖励	好人好事
失信扣分	学业成绩五级制	身体机能	艺术成果展示	校团委学生会任职	党团活动	艺术素养及特长培养	社团集体奖励	……
纪律处分	学业成绩二级制	运动技能		学校社团任职	社团活动	体质健康与体育锻炼		
违法犯罪	作业表现	体育奖励		社会工作	生产劳动	感动感悟与交流沟通		
社会公益及志愿服务	课堂表现				勤工俭学	读书分享与人文思索		
班级值日	课堂考勤				军训	阶段小结与个人反思		
课程班值日	学业奖励				参观学习			
文明礼仪	会考成绩				社会调查			
集会表现	创新成果							

图5-15 学生综合素质评价系统模块及指标

系统中的记录由多元主体共同参与，个性化实践活动等由学生本人提交，各类奖项等由教师或相关部门提交，考试成绩、体质健康检测数据等由其他途径自动导入，各方主体各司其职，增强综合公信力；除学业成绩外其他记录均可公开，可以被质疑、申诉和复议，记录一旦被裁决为虚假记录，记录提交者将被扣失信分，失信记录永远存在系统中；综合素质评价记录可以按照学校设定的记录积分标准，及时生成学生的模块积分、维度积分的学年、学期学生发展报告，清晰呈现学生全面发展水平和特长，便于引导学生全面发展；综合素质评价系统还具有动态量化的功能，学校可以根据自身特点与需求，动态调整模块或维度的权重，快速生成想要的学生报告。

系统目前已经服务于北京市、四川省、江苏省等十余个省、市、自治区的 5000 余所学校，累计收集数据 7 亿多条。2020 年，系统为高三毕业班学生生成综合素质报告册近 5万份，为"强基计划"提供报告册 8000 多份，有效为北京新高考改革的平稳落地保驾护航。

5.6 智慧教育实践案例

党的二十大首次将"推进教育数字化"写进党代会报告，标志着推进教育数字化已经成为普遍共识和共同任务，而 5G 和新一代数智技术，已为教育事业的发展进程插上提速的翅膀。近年来，产、学、研、用各界对于智慧教育的共识已逐步形成，并通过多方合作探索构建智慧教育的新产品新应用新生态。

针对近年来受到社会广泛关注的学生游戏沉迷、网贷成瘾、校园霸凌等事件，依托工信部大数据产业发展试点示范，笔者所在单位中国联通研究院，与多所高校深度合作，研发"星空守护"智慧教育服务平台，分别为学校管理方、家长和学生本人提供定制化服务，为学生的成长构建了全链条的守护体系，从而解决了学生安全难以全局掌握、授课效果难以客观评价、异常行为难以发掘管理、心理健康难以监督评估、挂科留级难以预测防范、学生资助难以精准化以及就业推荐难以体系化等诸多痛点难点。

5.6.1 校园安全管理：看不见的安全护盾

随着我国教育事业的发展，学校规模不断扩大，校园内师生密度在日益提高，校内服务的社会化程度与整个校区的开放程度也在逐步提升，极大地增加了校园安全管理的难度。如图 5 - 16 所示，各种类型的校园安全事故层出不穷，每一次事故的发生都直接牵动着社会各界的心，还容易造成后续一系列难以预估的影响，校园安全是长久以来亟须解决的难题，是新时代校园建设的重中之重。

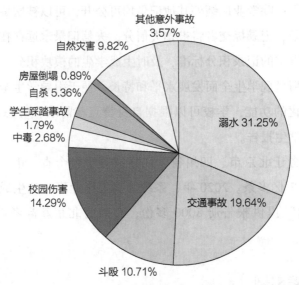

图 5 – 16　中小学校园安全事故分布

传统的校园安全管理主要有三大弊端。一是封闭性，参与人员主要是校方管理人员和师生，没有走出学校本身，随着安全需求的增加，学校需要及时与外部环境互联互通。二是单向度，更多依赖于"自上而下"的命令式管理和经验式管理，不仅具有滞后性，而且缺乏灵活性。三是低效性，主要表现在耗时耗力的管理流程、不合理的资源布局和低水平的信息化手段。

随着 5G 网络和信息技术的发展，以上问题都不再是难以逾越的屏障。以新一代安防设施为基础，构建 5G 专网与云计算中心，利用边缘计算、数据挖掘和人工智能等技术可以实现校园内外全方位、多角度、精细化的安全管理，成为守护校园安全看不见的护盾。

1. 安全态势分析：察秋毫亦见舆薪

校园安防是指利用视频监控系统、防盗报警、门禁系统、巡更系统、紧急求助、呼叫系统、对讲系统、一卡通等各种硬件设施保障校园安全。近年来不仅信息技术的发展日新月异，安防设备的发展也如雨后春笋，目前校内安防设备主要有以下几类。

1）视频监控，主要用于实时监控室内外各类场景。如图 5 – 17 所示，监控摄像头根据外观可分为球机、枪机和半球等不同类型，生活中最常见的就是枪机和半球，可以通过变焦记录细节画面，适合监控固定场景。其中，必要的时候半球可借助云台实现旋转，并且美观隐蔽，适合室内使用。球机价格较贵但自带巡航功能，可以设置预设位自动巡航，更适合监控空旷的地方。

图 5-17　监控摄像头（依次为球机、枪机、半球）

2）出入门禁，主要用于校门口、图书馆、宿舍楼等各类场景进行身份识别和考勤等。以前多是通过刷卡的方式，而现在，指纹、人脸等生物识别方式已逐渐成为主流。

3）周界防范，主要用于防范校外人员非法入侵校园。目前最先进的周界防范设备是电子围栏，其探测围栏通常沿原有围墙安装，当处于触网、短路、断路状态时会产生报警信号。除此之外，还可以通过入侵安防雷达、振动光纤、红外对射、激光对射和球机巡航等设备实现对校园边界的安防。

4）一键报警，是可由师生主动触发的紧急报警装置，主要有报警柱、报警箱和报警盒等几类设备，按下一键报警按钮即可实现上报，通常还带有摄像头和语音对讲设备。

5）其他新型设备，例如校园门口替代传统的石墩和道闸的自动升降柱，不仅美观且拥有超强防撞能力，可以在人流车流高峰时期保障通行安全；例如替代人工巡逻的安保机器人和无人机，既可以无死角自主巡逻，还可以通过语音和视频提供交互服务。

可见，目前的安防设备已然十分丰富，但实际上校园整体的安防建设还没有完全成熟，比较普及的只有视频监控和门禁一卡通，一方面不同类别的设备及系统分散独立，另一方面缺乏智能分析手段及时预警，无法满足安全防范"人防+物防+技防"三位一体的需求。

校园安防涉及方方面面，智慧校园安防的基石是各类安防子系统间的互联互通，5G 网关、边缘计算、云计算等技术非常有助于实现软硬件信息孤岛的整合统一。基于 5G 的校园智慧安防架构图如图 5-18 所示，将 5G 网关与上述各类安防设备相结合，再交由统一的中心云处理，从而实现端网云一体。其中，5G 网关使得设备在终端处便可实现边缘计算，不仅极大地提升了处理能力，而且有效地保障了实时性。

首先，当到达学校门口，升降柱已自动升起疏导拥堵的人流和车流，校内人员刷卡或刷脸通过人员闸机，校外人员则需要配合登记，高清红外摄像机全天候地清晰记录着进出的车辆车牌和人员样貌。

　　然后，进入校园内，每隔几步的路灯杆上集成的高清红外摄像机会实时统计人流量和车流量，重点路段会设有可自动跟踪的高清球机。当进入操场和小广场等室外空间时，都有高清红外摄像机实时监控，还会有高清球机自动巡航全场情况，并在识别到拥挤时将预警信息传送到监控中心。另外，室外各场景都设有报警柱，可以在意外发生的第一时间报警。

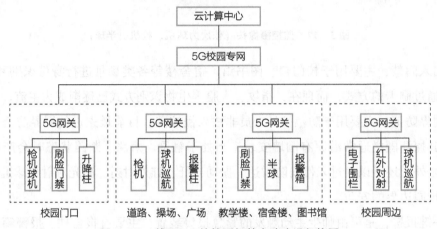

图 5-18　基于 5G 的校园智慧安防建设架构图

　　接着，进入教学楼、宿舍楼或图书馆等室内空间，图书馆需要通过人工闸机，宿舍楼需要通过门禁，教学楼门口会有高清红外半球默默记录着人员样貌，走廊和楼梯口的摄像机会实时识别拥堵以预防踩踏，天台和顶楼的必经之处还会进行人脸抓拍，此外各个空间的区域都配有报警箱或报警盒。

　　最后，园区围墙的摄像机会进行动态检测并抓拍，实时监控和预防非法入侵，更进一步可以安装电子围栏，严密守护校园内部安全。

　　目前大多数的校园安防正如《孟子·梁惠王上》所言，"明足以察秋毫之末，而不见舆薪"，即单个安防设备已经能够清晰到察觉"一根毫毛的末梢"，但却难以洞察校园安全情况这"一整车柴草"的全貌。而 5G 技术能够赋予安防设备更上一层的洞察力，结合边缘计算和人工智等助力校园安全态势分析（见图 5-19），从而"察秋毫亦见舆薪"。

2. 夜归出勤监督：如影随形的守护

　　互联网一直流传着一句话"没有逃过课的大学生活是不完整的"，如何逃课不被发现应该是很多大学生都曾认真思考过的问题。尽管老师们绞尽脑汁想出了各种点名方式，但道高一尺魔高一丈，学生们总有办法化解。不同于中小学生，高校学生有着更多自由选择和个性发展的空间，与此同时课堂出勤和夜间归宿也成为各大高校管理的难题。

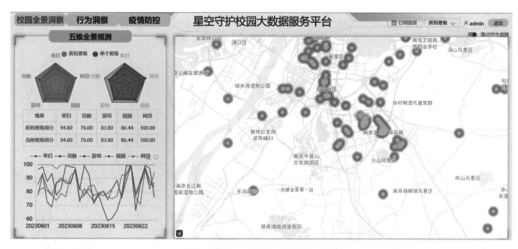

图 5 - 19　安全态势分析系统

如图 5 - 20 所示,对于出勤和夜归监督而言,其核心在于洞察 who、when、where,即学生何时在何地,要能够采集到实时有效的学生信息;其次要进行分析处理,从而洞察实时监督情况和历史变化趋势;最终达到监督的目的,提早预警和及时干预,比如一个学生如果连续多天旷课或夜不归宿,则需要辅导员日常给予更多的关注和关心。

图 5 - 20　学生出勤及夜归监督实现原理

传统的监督方式主要以人工为主,例如点名和签到,一是效率低,二是容易代签到、代答到和中途溜走,三是难以查询和比较历史记录的问题。随着信息化技术引入,高校都开始引入校园一卡通,但通过 IC 卡识别依然不能解决代刷和冒刷,而且经常容易丢失。

随着生物识别技术的发展,目前高校已经逐步走向了智能化,利用智能终端设备和人工智能技术进行精准识别监督。某高校的校园智能化方案如图 5 - 21 所示,通过云计算中心将多个维度的数据进行融合处理,实现了包括智能考勤、智能宿管、智能门禁在内的多种功能,全方位实时监测学生的出勤、夜归情况。

图 5 - 21　某高校的校园智能化方案

以智能考勤为例，目前主流的实现方案主要有两种，一种是基于生物识别的考勤，二是基于实时定位的考勤，两种方案各有优劣，而运营商 5G 技术的发展则可以带来更好的助力和优化。

（1）基于生物识别的考勤　最常用的是基于人脸识别的考勤，需要在校师生事先录入人脸，简单通过手机拍照上传至云端即可完成。一般的校园会在各类出入通道口设置人脸识别闸机，同时实现智能考勤和安全防范。不过人脸闸机需要一个一个通过，只适合校门口和楼宇出入口，对于高校上课点名等场景而言，更适合的是利用视频监控进行远距离无感知抓拍识别。例如某信息科技有限公司基于百度大脑人脸技术实现的校园智能考勤，通过对特定识别区域抓拍的图片进行精准识别，可以在 1s 内将学生情况同步至后端管理系统，实现实时考勤。

该方案的问题主要在于性能保障和投入成本，比如数据传输的实时性和稳定性、服务的处理能力、不同系统的融合对接，又比如保障这些所需终端设备、服务器以及软件平台的经费甚至场地。

因此可以利用 5G 网关的边缘云计算能力，例如在视频监控等终端前端完成学生精准识别等 AI 实时分析功能，只将有效结果发送至后端云中心处理。该 5G 网关 + 视频监控 + 人工智能的升级方案一则利用了已有的视频监控系统，不需要采购新的监控设备；二则极大地减轻了中心云的处理压力，用较少的服务资源实现较高的性能；三则通过 5G 技术大连接、低时延、高可靠的特性保障了整体方案的稳定性。

（2）基于实时定位的考勤　另一种是企业已经广泛使用的基于实时定位的考勤，通过定位技术精准获得用户位置，通过手机号或人脸识别验证用户身份，最后通过判断该用户位置是否在指定区域范围内进行考勤。最典型的就是钉钉打卡,不需要学校购买安装额外的软硬件设备,校园使用时只需要师生手机终端都安装相应 APP,经由学校管理员设置考勤组和考勤时间,还有课程签到功能。

该方案最主要的问题在于学生感知强烈,需要在学生通过手机绑定后还需要时刻进行操作,每天每节课打卡的方式非常烦琐,给学生带来了极大的心理压力和额外负担。此外,该方案不仅难以将学生数据信息只维护在校园内部,而且容易被虚拟定位软件破解。

而借助运营商数据,则可以实现基于实时定位的无感知考勤。基于 5G 基站 + 数据挖掘技术的夜归出勤监督系统如图 5 – 22 所示,可以对学生群体的位置分布、迁移特征及趋势、网络行为等进行分析挖掘。该系统利用了运营商数据天然具有的优势,一是拥有遍布全国的 5G 基站,既不需要依赖校园的基础设施,也不需要学生一直进行操作;二是拥有足够丰富的信息量,可以实时获取学生详尽的时空信息实现精准定位。

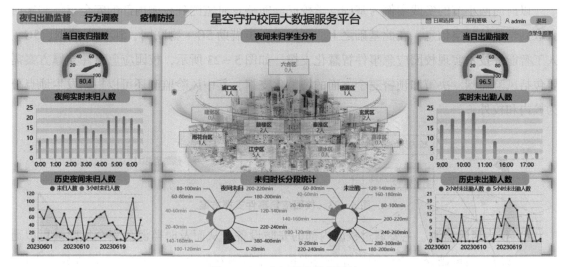

图 5 – 22 夜归出勤监督系统

夜归出勤监督是新时代校园安全管理必不可少的一环,经常旷课和夜不归宿不仅仅影响着学生学业,还常常预示着学生已在校园之外悄然踏入了安全陷阱。5G 技术在实时性、稳定性方面的保障一方面有助于校方宏观掌握学生行为活动特征,另一方面有助于辅导员等及时干预学生深夜未归、长期旷课等行为,从而防微杜渐禁于未然。

3. 应急事件支撑:预则立不预则废

校园应急管理主要涉及社会安全、自然灾害、事故灾害、网络和信息安全、公共卫生等大类突发事件和群体、火灾、交通、化学品、民族宗教、涉外、暴力、冲突围堵等专项事件。根据《中华人民共和国突发事件应对法》，目前各级学校已针对各类事件制定了具体的应急预案，以在事件发生后能够有效避免混乱和有序开展工作。

校园应急预案主要停留在制度规范方面，存在诸多不足之处：一是管理流程原始且单一，事发后先层层上报再级级批示，不仅决策滞后易错过最佳处置时间，而且不利于在多个部门间进行协作联调；二是缺乏技术手段支撑，既无法在事件发生第一时间监测到预警和判断是否涉及本校学生和教职工，也难以及时向事件相关的不同群体发出针对性的预警通知。

目前一些厂商已经开始提供针对校园安全的应急事件智能支撑方案，主要集中在一键联网报警领域，通过部署校园各区域的报警终端以及一些烟雾等传感报警器快速将警情上报至学校、教育局甚至公安系统，并且可以包含语音对讲、视频联动、精准定位等功能。该方案已经能够很好地解决难以第一时间获取预警信息的问题，不过针对应急事件涉及的类别多样和阶段不同，依然有许多可以完善的空间。

以前面两小节的实践案例为基础，学校已经能够及时监测到校园内部的安全事件和实时获取到学生的时空信息，在此基础之上，可以进一步借助5G＋物联网、5G＋大数据、5G＋人工智能等技术实现校园应急事件智慧化支撑。如图5-23所示，校园应急事件支撑方案需要包括风险监测、决策和预警三个方面的智慧化支撑，其中风险监测还可以根据发生地点分为校内和校外。

图5-23　校园应急事件支撑方案

1）校内风险监测，主要通过校园内部的安防设备，从而及时监测到安全风险。可以通过烟雾感应、玻璃破碎、电子围栏等探测类传感器监测到的火灾、盗窃、入侵等异常事件；可以通过5G网关＋视频监控＋边缘计算智能识别拥堵、非法入侵等异常事件；可以通过一键报警装置随时接收人工报警信息。

2）校外风险监测，可以通过舆论监控或者人工输入校外突发事件的相关信息监测是否涉及本校人员。如果校园内已经拥有智慧考勤和智慧宿管等系统，则可以联动排查当前和事发时间内的离校人员名单。此外还可以基于运营商数据，即5G基站＋大数据技术进行群体位置分布、OD事件链、关联图谱等分析，从而精准确定本校人员与当前事件的相关程度。

3）智慧决策，主要根据获取到的预警信息进行综合分析研判，包括事件具体信息整合、风险等级判定、指挥调度安排、应急资料调取等。实现智能化的风险评判需要借助机器学习和深度学习等 AI 智能决策技术，先将经验知识化，再进行智能判断和决策，最终将研判信息发送至各处。

4）预警通知，主要是细化预警方式、预警群体和预警内容，从而向不同群体提供针对性通知。预警方式一般有手机短信、语音电话、邮件、校园广播以及手机 APP 等；预警群体可分为各级管理人员、不同程度的风险关联人员以及全体师生；预警内容可以是预置模板内容或自定义内容，由不同情形而定。

基于的运营商大数据的应急支撑系统如图 5-24、图 5-25 所示，能够在应急事件发生时及时洞察学生在校园内外的位置信息以及学生的社交关系状况。以本市校外某地突然起火

图 5-24　应急事件支撑系统（1）

图 5-25　应急事件支撑系统（2）

为例，对于学校各级管理人员，可以通过系统一键短信或电话发送通知和安排，并经由邮件和手机 APP 等方式推送相应的预案以及所负责群体每隔一段时间的位置信息等；对于事发范围内的人员，能够发送预警通知以及相应的自救措施或撤离路线等；对于意图前往事发地的人员，能够发送劝返预警；对于失联人员的朋友、家属等关联人员，能够发送提醒通知。

"凡事预则立，不预则废"，应急事件通常事发突然和情况复杂，并且容易影响广泛和危害严重，事前预警、实时监测和事后追溯的各环节都需要有效支撑，5G、AI、云计算等新兴技术不断推陈出新，将成为校园应急管理智能化、智慧化的希望。

5.6.2 学生成长守护：漫漫征途的指明灯

近些年来，移动互联网迅猛发展，据 QuestMobile 2022 报告显示，全网用户已达 12 亿新高，月人均使用时长和使用次数都实现了新的突破，青少年群体作为近年来用户增长的主要来源，在游戏、视频和社交领域的时长均高于全网水平。如图 5-26 所示，2022 年 6 月，Z世代（95 后与 00 后用户）月人均使用时长已达 159.4h，月人均单日使用时长甚至高达7.2h。相较于以往单一的成长环境，新时代青少年的成长空间丰富多样，已经与网络世界密不可分。

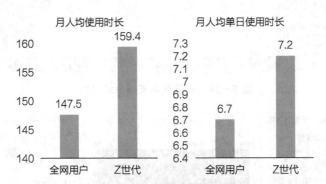

图 5-26 2022 年 6 月 Z 世代与全网用户月人均使用时长及单日使用时长（单位：h）

网络世界对于学生成长是一把双刃剑：一方面，互联网是信息的海洋，让每个人平等地接触知识、让志趣相投的人近在咫尺、让奇思妙想随时碰撞，有助于学生自主学习和公平教育；另一方面，互联网充满了各种诱惑，学生极易沉迷于视频、直播和游戏等，导致大量时间、精力以及金钱的浪费，不仅会导致学业成绩下降，还容易影响身心健康，更有甚者会使自己和家庭深陷泥潭。

对于社会和学校，除了在主观上关注学生的成长情况，更需要在客观上构建新的学生成长守护体系。通过融合运营商 5G 网络数据和教育行业数据，借助数据挖掘、人工智能、云计算等技术深入洞察学生上网行为特征，将能够从娱乐消费、心理健康、学业成绩、职业规划等多个角度全方位守护学生健康成长。

1. 异常行为识别：防微杜渐忧未萌

据 2022 年北京互联网法院的"首互未来"新闻发布会公布，未成年人在游戏、短视频直播、网购和社交等平台相关的案件占到了总数的 77.6%，其中游戏充值类平均标的额约 8.5 万元，直播打赏类约为 7 万元，最高金额高达 61 万元。网络娱乐是学生极易出现沉迷的领域，业精于勤而荒于嬉，沉迷网络最直接的结果便是严重影响学生的学习，更进一步还容易导致大额充值、打赏甚至网贷等过度消费，需要家长、学校和全社会的共同监督和引导。

近年来国家陆续出台了多项举措。例如，2021 年银保监会等五部委印发了《关于进一步规范大学生互联网消费贷款监督管理工作的通知》，明确小额贷款公司不得向大学生发放互联网消费贷款；2021 年国家新闻出版署下发了《关于进一步严格管理切实防止未成年人沉迷网络游戏的通知》，要求网络游戏企业严控未成年人网络游戏时间，只能在周五、周六、周日和法定节假日每日 20 时至 21 时向未成年人提供 1 小时网络游戏服务；2022 年广电总局等四部门发布了《关于规范网络直播打赏　加强未成年人保护的意见》，禁止未成年人参与直播打赏，严控未成年人从事主播等。同时相关企业积极响应，通过实名认证、青少年模式、防沉迷系统等持续探索完善守护机制。

对于家长而言，监管学生上网行为的方式主要有两种：一种是应用软件，如阳光守护、爱学生、格雷盒子等，通常需要家长和学生的手机同时安装；一种是学生专用手机，如多亲 Qin2、360OS 奇少年等，自带针对学生的防沉迷功能，不容易被刷机破解。不过这两种方式只适用于中小学生，学生被监视感强烈，且价格和质量参差不齐。

目前学校对于学生的上网行为监控主要基于校园网，不同于企业可以在工作计算机端安装软件进行详细监管，校园网通常只是借助上网行为管理路由器实现简单的访问过滤和行为分析。该方式不仅容易影响网络的稳定访问，而且难以应对不断升级的应用协议，此外完全无法针对不使用校园 WiFi 而使用移动流量的学生。

进入 5G 时代，可以基于 5G 网络 + 数据挖掘 + 人工智能更好地实现对学生上网行为的监控。下面将从三个方面介绍 5G 如何解决目前学生上网行为监管难的问题。

（1）5G 网络数据挖掘行为特征　海量的运营商数据蕴含着丰富的用户信息，通过深度包检测（Deep Packet Inspection，DPI）技术可以对网络数据进行深度解析。近年来，网络新业务层出不穷，例如对等网络（Peer – to – Peer，P2P）、流媒体、WebTV、音视频聊天、互动在线游戏和虚拟现实等，运营商则能够针对不同的应用协议去构建和维护全面的特征库，用于精准识别网络业务特征。

因此，将运营商网络数据与学生信息关联后可以收集解析学生的网络行为数据，剖析学生网络业务的使用习惯，从而分析其业务及应用偏好。对于学生个人，一则可以分析其偏爱的业务类别，如喜欢看视频、打游戏或者购物等；二则可以分析其偏好应用的使用情况，如观看视频 APP 的时段、次数以及时长等。对于学生群体，可以进行基于统计的聚类分析，洞察校园整体的上网行为情况，如校园 APP 喜爱度排行、校园主流业务使用时间段偏好等。

（2）AI 模型评测异常行为倾向　在获取到学生群体的详细网络行为特征之后，则可以借助 AI 算法模型评估学生的异常行为倾向。异常网络行为多数集中在游戏、视频、直播和网贷等领域，需要智能评估学生对这些业务的沉迷程度，例如上课时间段总是在打游戏、几天内频繁下载和使用网贷 APP、每天深夜都在观看直播并同时发生支付行为等。当类似行为出现时，都需要发出危险预警信息，便于校方管理人员及时介入或疏导，从而避免学生荒废学业甚至陷入泥潭。

（3）5G 网络切片助力灵活部署　4G 时期网络架构单一、网络功能固化，而 5G 时代可以通过网络切片技术使得软硬件分离，从而针对差异化需求进行灵活的网络业务功能组装。学校可以构建校园 5G 网络，按需订购学生上网行为监测情况和学生异常行为预警清单等。该方案有多项优点，一是网络切片技术也即网络功能虚拟化，改变时不需要调整物理网络；二是学校可以动态管理网络资源，轻松扩容或取消；三是保障校园不同网络功能区相互隔离，减少网络干扰故障。异常行为识别系统示例如图 5－27 所示。

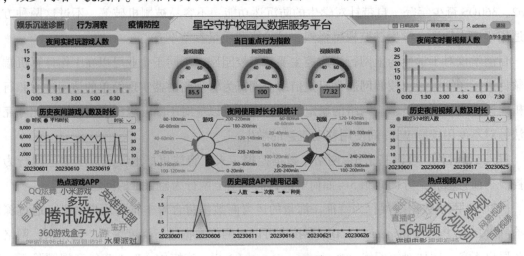

图 5－27　异常行为识别系统示例

综上所述，5G 网络能够突破现有的行业边界，极大地丰富应用场景。当学校引入 5G 校园网络数据后，能够按照需要对学生上网行为数据进行个性化定制，做到低成本、精细化、无感知的学生上网异常行为洞察，从而有的放矢地进行管理和疏导，助力学生健康成长。

2. 消费水平评估：损有余而补不足

"如何才算贫困生"是近年来互联网上极具争议的问题之一。一方认为"贫困生该有贫困生的样子"，能买得起名牌鞋包的学生不需要补助；另一方认为"贫困生也有享受美好生活的权力"，不应该是以往唯唯诺诺和不敢吃穿的刻板形象。显然，这些争议的根源在于贫困生认定缺乏统一的标准。

目前学校对贫困学生的认定主要分为三种阶段：第一阶段是直接根据《家庭经济困难学生认定申请表》认定，该申请表由学生填写后到当地街道或乡镇盖章；第二阶段增加了民主评议环节，需要申请贫困补助的学生上台发言，根据投票结果认定；第三阶段结合了信息化手段进行辅助认定，例如湖南科技大学通过大数据分析食堂消费次数和消费额度，向2000 余名学生悄悄发放餐补，既不需要学生自己申请，也不会对外公布资助名单。

然而上述的每个阶段都有其局限性。第一阶段的问题在于可信度较差且很少再更新变化；第二阶段的问题在于投票结果更取决于学生间的人际关系和日常行为表象，容易伤害到真正贫困生的自尊心和激化学生间的矛盾；第三阶段已经在一定程度上提高了认定的准确性，并且有效维护了学生的自尊心，但由于消费数据的来源过于单一，其认定结果容易走向片面。

根据多方大学生消费行为调研分析结果显示，近年来大学生消费观念在不断改变，消费方向逐步走向多元化，消费行为涉及方方面面，可分为三大类：一是食堂就餐、生活超市、网络购物等日常消费支出；二是校外聚餐、出游、游戏充值、直播打赏等社交娱乐支出；三是学习资料、健身、付费自习室等自身提升支出。

可见，真实地评估学生的消费水平需要足够多的数据来源，而运营商 5G 网络数据则天然具有这样的优势。对于移动支付时代，方方面面的消费行为都要经过网络，并且运营商能够解析各类网络业务行为特征，如果将其与学校自身数据相融合，借助数据挖掘和人工智能技术便可以从以下多个维度评估学生的消费水平。

1）校园消费维度：主要是通过校园内部的数据分析学生的消费水平，例如学生的基本信息、校园一卡通的日常消费账单、绿色通道入学名单、学费贷款申请名单以及勤工俭学申请名单等，这些数据有助于初步筛选出低消费重点群体。

2）通信消费维度：主要基于运营商大数据分析学生在通信方面的消费水平，深入挖掘终端、套餐、话费以及通话等数据信息。对于终端数据，可分析其品牌、价格档位和更换频次；对于套餐信息和话费数据，可直接得到其消费额度；对于通话数据，可分析高频通话的对端号码归属地等，例如频繁且固定与某一国家级贫困地区通话则可从侧面验证某一学生的家庭情况。

3）网络消费维度：主要基于运营商大数据分析学生在购物方面的消费水平，充分挖掘学生对金融、购物、外卖、游戏、视频以及移动支付等软件的使用情况，通过对各类 APP 的使用偏好、使用时长、使用次数、使用流量以及支付频次等进行分析，可以有效判断学生的日常消费情况和社交娱乐情况。

4）出行消费维度：主要基于运营商大数据分析学生在出行方面的消费水平，一则通过移动性特征与出行类 APP 可以分析学生的出行方式偏好，识别公共交通、共享单车、网约车、租车和自驾等；二则通过用户轨迹和移动支付信息可以分析学生的线下消费场所偏好，例如判断学生是否经常前往高消费场所。

综合上述四大类消费维度的评估结果，再借助 AI 算法模型进行综合研判，可以搭建起完善的消费水平评估系统，如图 5－28 所示，从而有效预测疑似高消费和疑似贫困的学生群体。一则有助于学校洞察整体消费状况，二则可以为学校合理发放助学金和贫困补助提供有效参考，三则可以支撑学校其他个性化资助的无感发放。

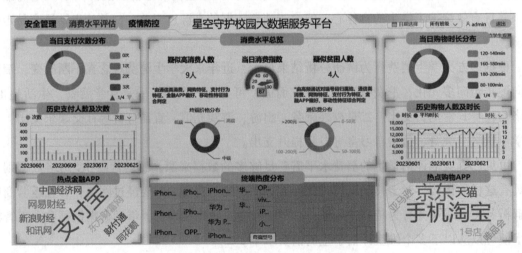

图 5－28 消费水平评估系统示例

正所谓"天之道，损有余而补不足"，教育公平是整个社会公平非常重要的一环，也是每个学校义不容辞的责任。基于 5G 网络＋数据挖掘＋人工智能的消费水平评估系统能够精准研判学生的消费能力，有效避免"假贫困生"，从物质和精神上呵护贫困学生，真正做到

"润物细无声"。

3. 心理健康预警：晴时守候雨时伞

据《中国青年发展报告》显示，仅 17 岁以下的青少年中就有 3000 万左右具有各种情绪障碍和行为问题。受互联网流行文化和社会经济变革等叠加影响，青少年心理健康状况在逐步下降，抑郁症和焦虑障碍已经变得普遍。诱发心理问题的影响因素有诸多方面，除了自身和家庭因素的直接影响外，学校和社会环境的影响也不容忽视。

首先，各类社交媒体在逐步取代"面对面"社交，极大地影响了学生面对现实世界的勇气和实际沟通的能力；其次，网络娱乐的成瘾性逐步提高了感受快乐的门槛，使得学生幸福感降低且更加脱离现实，从而容易抑郁和被情绪困扰；最后，网络世界也是人与人之间的差距的放大镜，巨大的落差容易导致学生出现焦虑、自卑或不平衡等心理。结合相关研究，可见学生在网络上的行为数据与心理健康状态有着明显的相关性。

目前学校的心理健康管理工作主要涉及几个方面：一是开设心理健康类课程，二是新生入学后统一进行心理健康测评，三是配备专门的心理健康教育老师并且定期开展培训，四是通过班主任或辅导员日常对学生进行了解和关注。显然这些措施是不够的，无法完全准确地感知学生个体的心理健康状态。

2023 年，教育部等十七部门联合印发《全面加强和改进新时代学生心理健康工作专项行动计划（2023—2025 年)》（以下简称《行动计划》）。《行动计划》部署开展八项重点工作，包括规范心理健康监测、完善心理预警干预、营造健康成长环境等。

随着大数据和人工智能的发展，通过技术手段进行学生网络行为分析和心理健康观测正在成为可能。目前主要的方法是基于校园网数据或互联网数据运用机器学习或深度学习对某一类心理问题进行分析，其中校园网数据数据单一且体量不足，互联网数据则非常难以获得，单纯经由爬虫而来的数据无法关联到学生个人。

如果引入 5G 运营商网络数据，则能够面向不同心理问题针对不同学生群体进行更加全面、细致和精确的分析预警。下面将通过三个示例介绍 5G 网络数据在心理健康观测方面的应用。

（1）异动行为分析　异动行为主要针对学生行为的变化情况，基于运营商蕴含的位置信息、迁移规律和行为特征等数据，持续跟踪其周期性变化趋势，重点关注其突然发生的变化。以下述四种与心理问题相关的异动行为分析为例，可以有效进行预警。

1）病理性网络使用：可基于运营商数据行为数据，综合分析学生在游戏类、社交类、视频类、网贷类等需要重点关注的 APP 的使用情况，从而判断学生沉迷网络的严重程度。

2）网络行为异动：可基于运营商数据行为数据，综合分析学生在不同时段的全网流量使用情况和 APP 整体使用情况，从而判定学生是否突然增加或减少上网。

3）通话行为异动：可基于运营商语音行为数据，综合分析学生主被叫情况、短信收发情况以及通话时长和次数等，从而判定学生是否突然增加或减少通话。

4）持续夜不归宿：可基于运营商位置行为数据，综合分析学生在不同时段的离校情况，从而判定学生是否长期夜不归宿。

（2）实体关系图谱　实体关系主要是指学生与其相关实体的关联性，如学生的位置偏好、网络行为和社交圈等。通过融合校园数据和运营商数据，可分析学生与学生、学生与 APP、学生与班级、学生与地区等的关系情况，从而评估学生与现实社会的联系程度。

南京某一学生的实体关系图谱如图 5-29 所示，可见该学生最常去的地方是江宁区，关系密切的同学有两个，最喜欢的游戏是 QQ 中国象棋，还喜欢音乐、影视和网购等，足见其兴趣爱好广泛，不是一个孤僻的人。

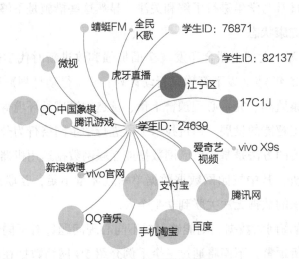

图 5-29　实体关系图谱

（3）心理健康评估　研究表明，网络行为与主观幸福感、抑郁、焦虑、人际关系敏感等心理状态有着较强的相关性。结合学生 SCL-90（症状自评量表）自测数据与运营商的用户位置信息、迁移规律、社交圈、行为特征、兴趣偏好等网络行为数据，利用深度学习算法可以分析学生在不同维度的健康状态，从而整体评估学生的心理健康水平（见图 5-30）。

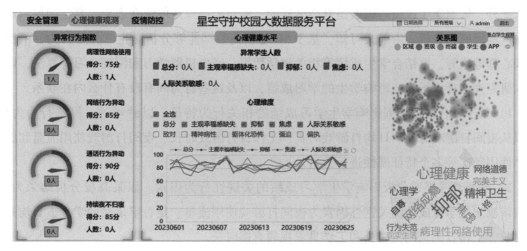

图 5 – 30　心理健康预警系统示例

多年来，对学生的心理健康教育一直更偏重于治疗而不是预防，然而当发现学生有心理问题时通常为时已晚。基于 5G 网络数据 + 人工智能可以持续跟踪关注学生的心理健康情况，助力学校构建完善的心理健康观测体系，在日常时默默守护，从整体洞察学生群体的心理健康水平；在异常时及时预警，从而及早进行介入和干预。

4. 学业成绩预警：正途迷失的预警

"立身以立学为先，立学以读书为本"，学习成绩不仅体现了学生当前的知识能力水平，还实实在在影响着学生未来的发展。于中小学生而言，学习成绩会直接影响升学；于高校学生而言，学习成绩还影响着毕业和就业。

目前院校都设有学业预警制度，一般在每学期结束之后系统地统计各科目成绩不及格、缺课累计超时和旷课累计超时等情况，分类分级建立预警名单，并告知学生本人以及家长，以防学生不关心成绩和不认真补考，尽量避免降级或退学等情况发生。然而，这些措施都发生在考试之后，成绩已然落定，日常只能对已经挂过科或降过级的学生重点关注，具有一定的滞后性。

近年来，教室内部多已安装监控摄像头，随着人脸识别技术的飞速发展，一些学校开始引入"黑科技"，通过实时识别学生是否有睡觉、发呆、低头等行为和难过、反感等面部表情，统计判定学生上课时是否认真听讲，从而及时预警学生。不过该方案在网络引起了重大争议，许多人认为这是不负责任的表现，侵犯了学生的隐私和自由，严重忽略了学生的内心感受和健康成长。

此外，影响学生成绩的因素是复杂多样的，课堂监控只是停留在表象，真正的原因需要更深入地研究和分析。由前文可知，基于 5G 运营商数据能够分析学生的异常行为、消费水平和心理健康等，再结合学生成绩等相关教学数据，经由机器学习和深度学习等算法，则可深入研究到底什么行为会影响学生的学习成绩，以及这些行为间有没有什么内在联系。

1）基于融合数据挖掘影响学生学习成绩的相关行为特征。以游戏这一网络行为为例，可以从夜间打游戏时长、日均打游戏时长、工作日打游戏时长、夜间打游戏使用流量和游戏 APP 使用频次等多个特征属性进行分析。

2）基于算法模型分析影响学生学习成绩的关键性行为因素。以某高校分析结果为例，影响该校学生学习成绩的关键性因素为夜间打游戏使用流量、是否申请奖助学金、日均打游戏时长、工作日浏览网页时长和工作日看视频直播时长。

3）综合关键性因素构筑学生全息诊断画像。多维聚类视图如图 5 - 31 所示，其直观展示了学习成绩与心理症状自评等级、娱乐性网络行为以及学生是否申请贷款及助学金这三个维度影响因素的相关性。其中网络行为因素还可以选择游戏、视频、消费等，学生个人特征还可以选择挂科数目等。

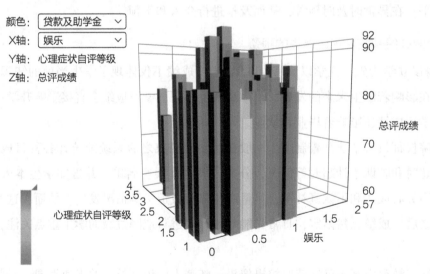

图 5 - 31　多维聚类视图

"知其然"需先"知其所以然"，借助 5G＋人工智能技术，学校可以精准洞察影响本校学生学习成绩的行为因素，从而对关键性因素进行针对性分析、持续性观测和及时性预警，有助于学校在学生的成绩大幅下降、挂科、留级等学业问题上提早做出防范。

5. 职业选择规划：懂你胜过你自己

2024 年高校毕业生数量约为 1179 万人，比 2023 年增加 21 万，就业市场竞争加剧，高校应届生就业难已经成为一个普遍现象。与此同时，越来越多的学生选择考公和考研。此外，求职大军竞争也愈发激烈，医药、高科技、制造业等行业人才需求明显，而学生更感兴趣的是数据算法和研发类等高薪技术类岗位。

在整体就业难的形势下，于学校而言，如何做好毕业生就业推荐和指导就显得尤为重要。其难点主要体现在两个方面：一是对本校毕业情况了解不够全面和及时，只有在学生就业抉择尘埃落定后才统计汇总，无法提前做出了解和预测，及时调整策略；二是对学生不够了解，难以从学生的个性化角度出发，有效助力学生的未来职业规划。

随着数字经济的发展，大数据服务已经和我们的生活融为一体，大数据技术可以洞察个人的方方面面，如衣食住行、兴趣爱好以及性格能力等，比一个人自己还了解自己。因此，基于运营商 5G 网络数据，借助大数据分析技术，学校能够深入洞察学生的毕业去向，并且为学生提供有效的职业推荐。

（1）毕业去向洞察　目前高校对于本校毕业生的去向洞察主要基于三方协议和调查问卷统计，只能大概分析不同专业对毕业去向的影响，手段粗糙且结果单一。求职网站虽然有着更加详尽的数据，可以更好地洞察学生的个人特征与毕业去向的关联性，但却只能分析选择前往公司就业的学生群体。

融合运营商 5G 网络数据和教育行业数据，可以分析挖掘毕业生在就业、成绩、社交、娱乐、购物、出行、消费、心理等各个方面的特征，可以借助机器学习算法构建分析预测和认知推理模型，找到影响学生毕业去向的内在因素。

以某校和运营商的合作为例，毕业去向预测精度可高于 78%，结果显示不同毕业去向的学生群体在校期间的行为特征确有不同，以下是该校毕业生去向与日常表现的部分关联结果示意。

1）毕业去向与在校成绩：大一到大三总评成绩一直优秀的学生无论是继续深造还是就业，都能去到更好的院校或公司。

2）毕业去向与 APP 使用情况：毕业继续深造的学生日常使用音乐 APP 最为显著，毕业直接就业的学生对出行、游戏、新闻类 APP 热情更高。

3）毕业去向与游戏视频情况：毕业未就业的学生在凌晨和下午的游戏活跃度明显，毕业继续深造的学生只有在中午的视频活跃度明显。

由此可见，基于 5G＋大数据能够有效洞察影响学生毕业去向的内在因素和预测学生的毕业去向（见图 5－32），给学校的服务和管理提供决策参考，为学生的自我管理注入内生动力。

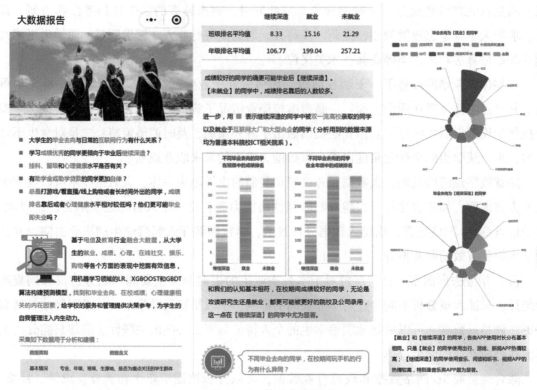

图 5－32　毕业去向洞察

（2）职业测评推荐　目前市面上已有的个性化就业岗位推荐主要针对学生自身提供的信息，如简历中的学历、院校、专业、薪资要求以及意向岗位等，主要用于从海量招聘信息中筛选出相关性最高的优质岗位。这种个性化推荐主要基于学生自身的主观选择，然而对于学生而言，个性化更应该体现在如何洞悉自身的内在优势和潜在兴趣，然后再去进行职业规划或者筛选适合岗位。

基于运营商 5G 网络数据，融合学生在校的相关数据，可以分析洞察学生个人的大数据画像，可以结合专业的职业性格测试和职业兴趣测试预测结果数据，可以借助算法构建预测推理模型，从而给学生提供有效的个性化职业推荐（见图 5－33）。

1）"我是谁"，即学生的大数据画像。通过大数据分析从成绩、社交、娱乐、购物、出行、消费、心理等多个方面查看学生的表现情况，使学生能够全面深入地了解自己，从而得到正确的自我认知。

本测评系统基于MBTI原理设计开发，分析结果主要依赖于你的答题模式，仅提供简易分析结果，建议测试者针对各自的应用需求，寻求MBTI专业人士的支持。

ESFP(不要担心，高兴起来！)

第一部分 测试得分与图表

采用对比图呈现你在别人眼中的行为风格。

外向(E)	58.3 41.7	(I)内向
感觉(S)	50 50	(N)直觉
思考(T)	16.7 83.3	(F)情感
判断(J)	41.7 58.3	(P)知觉

强	明显	中等	轻微	中等	明显	强

第二部分 行为风格的四个维度

MBTI将人格分为四个维度，每个维度有两个方向，共计八个方面，分别是：

第二部分 行为风格的四个维度

MBTI将人格分为四个维度，每个维度有两个方向，共计八个方面，分别是：

外向（E）和内向（I）

感觉（S）和直觉（N）

思考（T）和情感（F）

判断（J）和知觉（P）

1 与世界的相互作用方式

E外向	I内向
58.3	41.7

E 外向： 关注自己如何影响外部环境，将心理能量和注意力聚集于外部世界与他人的交往上，例如：聚会、讨论、聊天等；

I 内向： 关注外部环境的变化对自己的影响，将心理能量和注意力聚集于内部世界，注重自己的内心体验，例如：独立思考，看书，避免成为注意的中心，听的比说的多等。

2 获取信息的主要方式

S感觉	N直觉
50	50

S 感觉： 关注由感觉器官获取的具体信息，看到的、听到的、闻到的、尝到的、触摸到的事物，例如：关注细节、喜欢描述、喜欢使用和琢磨已知的技能等；

N 直觉： 关注事物的整体和发展变化趋势，灵感、预测、暗示，重视推理，例如：重视想象力和独创力，喜欢学习新技能，但容易厌倦、喜欢使用比喻，跳跃性地展现事实等。

谢谢您的参与，阅读本报告时，请注意以下内容：

· 本结果仅供参考，不可作为临床诊断的依据；

· 如结果与你自己或他人感知的有出入，可回忆在测试时是否有事情影响了你，或自己答题时是否有所顾虑；

· 如对报告有不理解的地方，建议向专业资质人员进行咨询。

你在各职业类型的得分情况

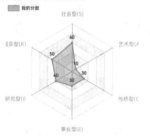

图 5 - 33　就业择业推荐

2）"我喜欢干什么"，即学生职业兴趣测试。以霍兰德职业兴趣测试为例，分析六个类型的得分情况，分析学生突出的类型特质，并推荐该特质典型的职业。

3）"我适合干什么"，即学生职业性格测试。以 MBTI 职业性格测试为例，分析四个维度八个方面的得分情况，阐述学生在各个维度的性格特点，分析学生的行为风格特征及盲点以及在职场中的优劣势和建议。

面对愈发复杂的就业形势，越来越多的学生在一进入大学就开始为毕业选择做准备，为考公、考研提前备考，或努力寻求实习机会。但一个人的职业规划不应该是一件草率且盲目的事情，它对人的影响深远，于学生而言，只有足够洞悉自己的内在优势，才能更好地进行自我提升和职业规划。

5.6.3　课堂学情评测：因材施教教学相长

学情，即学生情况或学生学习情况。学情分析，即对学生进行分析或对教学对象进行分析。随着现代教学设计理论的发展，学情分析已被认定为影响学习系统设计的重要因素，是预设教学目标的基础，是评估教学质量的依据，是设定教学策略的落脚点，是实现有效教学的重要手段。学情分析涉及课前、课中、课后三个阶段。课中即课堂学情分析，是最关键的环节，能够直观反映学生的学习效果和有效评价教师的教学质量。

目前，课堂学情分析的主要方法有自然观察法和测验法，主要工具有轶事记录、观察清单、技能核验、课堂讨论、小组互动以及问题提出等。传统的课堂学情分析主要有几大问题：一是缺乏共识，尚未形成统一有效的评判标准；二是缺少依据，主要依靠教师的个人观察和主观经验；三是过程缺失，仅能触及课堂的浅层表现和最终的考试结果；四是过于笼统，无法全方位兼顾到每位学生个体的学习情况。

课堂教学是一个双向互动的过程，每一位学生都是独立的个体，不可一概而论。随着教育信息化和人工智能的发展，5G、大数据和人工智能等技术正在逐步融入课堂，以智能设备为基础设施，基于学生的课堂行为进行个性化识别、分析和研判，实现对学生和教师从评价、管理以及改进的完整闭环，从而打造以学生为中心的教学环境。

1. 课堂行为分析：各因其材以施教

2019 年，教育部发布了首批八个智慧教育示范区，其中上海闵行区就从多个角度提出了对课堂教学建设的具体要求：在课堂方面需要基于过程数据提供学习者画像服务；在教师方面需要改进课堂教学支持系统；在行政方面需要搭建完整的教育云服务体系；在学校方面需要开展课堂视频分析、学习行为分析等智能教学实践。可见，课堂是教学的核心，课堂教学的过程挖掘是智慧教学的关键步骤。

全面洞察课堂教学过程最主要的是能够实现学生课堂行为分析。目前基于 AI 的课堂行为分析主要分为两大类：一类是通过识别阅读、书写、举手以及趴桌子等行为统计课堂整体的教学状态；另一类是通过识别学生微表情分析学生个体的精神状态。前者聚焦于表象，数据华丽但无法切实反映学生个体的课堂状态；后者聚焦于细节，不同学生的表情有着不同的定义，陷入了微表情的误区；此外还涉及摄像头、服务器、网络、云服务、系统平台等方方面面的运营维护。

进入 5G、云计算和人工智能等技术深入发展的时代，我们将能够搭建更高效、更精确的课堂行为分析系统。基于 5G 边缘云计算的课堂学情分析系统架构如图 5 - 34 所示。首先，通过教室的摄像头进行音视频数据采集，同时利用 5G 智能网关的边缘云计算，实现对海量视频流数据的实时处理；然后，云计算中心通过对实时数据和历史数据进行综合分析，输出学情分析报告；最后，根据不同角色的需求进行服务推送。

图 5-34 基于 5G 边缘云计算的课堂学情分析系统架构

基于上述系统架构，可从以下多个方面支撑学校的智慧课堂教学建设。

（1）基于 5G 的全面性能保障 一方面，5G 网络本身大连接、低时延、高可靠的特性不仅能够保障学校所有终端采集设备的同时接入，还能够保证海量数据的稳定高效传输；另一方面，基于 5G 的边缘计算能够将视频行为识别等密集型计算任务在终端处实时完成，极大地提升了数据处理效率，降低了中心云处理的压力。

（2）基于 AI 的行为精准识别 课堂学情系统实时监测界面如图 5-35 所示。基于校园沉淀视频的数十万样本进行模型训练，能够识别出听讲、书写、回答、瞌睡、互动等多种课堂典型行为，识别准确率高达 99.5%。通过每秒 1 帧的镜头跟踪实现了课堂全伴随式的行为记录，不仅能够实时洞察课堂状态，而且能够输出针对学生个体的行为分析报告，真正做到对学生的公平化、过程化和个性化关注。

图 5-35 课堂学情系统实时监测界面

（3）针对角色的智能推送服务 在中小学阶段，关注学生情况的角色主要有家长、班主任、任课教师、年级管理员以及校级管理员等，报告类型从微观到宏观可分为学生报告、班级报告、任课报告和年级报告。对于不同角色有着不同的定制化报告需求。某学生的学情分析报告如图 5-36 所示，在报告中可以查看该学生的综合课堂分析和各科目的详细分析以及个性化提示和预警。

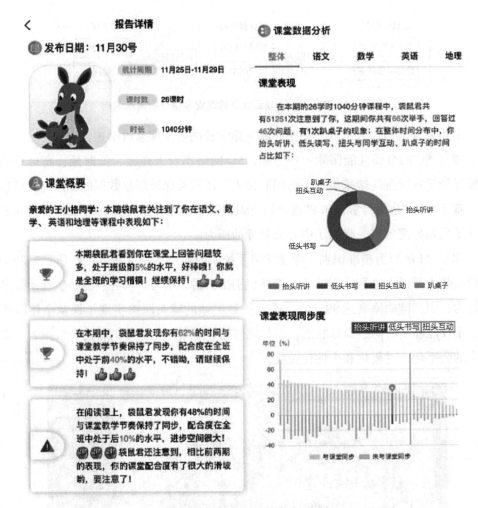

图 5－36　某学生的学情分析报告

"圣贤施教，各因其材，小以小成，大以大成，无弃人也"，教育公平是人类千百年来的梦想，因材施教则是教育公平的核心意义，基于 5G＋人工智能的课堂学情分析系统能够将行为数据和成绩数据相结合，精准识别学生的课堂行为，平等关注到每一位学生，做到一视同仁但不一概而论，为因材施教提供有效助力，真正实现数据驱动下的"精准教学"。

2. 课堂教学评估：教学相长可致远

韩愈言"师者，所以传道受业解惑也"，卢梭说"凡是教师缺乏爱的地方，无论品格还是智慧都不能充分地或自由地发展"。教师一直被誉为"人类灵魂的工程师"，因此一位教师的学术业务水平、教学方法、教学态度于教学而言至关重要。课堂教学评估作为最直观的教学评价环节，对判断教学效果、了解教学状况、提高教学质量有着重要意义。

传统的课堂教学评估主要通过随堂听课和考试成绩来判定，一则无法对教师授课常态化评估，二则无法反映教师群体的课堂教学情况，三则无法及时对课堂教学过程进行反馈，非常不利于教学方法的优化改进。随着教育信息化的发展，许多学校已经开始建设智能教学评估系统，首先可以解决纸质化、无历史记录、无统计分析等简单问题，其次可以引入调查问卷和视频监控等实现基础的过程性评估，最后将主观人工评价和客观数据评价综合。

目前市面上的智能教学评估依然有着很大的提升空间，一是评价标准有待扩展和深入，简单的监控数据和主观的调查问卷等并不能做出客观精准的评价；二是大量数据的实时计算处理需要更好的资源和性能保障。如图 5 - 37 所示，以上述小节的课堂行为分析架构为基础，可以完成从获取数据、形成评价、支持管理到改进教学的教学管评闭环。

图 5 - 37　基于课堂行为分析架构的教学管评闭环

（1）课堂评价　基于课堂行为识别数据，统计分析各项课堂指标，并从教师、班级角度进行横向比较，从章节、周次角度进行纵向比较，深入分析课堂行为。以下是数据驱动下的一些课堂新概念。

1）课堂结构和类型：基于课堂每一秒学生行为的识别数据可分析课堂结构，进而可将课堂类型分为以师生互动为主的探究型、以学生自主交流为主的合作型、以教师讲授为主的讲授型、以学生自主练习为主的自主型（见图 5 - 38）。

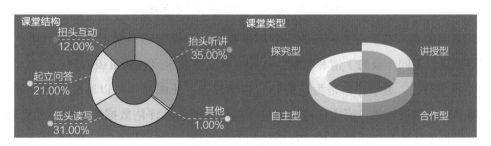

图 5 - 38　数据驱动下的课堂结构和类型

2）课堂参与度：分析学生个人行为与老师教学的配合程度，反映了学生对课堂教学的融入程度和听课效果。该指标通常以百分数呈现，例如某学生课堂参与度为 62%，即在观测周期内所有的观测画面中，62% 的行为与课堂教学的环节是同步的，同步按要求抬头听讲、读写练习、互动讨论等。

3）课堂凝聚度：综合分析计算每一位学生的课堂参与度，可以得到课堂各环节的凝聚度，该指标反映了任课老师的课堂调动水平和学生接受意愿，体现了课堂的步调一致程度。在此之上，对课堂整体数据进行深度挖掘，还可以得到课堂整体的凝聚度，更加直观地反映出教师的教学掌控水平、授课吸引力和班级学习态度。高三某课堂凝聚度分析示意如图 5 - 39 所示。

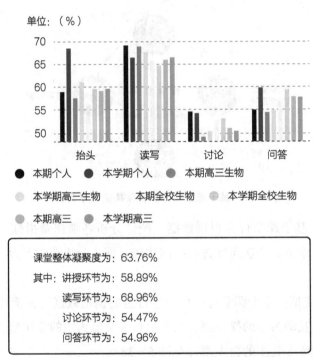

图 5 - 39　高三某课堂凝聚度分析示意

（2）**教研管理**　基于全面深入的课堂评价数据，学校能够洞察不同任课教师、不同科目、不同班级、不同年级的学情和教情，从而有效支撑教学研讨和班级管理。

（3）**教学改进**　教学评估是为了更好的教学改进，任课教师可以通过长期的课堂评估结果调整自己的教授模式，班主任可以通过不同科目的教学评估数据改进班级的管理方式，学校可以根据整体的教学评估分析进行全局的教学优化。

（4）全局洞察　以 5G 和云计算技术为基座，课堂行为分析和教学评估的结果数据都将云存储在大数据中心，因此可以搭建区域级的智慧教学洞察平台。

《礼记·学记》有云"教学相长"，通过建设基于 5G + 云计算 + 人工智能的课堂教学评估，以学生的课堂表现为核心进行教师的教学评估，实现技术赋能的常态化、伴随式、实时性教学过程观测，精准评估教学绩效，为教学分析和教师成长提供有效的数据服务和支撑，为教学和教务管理降本增效和积累资源。

3. 录播巡课一体：优质资源咫尺达

"以前，一位教师穷其一生，学生不过千人；现在，一门线上课程能惠及百万学习者，很多教师真的称得上是桃李满天下。"世界慕课与在线教育大会上，一位慕课平台负责人一语道出十年之变。党的二十大报告提出，"推进教育数字化，建设全民终身学习的学习型社会、学习型大国。"以信息化全面赋能教育，提供更高质量、更加公平、更多选择、更加便捷、更加开放、更加灵活的教育服务，满足人民群众的高品质、个性化学习需要，方能实现"人人可学、处处可学、时时可学"，助力学习型社会和学习型大国的构建。

随着科学技术的发展，人们的生活方式发生了线上化、虚拟化的改变，线上教学也不再只是互联网教育培训机构的专属，各级学校的教学都开始向"线上 + 线下"的混合模式发展。线下教学师生可以面对面直接沟通，学习氛围浓厚，学生沉浸感强，课堂纪律维护方便；线上教学不受时空限制，学习方式多样有趣，学生可以随时复看复习。线上线下两相结合，能够达到"1 + 1 > 2"的效果。更重要的是，很多优质学校的教学资源全面开放，我国建设了上线全球最大的国家高等教育智慧教育平台，实现了更有质量的教育公平。

目前，学校不仅具有完备的线下教学设施，而且每个教室都配备有视频监控摄像头，因此完全可以在此之上对每节课进行实时录制，一方面可用于线上教学体系的自主建设，另一方面可用于校内巡课制度的改造升级。巡课制度是教学管理和督导的重要内容，传统的方式是教务人员周期性进行人工巡视，单一且片面，引入技术手段后，则可以实现同时对多个班级的智能化巡课。

上述两小节实现了基于 5G + 云计算系统架构和基于人工智能的学情分析和教学评估，在此基础之上，可以升级或增加拾音器和带有云台的变焦摄像头，打造集课堂学情分析、评估、录播和巡课为一体的智能课堂评测系统。某教室的搭建方案示意图如图 5 - 40 所示，后摄像头可通过拉动焦距及角度拍摄教室板书，拾音器可录制教师授课声音。

图 5 - 40 某教室的搭建方案示意图

1）学生端，主要包括直播系统和点播系统。学生远程上课的直播画面如图 5 - 41 所示，可以远程观看教室里的老师上课。学生远程回看的点播界面如图 5 - 42 所示，可以通过日期、课表和科目远程访问已经录制的课程。

图 5 - 41 学生远程上课的直播画面

图 5 – 42   学生远程回看的点播界面

2) 学校端，基于精准的人脸识别技术，将录播系统与课堂分析评估报告相结合，则可实现对该课堂的全面洞察和多维度分析。巡课平台界面如图 5 – 43 所示，首先可以远程直观查看各个教室的课堂画面，包括学生角度和教师角度；其次可以分析学生的上课状态，例如出勤情况和听课行为分析；也可以评估教师的授课情况，例如课堂参与度、凝聚度等深度指标及其变化趋势呈现；此外还可以查看周期性的年级、班级、学生等多个版本的巡课分析报告。

图 5 – 43   巡课平台界面

　　资源、技术、时间是目前学校智慧教学系统构建的三大门槛，随着5G和人工智能的快速发展，这些问题将迎刃而解。基于5G＋云计算＋人工智能的以学生为中心的课堂学情行为分析、教学评估和录播巡课等智慧教学实践已逐步展开，将有力挖掘学生内在潜力，激发教师教学热情，重塑课堂生态活力，提升教学质量和管理水平。

第 6 章

智慧教育的思考与展望

最后让我们回归教育的本质，从"教育"一词的词源谈起。孟子曰："君子有三乐，而王天下不与存焉。父母俱存，兄弟无故，一乐也；仰不愧于天，俯不怍于人，二乐也；得天下英才而教育之，三乐也。"这也被后人认为是汉语"教育"一词的出处。许慎在《说文解字》中，把"教育"拆解为"教"和"育"——教，上所施下所效也；育，养子使作善也。"教"，就是上面做示范下面来模仿；"育"，就是培养后代让他多做好事。这可以看成对"教育"这个词的字源解释。英语中的教育"education"一词源于拉丁文 educate，前缀"e"有"出"的意思，整词的意思就是"引出"或"导出"，可以理解为通过某种方法，把潜藏于身体和内心的物质激发出来，即认为教育是一种遵循自然法则的活动，并非以传递知识为第一要素，而是要把人的内心真正自我唤醒出来，帮助他成长为自己的样子。

可见，无论是东方还是西方，教育既包含着"教"，又蕴含着"育"，既有知识的传播和技能的习得，也有行为准则的规范和价值观的传承，更不能缺失品行和德行的濡化。而智慧教育，不仅是要用数智化技术来提升教育基础设施和教学方法的智能化水平，从而提升知识和技能的教学效果，更要实现教育理念、教育场景乃至教育模式的颠覆和变革，从而让每一位受教育者提升素养、启迪智慧、涤荡心灵。

今天的智慧教育还是一株破土而出的幼苗、一个襁褓中的婴儿，还处在日新月异的发展、演变、迭代之中，要真正实现数智技术与教育的深度融合，从而使人类社会千百年来的教育梦想变成现实，依然任重道远。

6.1 拥抱科技，教育的天然属性

1605 年，英国文艺复兴时期著名唯物主义哲学家、实验科学和近代归纳法的创始人弗朗西斯·培根出版了《学术的进展》（*The Advancement of Learning*）著作，用一张名为"人类知识的整体分布"（the general distribution of human knowledge）的树状图，第一次勾勒了其所处时代的人类知识全貌，其中出现了阅读校勘（the art of criticism）和学校学习（school of learning）两个知识领域。从此，教育从哲学知识体系中分解出来，成为一门专门的科学。

科技与教育天然就是捆绑在一起，相融互促、密不可分的。一方面，教育是科技再生产、创新发展、交流传播、应用与传承的重要渠道和依靠；另一方面，科技的发展会制约、冲击和推动教育的发展与变革。人类在应对每一轮科技革命时，总是以教育的发展作为回应。在蒸汽时代，英国出台了《工厂法》，率先普及了初等教育，为社会化大生产提供了大批产业工人。在电气时代，德国和法国建立了完备的职业教育体系，促进了中等教育的发展，培养了大批技术技能人才。进入信息时代，美国和日本最早实现高等教育大众化，培养了大批高科技从业人员。可见，每一轮科技革命都伴随着教育体系的转型与升级。当前，互联网、大数据与人工智能等新一代信息技术正在推动人类生产生活各个领域的结构重组和流程再造，也正在改变教育的组织模式和服务模式，我们正处于科技革命与教育变革两个重大领域的历史交汇点。

党的二十大报告提出，"教育、科技、人才是全面建设社会主义现代化国家的基础性、战略性支撑。"教育、科技、人才是辩证统一的整体，科技进步靠人才，人才培养靠教育，教育是人才培养和科技创新的根基，科技创新又将为教育注入新动能，特别是人工智能、大数据等新技术的导入，将对教育产生重大影响。

随着智能技术生态的持续升级，科技对教育的赋能将释放出巨大潜能。一是服务于学生的适应性成长。智能技术能够通过拓展学习资源形态、按需配置资源、支持个性化推荐、增强互动体验、引导社会性参与和开展智能学习测评等途径促进学生发展。二是助力教师的发展。一方面，智能技术可以支持差异化教学、精准教学和人机协同教学等新型教学形式。另一方面，可以服务教师自身专业发展，更新教学观念、提升综合素养。例如，利用智能技术促进教师职前职后有效衔接，缩短职前培养与教学场景、教学体验之间的距离，贯通师范生个性化培养和教师专业发展的途径，并实现教师发展数据全程流动。三是支持学习环境的智能升级。利用智能技术搭建智联融通的学习环境，创设虚拟现实与真实情境、学校—家庭—社会、正式教育与非正式教育有机融合的学习空间，为学生提供跨场域的连通性和情境性学习体验。在科技赋能下，教育正在逐渐形成线上线下融合、智能互联、人机共融、无边界的未来新样态。

新一轮科技革命与过往科技革命的不同之处在于其指数级加速，当下的新技术正集群式、持续性、全方位地渗透进生产生活，其影响已在一定程度上超出了人类预期，超过了社会、经济与政治等领域的适应能力，甚至可能会超出人类直觉的感知预测范围。因此，科技与教育的关系呈现出空前的结构的复杂性与边界的模糊性。科技与教育的融合性特征主要体现在科技与教育两大领域都在以主动的姿态向对方渗透，二者联动推进、交融共生将不断深化。过去谈及科技与教育的融合，强调的是利用科技手段来优化教育教学过程、教学内容、教学工具和学校管理等，即科技赋能教育。随着全球数智技术的发展，在科技进步、社会转型和教育变迁三者的动态相互作用下，科技与教育呈现出范围广泛性、方式多样性、价值丰富性等新特征，形成全领域、全要素、全链条、全业务等系统性深度融合的新格局。

6.2 立德树人，教育的永恒主题

苹果公司创始人乔布斯生前曾经提出了一个著名的"乔布斯之问"："为什么计算机改变了几乎所有领域，却唯独对学校教育的影响小得令人吃惊?"2011 年 9 月，美国联邦教育部前部长邓肯给出了一种答案：原因在于技术没有使教育发生结构性的改变。

10 余年后的今天，数智技术为教育行业带来的广泛而深刻的变革已经初见端倪。但不可否认，相对于其他领域而言，技术对教育的影响依然相对较慢、相对较小。虽然数智技术已经改变了人类生产生活的很多方面，但主要集中在技术居于主导地位的领域，教育领域有着太多超过技术因素的其他核心要素。目前已逐渐普及的自动批改作业、远程教学等技术仍处于"初级工具化"的应用层次，教师立德树人的本质功能是目前所有技术都无法替代的。所谓立德树人，其核心是对学生精神和认知层面的塑造，人类目前还无法设计出具有人类情感、独立意识、选择自由和独立承担责任的智能机器来完成这一使命。

古希腊哲学家亚里士多德、柏拉图先后提出"教育遵循自然""教育是约束和指导青少年，培养他们正当的理智"，美国哲学家、教育家约翰·杜威认为"教育就是各种自然倾向和能力的正常生长"，德国哲学家雅斯贝尔斯指出"教育就是一棵树摇动一棵树，一朵云推动一朵云，一个灵魂唤醒另一个灵魂"，近代教育家蔡元培先生认为"教育的艺术不在传授，而在鼓舞和唤醒"，叶圣陶先生曾说过"教育是农业，不是工业"……古今中外的哲学家和教育家，大都秉持着教育要"循自然之道"的理念，并将"以人为本""立德树人"作为教育的核心理念和永恒主题。

新一轮科技革命的飞速发展远超传统的科技革新速度，对教育变革的影响远远超出人们的预期。以 5G、大数据、人工智能、区块链等为代表的新一代数智技术催生了新业态、新模式，固有的知识传授方式、获取方式已制约了人类破解未知世界的能力，如何探索新的教育模式而更好地满足社会需求，是这个时代为教育事业提出的全新课题。2023 年 2 月 13日，在教育部与中国联合国教科文组织全国委员会举办的世界数字教育大会上，中国教科院正式向海内外发布《2022 年中国智慧教育发展指数报告》，指出智慧教育是数字时代的教育新形态，与工业时代教育形态有着质的差别。这种教育新形态，新在以下五个维度。

1）新在核心理念。智慧教育既是关乎民生的具体行动，更是关乎国计的重大战略，通过科技赋能和数据驱动，将全方位赋能教育变革，系统性建构教育与社会关系新生态，为每个学习者提供适合的教育，让因材施教的千年梦想变成现实，将首次历史性地实现微观层面的个人发展与宏观层面的社会发展全面高度统一。

2）新在体系结构。智慧教育将突破学校教育的边界，推动各种教育类型、资源、要素等的多元结合，推进学校、家庭、社会协同育人，构建人人皆学、处处能学、时时可学的高质量个性化终身学习体系。

3）新在教学范式。智慧教育将融合物理空间、社会空间和数字空间，创新教育教学场景，促进人机融合，培育跨年级、跨班级、跨学科、跨时空的学习共同体，实现规模化教育与个性化培养的有机结合。

4）新在教育内容。智慧教育将聚焦发展素质教育，基于系统化的知识点逻辑关系建立数字化知识图谱，创新内容呈现方式，让学习成为美好体验，培养学习者高阶思维能力、综合创新能力、终身学习能力。

5）新在教育治理。智慧教育将以数据治理为核心、数智技术为驱动，整体推进教育管理与业务流程再造，提升教育治理体系和治理能力现代化水平。

从这五个维度可以看出，智慧教育将不再单纯是技术上的建设与应用，而更多地倾向于教育技术与“人”的关系。通过构建教育智能化生态系统，可以进一步促进技术、人、社会的和谐发展，建设具有创新意义的教育文化。

科技赋能的教育，应以科技向善、向真、向美为其根本追求，而技术永远是为人服务的，必须遵循人类的价值观和道德。教育作为促进人发展的活动，其首要目标不应局限于获得专业知识和专业技能，更应上升到“学以成人”的层面，要保护人的独特性、创造性、交互性、情感性以及尊严，不断提升丰富人性、改造人性、化育人性和升华人性的价值。

6.3　变革创新，教育的自我重塑

数百万年前，人类从远古社会走到狩猎社会，先后经历农业社会、工业社会，直至今日的信息社会。今天，人类创造的物质财富和文明成就超过了过去几千年的总和，正如习近平总书记所说，科学技术从来没有像今天这样深刻影响着国家前途命运，从来没有像今天这样深刻影响着人民生活福祉。5G、人工智能、大数据等为代表的数智技术正在全球蓬勃发展，引发新一轮科技革命，国际竞争加剧，社会转型加快，科技革命加速，教育变革加深。

　　然而，现代科学技术不仅深刻地塑造社会，也加剧了工业社会对人的异化。智慧教育是科学技术特别是数智技术与教育深度融合的产物，它的底层技术和所有科学技术一样具有两面性，都会给人类带来新的困惑、新的焦虑和新的问题。正如专家学者在相关专著中所提到的，智慧教育如何避免教育领域中技术带来的"人的异化"？智慧教育会不会因人的直接体验减少，而与人类作为自身存在的本质产生冲突？智慧教育是否会导致现代社会日益减弱的人的直接交往进一步减少，导致师生互动、生生互动的减弱，导致师生关系淡漠？智慧教育涉及的技术会不会给学生带来新的负担？智慧教育能否真正解决工业社会教育的标准化与我们狩猎采集社会形成的大脑和心智之间的根本矛盾？

　　信息洪流特别是 5G 带来的海量数据也对人类成熟于石器时代的大脑和心智构成了巨大挑战，我们要思考的问题是，人类的大脑潜力特别是注意力、记忆力是否在逼近极限？儿童发展中的大脑和心智是否也不断被现在的信息环境干扰、压迫？应该如何应对？

　　与此同时，最近一段时间大语言模型技术的蓬勃发展，特别是 ChatGPT 的"火爆出圈"，使人们获取知识、使用知识的边际成本几乎为零，这使得人类向教育平权的目标又迈出了一大步，但与此同时也引发了教育人士的深深担忧。这些担忧既包括思维钝化、人格依赖、情感缺失等学生成长中的风险，又包括代写论文、代做作业等学术不端现象，也包括隐私侵犯、信息茧房、潜能遮蔽等社会问题。"谁来掌控 ChatGPT""ChatGPT 与未来教育""ChatGPT 与教育重塑"等话题已成为教育界研究的热点。"培养什么人、怎样培养人、为谁培养人"等教育根本问题更是引发了全社会的思考和关注。

　　面对新一代数智技术所带来的一系列机遇与挑战，教育更须秉承和坚守育人为本的初心，坚持人文主义的生命立场，聚焦核心素养的培育，实现由"知识传递"向"人的培育"范式转变，特别是培养学生的质疑能力、思辨能力、批判性思维以及能理性驾驭和能动创造科技的创新能力——这些能力恰恰是 ChatGPT 所无法代替的。

　　因此，"人机共生"的教育路径成为业界的普遍共识。吴朝晖院士认为，"人机共生"使得人类的创造性、灵活性和机器的稳定性、逻辑性进行优势互补、相融互促，从而推动产生融合智能等具有生物特征的机器智能形态，促进人类社会从主客体之间的单一关系转变为主体系统与客体系统之间的多元关系，特别是物理世界、数字信息世界的生产力和生产关系以及社会秩序等将得到进一步重塑。

　　"人机共生"也可以理解为人机协同，将极大提升教育过程的精准性、普惠性和颠覆性。

　　1）精准性：印度哲学家克里希那穆提说过："正确的教育，意指唤醒智慧。"发展学习者的智慧是智慧教育的根本目的和终极追求。传统式教育侧重统一化、标准式教学，受教育者的个性需求在其中往往不被重视，"智慧"难以被全面唤醒。"人机共生"模式下，物理世界和数字信息世界将深度融合，从而创建智慧学习环境，营造更加和谐的人机交互体验。通过为学习者构建精准画像，实现其全息洞察、意图推理、认知诊断，一方面帮助教育者辅助和优化教育决策；另一方面让学习者回顾自己的过去情况、洞悉自己的当前状态、预测自己的未来变化，从而启迪和激发学习者的内生动力。

2）普惠性："人机共生"模式下丰富了教育供给方式，在智能技术的支持下可以实现优质资源的汇集共享与动态流转，将师生从面对面、点对点的教育关系中解脱出来，不仅扩大了教育主体范围，同时也拓宽了受教育者追求自由选择的渠道。一方面为教育教学和管理决策提供"随时随地、随心所欲"的数字化、智能化的支撑和服务；另一方面为学习者提供均等的享受优质资源的机会，有望解决教育规模化与个性化这一长期存在的矛盾，实现"人人皆学、处处能学、时时可学"，真正获得教育公平。

3）颠覆性：传统的教学中，教师要从事大量的重复性劳动来传授特定领域的知识，无暇充分顾及学生创新能力、批判性思维、道德责任感、情感理解能力、自主学习能力等高阶能力的培养。在"人机共生"模式下，通过一系列 AI 技术，可以构造因材施教、教学相长的虚拟智能助教和导师，让教师将精力投注于学生的个性化培养、全面发展上来。通过强化信念教育和素质教育，为受教育者塑造正确的道德观念，寓价值观引导于知识传授之中，从根本上落实立德树人的根本任务，真正实现受教育者有价值的全面成长。

习近平总书记谈到我国的兴国之要时多次指出"发展是解决所有问题的关键""发展是解决一切问题的总钥匙"。对于教育行业亦是如此。教育兼具保守性和超越性，教育是流变的，不变的是变化本身。在人脑智能和人工智能相互促进也是相互博弈的今天，教育对象、教育内容、教育手段、教育技术等都不断随着时代的变化而变化。新一代数智技术日新月异的发展倒逼教育以改革创新来实现自我迭代升级，只有不断发展的教育才能培养创新的人才，只有创新的人才才能掌控不断发展的科技。

行之力则知愈进，知之深则行愈达。相信蓬勃发展的新一代通信与数字技术，将为教育事业的发展进程插上提速的翅膀。通过把新技术、新理念和新模式的静态势能转化为教育改革的强大动能，教育的智慧变革之路未来可期，中华民族有关智慧教育的千年梦想终将变愿景为实景、化蓝图为通途。

参考文献

[1] 杨现民. 信息时代智慧教育的内涵与特征[J]. 中国电化教育, 2014(1): 29 - 34.

[2] 余胜泉, 刘恩睿. 智慧教育转型与变革[J]. 电化教育研究, 2022, 43(1): 16 - 23 + 62.

[3] 杨现民, 田雪松. 大数据推动教育治理的实施建议[N]. 中国教育报, 2020 - 08 - 15(3).

[4] 金义富. 区块链 + 教育的需求分析与技术框架[J]. 中国电化教育, 2017(9): 62 - 68.

[5] 张卓雷. 数字孪生助力未来智慧城市新基建[J]. 信息化建设, 2021(9): 30 - 32.

[6] 钟正, 王俊, 吴砥, 等. 教育元宇宙的应用潜力与典型场景探析[J]. 开放教育研究, 2022, 28(1): 17 - 23.

[7] 余胜泉, 陈璠. 智慧教育服务生态体系构建[J]. 电化教育研究, 2021, 42(6): 5 - 13 + 19.

[8] 崔亚强, 甘启宏, 王春艳. 高校智慧教学环境的建设和运行机制思考: 以四川大学为例[J]. 现代教育技术, 2020, 30(3): 95 - 100.

[9] 杨宁, 赖剑煌. 5G 的世界: 智慧教育[M]. 广州: 广东科技出版社, 2021.

[10] 胡盈滢, 金慧. #GoOpen 计划: 推进美国开放教育资源建设的国家行动[J]. 远程教育杂志, 2017, 35 (4): 58 - 65.

[11] 余胜泉, 杨现民, 程罡. 泛在学习环境中的学习资源设计与共享: "学习元"的理念与结构[J]. 开放教育研究, 2009, 15(1): 47 - 53.

[12] 孙松林. 5G 时代: 经济增长新引擎[M]. 北京: 中信出版集团股份有限公司, 2019.